库存系统控制与优化

赵 川 著

中国财富出版社有限公司

图书在版编目（CIP）数据

库存系统控制与优化 / 赵川著 . —北京：中国财富出版社有限公司，2022.12

ISBN 978-7-5047-7823-9

Ⅰ. ①库… Ⅱ. ①赵… Ⅲ. ①库存—仓库管理—研究 Ⅳ. ①F253

中国版本图书馆 CIP 数据核字（2022）第 222166 号

策划编辑	郑欣怡	责任编辑	贾浩然　陈　嘉	版权编辑	武　玥
责任印制	苟　宁	责任校对	张营营	责任发行	敬　东

出版发行	中国财富出版社有限公司		
社　　址	北京市丰台区南四环西路 188 号 5 区 20 楼	邮政编码	100070
电　　话	010-52227588 转 2098（发行部）	010-52227588 转 321（总编室）	
	010-52227566（24 小时读者服务）	010-52227588 转 305（质检部）	
网　　址	http://www.cfpress.com.cn	排　版	宝蕾元
经　　销	新华书店	印　刷	北京九州迅驰传媒文化有限公司
书　　号	ISBN 978-7-5047-7823-9/F·3512		
开　　本	710mm×1000mm　1/16	版　次	2024 年 12 月第 1 版
印　　张	13.5	印　次	2024 年 12 月第 1 次印刷
字　　数	242 千字	定　价	68.00 元

版权所有·侵权必究·印装差错·负责调换

作者简介

赵川，博士，教授，博士生导师，北京工商大学商学院副院长，中国物流学会常务理事、特约研究员，教育部高校物流类教指委青年工作组副组长，入选北京市高校优秀青年人才项目。主要讲授"物流信息系统""物流与供应链管理""系统工程""Operation and Production Management"等本、硕、博及留学生课程。近年来主要研究领域为物流与供应链管理、库存系统控制、全渠道供应链优化，在 *Production and Operations Management*、*Journal of the Operational Research*、*Transportation Research Part A：Policy and Practice*、*Transportation Research Part D：Transport and Environment*、*IEEE Transactions on Reliability* 以及《系统工程理论与实践》《中国管理科学》《运筹与管理》等国内外知名期刊发表论文30余篇。主持国家自科基金、国家社科基金、北京市社科基金等国家级、省部级科研项目10余项。获得"宝供物流奖"一等奖、二等奖，"中国物流学会优秀论文奖"，商务部"商务发展研究成果奖"等多项荣誉。

序

  库存控制是库存管理的重要内容，是企业对生产、经营过程中各种原材料、半成品、产成品及流通商品的品种、数量、时间和地点等进行管理和控制的过程，以期将库存储备水平控制在经济合理的水平上。企业需要建立库存管理系统来进行库存控制，对整条供应链来说，多级库存控制更是重中之重。库存管理系统需要依托现代控制理论，对库存品种、数量、仓储时间和地点进行决策规划，最终实现对库存成本和服务水平的控制。目前，关于库存管理的研究大多应用运筹学的方法解决库存问题，缺少基于控制理论和思想进行库存控制的相关内容。

  库存系统，尤其是供应链中的多级库存系统，包含很多不确定性因素，且各因素、各节点企业的子库存系统之间的关系较为复杂。目前，不仅业界在不断研究库存管理问题，学界也在努力追求使用最少的人力、物力、财力和最合适的库存水平，获得最大的保供能力，并且可以根据实际情况和环境的变化，对库存系统进行持续反馈优化。本书主要应用控制理论的一系列概念、观点、方法，对供应链库存系统的进销存过程进行动态优化和模拟仿真。本书通过对库存系统建立微分方程和传递函数，应用反馈控制、PID 控制、自适应控制等经典控制理论及现代控制理论，丰富库存控制相关内容，指导库存控制实践，为企业降低库存成本、提高库存服务水平提供科学指导。

  本书将控制理论与方法应用于库存控制中，拓展了传统上利用运筹学进行库存管理的视野，并根据大学人才培养的需要，进行了由浅至深的内容编排。本书主要内容包括系统控制理论基础、智能控制方法、库存管理、库存系统控制、多级库存系统的牛鞭效应、双渠道库存系统控制、现代库存系统控制方法及库存系统仿真工具，内容新颖、体系完整，从多个层面采用多种方法对库存控制问题进行了系统分析和阐述，是库存控制理论和方法领域的一本较专业的著作。希望该书能在全国高等学校控制理论与控制工程类专业、物流管理与工程类专业人才培养中发挥应有的作用。

北京工商大学教授
教育部高校物流类教指委副主任
何明珂
2024 年 11 月 15 日

目 录

1 系统控制理论基础 ·· 1
1.1 控制理论及其发展 ······································ 1
1.2 经典控制理论 ·· 2
1.3 现代控制理论 ·· 15

2 智能控制方法 ·· 36
2.1 模糊控制 ··· 37
2.2 人工神经网络 ·· 40
2.3 遗传算法 ··· 43
2.4 多智能体系统 ·· 46
2.5 机器学习 ··· 49

3 库存管理 ·· 54
3.1 库存管理的基础知识 ··································· 54
3.2 固定需求的基本模型 ··································· 60
3.3 随机需求的基本模型 ··································· 66
3.4 动态库存系统的管理方法 ····························· 69

4 库存系统控制 ·· 74
4.1 主要的需求预测方法 ··································· 74
4.2 库存系统建模 ·· 79
4.3 库存系统的传递函数 ··································· 81
4.4 单级库存系统控制 ······································ 86
4.5 多级库存系统控制 ······································ 101

5 多级库存系统的牛鞭效应 111
5.1 牛鞭效应 111
5.2 牛鞭效应的形成原因 112
5.3 牛鞭效应的抑制方法 115
5.4 库存系统中的牛鞭效应 115
5.5 牛鞭效应的自补偿 116
5.6 牛鞭效应的应对策略 133

6 双渠道库存系统控制 134
6.1 双渠道库存系统描述 136
6.2 双渠道库存模型构建 137
6.3 双渠道库存系统仿真 141

7 现代库存系统控制方法 153
7.1 基于模型预测控制算法的库存系统优化 153
7.2 基于自抗扰控制的库存系统优化 164
7.3 基于自适应控制的库存系统优化 178

8 库存系统仿真工具——MATLAB/Simulink 198
8.1 Simulink 的功能 198
8.2 Simulink 的特点 199
8.3 Simulink 的启动 199
8.4 Simulink 的模块 200

参考文献 203

1 系统控制理论基础

1.1 控制理论及其发展

  自动控制的思想和其应用的发展历史悠久。自动控制是在人类从认识世界到改造世界的过程中产生的，并随着科学的发展和社会的进步不断发展改进。一千多年前，古人发明了水运仪象台、候风地动仪等自动控制装置。在工业领域第一个使用自动控制装置的是英国工程师瓦特（J. Watt），他在1769年发明了飞球控制器，可用于控制蒸汽机的转速。在1868年之前，自动控制装置和自动控制系统都还处于直觉设计阶段，缺乏系统理论的指导，对自动控制系统的各种性能进行协调控制时常常出现问题。例如，对系统稳定性、精度和速度的协调控制。19世纪下半叶，工程领域许多科学家将数学的思想和理论应用到自动控制理论的研究中，这一举动对自动控制系统性能的改进有着积极的影响。1868年，英国物理学家麦克斯韦尔（J. C. Maxwell）建立了一组描述电场、磁场与电荷密度、电流密度间关系的微分数学模型，用来控制飞球控制器，并根据此微分方程的解，分析了自动控制系统的稳定性。1877年，罗斯（E. J. Roth）提出了不求自动控制系统微分方程根的稳定性判据。1895年，赫尔维茨（A. Hurwitz）独立提出了一个类似的Hurwitz稳定性准则。第二次世界大战前后，出于对自动式武器的需求，自动控制理论的研究和实践进一步升级，极大地促进了自动控制理论的发展。

  自动控制的基本方式主要分为三种。第一，反馈控制方式，是自动控制中最基本的控制方式，是一种根据控制偏差进行自我调节的控制方式，能够抑制对被控对象的干扰，控制的精度较高。第二，开环控制方式，是指控制装置与被控对象之间只有正向作用而没有反向连接的过程，即输出量不会对系统的控制过程产生任何影响。第三，复合控制方式，是一种将偏差控制和扰动控制两种方法结合起来的控制方式。

  自动控制系统的分类也有多种方法，例如，取决于控制方式的有反馈控制、开环控制、复合控制等；取决于元件类型的有机械系统、电气系统等。1948 年，数学家维纳（N. Wiener）发表了《控制论》，标志着控制论正式诞生。广义地说，控制论的发展经历了三个阶段。

第一阶段是 20 世纪 40 年代后期至 50 年代的经典控制理论时期，重点研究单机自动化，解决单输入单输出系统的控制问题。这一时期，经典控制理论的基本数学工具为微分方程、拉普拉斯变换和传递函数；其主要的研究方法为时域法、频率法和根轨迹法。

第二阶段是 20 世纪 60 年代的现代控制理论时期，重点解决单元自动化和生物系统的多输入多输出系统的控制问题。这一时期，现代控制理论的基本数学工具为一阶微分方程、矩阵理论、状态空间法等；其主要的研究方法为变分法、最大值原理、动态规划法等；其研究的重点集中于最优控制、随机控制和自适应控制；其核心控制装置是电子计算机。

第三阶段是 20 世纪 70 年代的大系统理论时期，重点解决生物系统、社会系统等多变量大系统的综合自动化问题，这一时期，大系统的主要研究方法为时域法；研究的重点集中于大型系统的多级分层控制；其核心设备是联网的电子计算机。

1.2　经典控制理论

20 世纪 30 年代至 40 年代，李雅普诺夫（Lyapunov）、奈奎斯特（H. Nyquist）、维纳（N. Wiener）等人的研究工作为自动控制理论的初步形成奠定了基础。第二次世界大战后，多位学者通过不断总结前人对反馈理论和频率响应理论的实践和发展，形成了较为完整的自动控制系统设计频率法理论。1948 年，埃文斯（Evans）提出了根轨迹法的概念，为控制理论提供了一种简单有效的方法。至此，自动控制理论发展的第一阶段基本完成。这种基于频率法和根轨迹法的理论，通常被称为经典控制理论。

经典控制理论主要研究单输入单输出的线性定常系统，拉普拉斯变换是其常用的数学工具。将描述系统的微分方程或差分方程变换到复数域中，能够得到系统的传递函数，并以此为基础在频域进行系统分析和设计，以进一步确定自动控制器的结构和参数。通常来说，反馈控制用于构建所谓的闭环控制系统。经典控制理论具有明显的局限性，最为突出的是难以将其有效地应用于时变多变量系统，并难以阐明系统更深层次的特征。经典控制理论难以推广到更复杂的系统中,主要是由于其具有以下两个特点。

(1)经典控制理论仅限于研究线性定常系统(系统特性不随时间变化的线性系统),而无法处理所有的非线性系统。这基本上忽略了系统结构的固有特性,不能处理输入和输出均大于1的系统。在实践中,大部分的工程对象都是多输入多输出的系统,尽管进行了许多实验,但使用经典控制理论进行设计时,都没有在多输入多输出系统中得到满意的结果。

(2)经典控制理论采用试探性的系统设计。根据经验,选择一个合适的、简单的、过程可实现的控制器并对系统进行分析,直到对结果感到满意的设计方法有很多优点。但在实际运用中不尽如人意,效果也不是最好的。因此,"如何为具体的应用问题找到最佳的设计"这一问题就自然而然地被提出了。

综上所述,经典控制理论最重要的特点是:研究对象为单输入单输出的线性定常系统,且用于完成特定任务。即使是这些非常简单的对象、对象描述和控制任务,在理论上也是不完整的。而且随着科学技术的发展,高难度的问题频频出现,推动了经典控制理论向着进一步精细化、数学化和理论化的现代控制理论方向发展。

下面是对经典控制理论中各种内容的详细研究。

1.2.1 反馈控制原理

状态反馈控制和输出反馈控制都是基于反馈控制原理产生的。无论系统有多复杂,为了实现控制,首先要把被控对象和控制装置以一定的方式连接起来,形成一个有机的系统,建立一个自动控制系统。在这个系统中,首先要控制被控对象的输出量,即被控制的量(被控量)必须是一个常量值或一个预定的规律。控制装置是一个完整的系统,它能给被控对象带来控制效果,可以通过不同的原理和方法控制被控对象,但最基本的是建立在反馈控制原理上的反馈控制系统。

实际上,反馈控制体现在人类的所有活动中。例如,一个人用手拿起桌子上的书,或者汽车司机操作方向盘驾驶汽车在路上顺利行驶,这些实际中的简单动作都被反馈控制的深层原理浸透。为方便读者理解,我们以用手拿桌子上的书这一动作为例,从而深入理解反馈控制原理。书的位置是手部运动的指令信息,通常被称为输入信号。当拿起一本书时,书相对于手的位置不断被视觉观察到,这一信息被发送到大脑(称为位置反馈信息),然后大脑判断手和书之间的距离，产生一个偏差信号，发出一个命令（称为控制命令或操纵量），根据这个信号的振幅控制手臂的运动，并逐渐缩减与书的距离（即偏差信号）。值得注意的是，只要这个信号存在，上述过程就需要不断重复，直到偏差为零，手真正地拿到书。

由此可以看出，大脑控制手取书的过程是一种利用偏差（手和书之间的距离）来控制和减少偏差从而消除偏差的过程。此外，为了获取偏差信号，需要获得手当前位置的反馈信息，反馈控制正是通过结合偏差信号和反馈信息来传输指令的。所以，反馈控制本质上是一个按照偏差来控制的过程，反馈控制又称为按偏差的控制。由于反馈控制引入了被控对象的反馈信息，属于一个封闭控制的过程，因此反馈控制也称为闭环控制。

反馈控制系统基本上由测量元件、给定元件、比较元件、放大元件、执行元件和校正元件组成。每个元件都有自己的功能：测量元件检测被控制的物理量并将其转化为电能；给定元件给出与期望控制量相对应的系统输入量；比较元件将测量元件检测到的控制量的实际值与给定元件的给定输入量进行比较，并计算其偏差；放大元件放大比较元件提供的偏差信号，来推动执行元件控制被控对象；执行元件直接控制被控对象，使其被控量发生变化；校正元件是用于改善系统性能、促进结构和参数调整的元部件。

此外，在不同的系统中，具有完全不同结构的元件可能具有相同的功能。一般来说，有两种类型的外部性可以添加到真正的反馈控制系统中：有用的输入和干扰。有用的输入，如输入量决定了控制系统被控量的变化规律。在实际控制系统中，干扰总是不可避免的，并且可能会中断有用的输入对系统的控制。

1.2.2 数学模型

从系统学的角度来看，自动控制系统是信号传递和转换的过程。在控制系统的分析和设计中，首先需要建立系统的数学模型。数学模型是描述系统中各种信号（或变量）传输和转换关系的数学公式。它可以分为静态数学模型（变量导数为零）和动态数学模型（变量导数之间具有关系）。建立数学模型使我们能够暂时摆脱系统的独特性质，从一般意义上研究系统的普遍规律，并从定性的角度上升到定量的角度，进行精确认识。建立数学模型主要有以下两种方法。

（1）机理建模，也称白箱建模。这种方法以系统本身的规律为模型，如物理、化学、数量变化和天气变化。这种建模方法的优点是模型中的每个系数都有明确的含义。其缺点主要为系统的规则非常复杂，而且往往是非线性的，简化的系统又会降低模型的精度，参数的真实含义被掩盖，并且不具有通用性。

（2）统计建模，也称黑箱或灰箱建模。它是基于系统输入/输出（Input/Output，I/O）的实验测试数据，应用统计方法（在理工科中称为系统辨识学，在经管科中称为计量经济学）构建的数学模型。这种建模方法的优点是避免了建模机制上的缺陷，能够以一定的精度描述原系统的变化，具备很好的通用性。缺点则很明显，即模型的参数没有明确的物理意义。

我们把描述系统动态过程中各变量之间相互关系的数学表达式称为系统的数学模型。常用的数学模型有很多种形式，在时域分析中有微分方程、差分方程和状态空间方程，复数域中有传递函数、结构图、信号流图，频域中有频率特性。微分方程的输入量和状态变量都是连续的，而差分方程则是对于离散系统而言的。

例如，对于一个微分方程，如果知道初始值和输入值，就可以对微分方程进行求解，给出输出量的时域表达式，从而对系统进行分析。因此，建立控制系统的数学模型是系统分析的第一步，也是最重要的一步。控制系统按照模型分类，可以分为线性系统和非线性系统，以及定常系统和随时间变化的时变系统。当系统满足叠加原理时，称为线性系统。叠加原理表明，两个不同的作用函数同时作用于系统的响应时，结果等于两个作用函数分别作用时的响应之和。线性系统可以同时处理作用于多个输入的响应，一次一个，并将响应的结果叠加到每个输入的线性常量（常量）上。可以用微分方程描述的系统称为线性定常系统。如果描述系统的微分方程组的系数是时间的函数，那么这样的系统就是一个随时间变化的线性时变系统。在经典控制理论中，一般采用单输入单输出的描述方法。

微分方程的建立应根据系统工作过程中遵循的各种原理进行。例如，电路中基尔霍夫的电路定理、力学中的牛顿定理、经济学中的供求关系定理、管理学中的最小成本定理等。

1.2.3 传递函数

（1）定义。

传递函数，是当初始条件为零时，线性定常系统的输出信号经过拉普拉斯变换与输入信号经过拉普拉斯变换之比。这里的初始条件为零有两层含义：第一种是输入量 $t \geq 0$ 时作用于系统，在 $t = 0^-$ 时使系统的输入量及其导数均为 0；第二种是输入量在系统之前，由于系统的运行状态是稳定的，即 $t = 0^-$ 时系统的输出量及系数也为 0。因此，可以用传递函数来研究控制系统的运行性能。传递函数是控制系统自身所有的特性，与系统输入量的大小、性质均没有关系，仅仅与系统的结构和参数相关。此外，传递函数也不反映系统内部的信息，只对系统内部结构具有不完全描述。但是，引入系统状态空间可以改善上述问题。然而，传递函数和微分方程有一些共同之处，传递函数可以通过在初始条件为零的条件下，用复数 s 代替微分方程的算符 d/dt 来获得传递函数。反之，用算符 d/dt 代替传递函数中的 s 即可得到一个微分方程。

例如，由传递函数：

$$G(s) = \frac{C(s)}{R(s)} = \frac{b_1 s + b_2}{a_0 s^2 + a_1 s + a_2} \tag{1-1}$$

可得 s 的代数方程：

$$(a_0 s^2 + a_1 s + a_2) C(s) = (b_1 s + b_2) R(s) \tag{1-2}$$

在初始条件为零的前提下，用微分算符 d/dt 置换 s，便得到相应的微分方程：

$$a_0 \frac{d^2}{dt^2} c(t) + a_1 \frac{d}{dt} c(t) + a_2 c(t) = b_1 \frac{d}{dt} r(t) + b_2 r(t) \tag{1-3}$$

微分方程是传递函数的切入要点，传递函数又是经典控制理论的数学基础。因此，要研究传递函数，首先要根据系统建立微分方程。设系统的微分方程为

$$a_n y^{(n)}(t) + a_{n-1} y^{(n-1)}(t) + \cdots + a_0 = b_m x^{(m)}(t) + b_{m-1} x^{(m-1)}(t) + \cdots + b_0 \tag{1-4}$$

式中，$x(t)$ 为输入，$y(t)$ 为输出，a_i，$b_j (i = 0, 1, \cdots, n; j = 0, 1, \cdots, m)$ 为常系数，对这个微分方程进行拉普拉斯变换，令初始值为零，得

$$\begin{aligned}(a_n s^n + a_{n-1} s^{n-1} + \cdots + a_1 s + a_0) Y(s) = \\ (b_m s^m + b_{m-1} s^{m-1} + \cdots + b_1 s + b_0) X(s)\end{aligned} \tag{1-5}$$

再根据传递方程定义，就能得

$$G(s) = \frac{Y(s)}{X(s)} = \frac{b_m s^m + b_{m-1} s^{m-1} + \cdots + b_1 s + b_0}{a_n s^n + a_{n-1} s^{n-1} + \cdots + a_1 s + a_0} \tag{1-6}$$

其中，$Y(s)$ 是对系统输出信号所做的拉普拉斯变换，$X(s)$ 是对系统输入

信号所做的拉普拉斯变换。

传递函数只适用于线性定常系统,且只取决于系统或元件的结构和参数,是由系统的本质特性决定的,与输入信号的形式和大小无关,并且一旦系统的传递函数确定以后,就可以针对不同形式的输入量研究系统的输出,并对系统的动态响应进行充分描述,且不同于对系统的物理描述。

传递函数仅适用于线性定常系统,仅依赖于系统和元件的结构和参数,由系统的特性决定,与输入信号的形式和大小无关。一旦确定传递函数后,它不同于系统的物理描述,可以依照不同形式的系统输入量形成系统的输出量,并恰当地对系统的动态响应进行描述。

(2)传递函数的零点和极点。

$$G(s) = \frac{b_m}{a_n} \frac{(s-z_1)(s-z_2)\cdots(s-z_m)}{(s-p_1)(s-p_2)\cdots(s-p_n)} = \frac{k_g \prod_{i=1}^{m}(s-z_i)}{\prod_{j=1}^{n}(s-p_j)} \quad (1-7)$$

式中,k_g——传递函数的传递系数或根轨迹增益;

z_i——传递函数的零点($i = 1, \cdots, m$);

p_j——传递函数的极点($j = 1, \cdots, n$)。

由于传递函数的极点是微分方程组的特征根,所以它们决定了系统自由运动的模式。换言之,传递函数的极点受输入函数的影响和激励,并且可以形成在输出响应中自由运动的模式。传递函数的零点不形成自由运动的模式,但它们影响每种模式所占的比重和曲线的形状。

(3)传递函数的应用。

传递函数的应用有三个方面。①确定系统的输出响应。若系统的传递函数$G(s)$已知,确定输入作用$R(s)$已给定后,系统的输出响应$C(s)$可以直接用拉普拉斯反变换公式$G(s)R(s)$求得。②分析系统的参数变化对输出响应的影响。③控制系统的设计。其中,①和②具体应用在根轨迹法中。

(4)典型环节的传递函数。

以下各式中的$x_0(t)$均为输出量,$x_i(t)$均为输入量。

①比例环节(P调节器):运动方程为$x_0(t) = kx_i(t)$,传递函数为$G(s) = \dfrac{X_0(s)}{X_i(s)} = k$,$k$为比例环节的增益或放大系数。比例环节是按比例反映输入,输出与输入成正比,输出不延迟也不失真,表示系统的线性变化。

②微分环节（D 调节器）：运动方程为 $x_0(t) = T \cdot \dfrac{\mathrm{d}x_i(t)}{\mathrm{d}t}$，传递函数为 $G(s) = Ts$。微分环节可以改善系统的动态性能，增加系统的阻尼，从而提高系统的稳定性，经常被用作校正装置。但值得注意的是，微分环节是不会单独存在的，常与其他环节共同存在。

③积分环节（I 调节器）：运动方程为 $x_0(t) = T \cdot \int x_i(t) \mathrm{d}t$，传递函数为 $G(s) = \dfrac{T}{s}$。在积分环节中，系统的输出和输入没有唯一对应的关系，但是有一定的记忆功能，能提高系统的稳态精度，但是系统中的积分环节不能超过两个，否则系统会不稳定。

④惯性环节：运动方程为 $T\dfrac{\mathrm{d}x_0}{\mathrm{d}t} + x_0 = Kx_i$，传递函数为 $G(s) = \dfrac{K}{Ts + 1}$，式中 K 为惯性环节的增益；T 为惯性环节的时间常数。惯性环节中常常存在一个阻尼元件，也就是说，如果系统存在输入信号时，系统并不会马上达到定值，而会存在一个缓慢上升的过程。

⑤振荡环节：运动方程为

$$T^2 \dfrac{\mathrm{d}^2}{\mathrm{d}t^2} x_0(t) + 2\zeta T \dfrac{\mathrm{d}}{\mathrm{d}t} x_0(t) + x_0(t) = Kx_i(t), \quad 0 < \zeta < 1 \tag{1-8}$$

传递函数为 $G(s) = \dfrac{K}{T^2 s^2 + 2\zeta Ts + 1}$，式中，$T$ 表示振荡环节的时间常数；ζ 表示阻尼比；K 表示比例系数。系统是否振荡取决于系统本身的固有特性。

⑥延时环节：运动方程为 $x_0(t) = x_i(t - \tau)$，传递函数为 $G(s) = e^{-\tau s}$。延时环节作为线性环节，在有了输入信号以后，τ 时间内是没有任何输出的，直到 τ 时间后，才会不失真地反映输入。延时环节作为一个特性，也是不能单独存在的，而是与其他环节共同存在。

典型环节的传递函数可以在实际的案例中直接应用，不用每次都进行一番推导，从而节省时间，简便运算。

(5) 拉普拉斯变换。

①定义。如果有一个以时间 t 为自变量的函数 $f(t)$，它的定义域 $t > 0$，那么下式即拉氏变换式：

$$F(s) = \int_0^\infty f(t) e^{-st} \mathrm{d}t \ (s \text{ 为复数})，记作 F(s) = L^{-1}[f(t)] \tag{1-9}$$

式中，$F(s)$ 为象函数，$f(t)$ 为原函数，记 $F(s)=L^{-1}[f(t)]$ 为拉普拉斯反变换。应用拉普拉斯变换可以将一个信号从时域上转换为复频域（s 域），将微分方程转换为代数方程，有助于简化运算，解决很多问题，对分析系统特性、维护系统稳定有着重大意义。

② 用拉氏变换法求解线性常微分方程的过程可归结如下。

首先，在考虑初始条件的情况下，对微分方程的每一项分别进行拉氏变换（拉普拉斯变换），将微分方程转换为变量 s 的代数方程。

其次，根据代数方程求出输出量拉氏变换函数的表达式。

最后，对输出量的拉氏变换函数求反变换，得到输出量的时域表达式，即所求微分方程的解。

③ 常用函数的拉普拉斯变换如表 1-1 所示。

表 1-1　　　　　　　　常用函数的拉普拉斯变换

常用函数	原函数	拉普拉斯变换
单位阶跃函数	$f(t)=1(t)$	$F(s)=\dfrac{1}{s}$
单位脉冲函数	$f(t)=\begin{cases}\infty & t=0 \\ 0 & t\neq 0\end{cases}$	$F(s)=L[\delta(t)]=1$
单位斜坡函数	$f(t)=t$	$F(s)=\dfrac{1}{s^2}$
单位抛物线函数	$f(t)=\dfrac{1}{2}t^2$	$F(s)=\dfrac{1}{s^3}$
正弦函数	$f(t)=\sin\omega t$	$F(s)=\dfrac{\omega}{s^2+\omega^2}$

【例】已知系统的微分方程为 $y''(t)+5y'(t)+6y(t)=x'(t)$，利用拉氏变换求解该系统的冲激响应 $h(t)$。

解：$h(t)$ 满足的微分方程为 $h''(t)+5h'(t)+6h(t)=\delta'(t)$

对方程两端取拉氏变换，设 $L[h(t)]=H(s)$，由于 $h(t)$ 为因果信号，故

$$L[h'(t)]=sH(s) \quad L[h''(t)]=s^2H(s)$$

方程两端的拉氏变换为 $L[\delta'(t)]=s$，则 $(s^2+5s+6)H(s)=s$

$$H(s)=\frac{s}{s^2+5s+6}=\frac{s}{(s+2)(s+3)}=\frac{-2}{s+2}+\frac{3}{s+3}$$

取 $H(s)$ 逆变换，得冲激响应 $h(t)=(2e^{-2t}-3e^{-3t})\varepsilon(t)$

1.2.4 时域分析

在时域分析中，控制系统在不同输入的情况下，基于输出量的时域表达式，分析系统的稳态性能和动态性能。时域分析中常用的数学模型包括微分方程和差分方程。在经典控制理论中，时域分析方法往往分析线性控制系统的性能，具有直观、准确的优点。此外，时域分析可以提供关于系统时间响应的所有信息。

为了解系统的时间响应并分析系统的稳态和动态性能，必须先了解输入信号的解析表达式，然而，输入信号具有随机性，无法预先确定，因此需要选择若干典型输入信号，包括单位阶跃函数、单位斜坡函数、单位脉冲函数等，并且要根据系统常见的工作状态选择典型的输入信号。应当指出的是，并非所有确定性的典型输入信号都可以代替实际输入信号，此时就要采用随机过程理论进行处理。

另外，我们需要了解系统的静态和动态指标。阶跃输入通常被认为是要求最高的运行状态，如果系统在阶跃函数运行中的动态性能满足要求，则该函数在其他形式运行中的动态性能是令人满意的。在实践中，常用的动态指标是上升时间 t_r、调整时间 t_s 和超调量 $\sigma\%$。值得注意的是，上升时间是响应从零或给定数值第一次变为最终值所需的时间，上升时间越短，响应速度越快。超调量是响应的最大偏差量和最终值的差与最终值之比，反映了系统的阻尼程度。调整时间是响应达到并保持其最终值 ±5%（或 ±2%）所需的最短时间，它综合反映了系统的响应速度和阻尼程度。

关于系统的稳态性能通常运用赫尔维茨稳定判据和劳斯稳定判据来判断。但是对于高阶系统来说，运用赫尔维茨稳定判据很复杂，大多使用劳斯稳定判据来判别系统的稳定性。劳斯稳定判据应用的是劳斯表的形式。应用劳斯稳定判据证明线性系统稳定的充分必要条件为劳斯表中的第一列均为正。下面以一个例题说明劳斯表的使用方法及判定依据。

【例】 设系统的特征方程为

$$s^4 + 2s^3 + 3s^2 + 4s + 5 = 0$$

试用劳斯稳定判据来判断系统的稳定性。

解：该系统的劳斯表如表 1-2 所示。

表 1-2　　　　　　　　　　　系统的劳斯表

s^4	1	3	5
s^3	2	4	0
s^2	$\frac{2\times3-1\times4}{2}=1$	5	0
s^1	$\frac{1\times4-2\times5}{1}=-6$	5	
s^0	5		

由于劳斯表的第一列系数有两次变号，故该系统不稳定，且有两个正实部根。

当应用劳斯稳定判据分析系统的稳定性时，会出现一些特殊的情况，如出现全零行等，此时需要借助辅助方程重新列劳斯表，然后按步骤重新计算即可。关于稳态性能分析的一种性能指标为稳态误差（e_{ss}），是指误差信号$e(t)$的稳态分量$e_{ss}(\infty)$。虽然误差信号$e(t)$包含两部分内容，即瞬态分量$e_{ts}(t)$和稳态分量$e_{ss}(t)$，但是由于系统最终必须是稳定的，所以当时间趋于无穷时，瞬态分量$e_{ts}(t)$是趋近于零的。稳态误差是对系统控制精度的一种测量，通常在阶跃函数、斜坡函数等的作用下进行测定或计算。稳态误差的数学表达式为

$$e_{ss}(\infty)=\lim_{s\to 0}sE(s)=\lim_{s\to 0}\frac{sR(s)}{1+G(s)H(s)} \quad (1-10)$$

根据微分方程的阶数，时域分析可以被分为一阶系统的时域分析、二阶系统的时域分析和高阶系统的时域分析。时域分析方法主要用于分析一些典型输入信号的动态性能指标。一阶系统的时域分析相对容易。一些高精度的控制系统需要提高二阶系统的动态和稳态性能，通常采用两种方法：比例-微分控制和测速反馈控制。

比例-微分控制是一种早期控制，可以在系统中的某些位置出现误差前产生修正作用，从而改善系统性能，使超调量下降，调节时间缩短。但是在系统输入端噪声较强的情况下，宜采用测速反馈控制方式。

测速反馈控制方式与比例-微分控制的效果相似，可以改善系统动态性能，但会增大稳态误差。为了减小稳态误差，必须增大原系统的开环增益。开环增益是指在不带反馈网络的状态下，当输入功率相等时，实际天线与理想的辐射单元在空间同一点处所产生的信号的功率密度之比。

在实际的工业控制过程中,绝大部分系统都是高阶系统,具有十分复杂的动态性能指标,一般使用闭环主导极点这一概念进行近似分析,或者运用MATLAB等软件进行分析。闭环主导极点在系统的时间响应过程中起着主导作用。闭环主导极点负实部的绝对值增大,则其对应的响应分量衰减的速度加快。此外,非主导极点,也就是闭环零点,也对系统的动态性能具有一定影响。它可以降低峰值时间,提高系统响应速度,增大系统超调量。值得注意的是,系统的时间响应类型主要取决于闭环系统极点的性质和幅度,但时间响应的形状与闭环系统的零点相关。

【例】 设单位反馈系统的开环传递函数为

$$G(s) = \frac{K(T_d s + 1)}{s(1.67s + 1)}$$

其中,K 为开环增益。已知系统在单位斜坡函数输入时,稳态误差 $e_{ss}(\infty) = \frac{1}{K}$。若要求 $e_{ss}(\infty) \leq 0.2 \text{rad}$,$\zeta_d = 0.5$,试确定 K、ω_n 与 T_d 的数值,并估算系统在阶跃函数作用下的动态性能。

解: 由 $e_{ss}(\infty) = \frac{1}{K} \leq 0.2 \text{rad}$ 的要求,取 $K = 5$。令 $T_d = 0$,可得无零点二阶系统闭环特征方程为 $s^2 + 0.6s + 3 = 0$,因此得 $\zeta = 0.173$,$\omega_n = 1.732 \text{rad/s}$。

此时,系统的阶跃响应动态性能指标根据公式可求得 $t_r = 1.02 \text{s}$,$t_p = 1.84 \text{s}$,$\sigma\% = 57.6\%$,$t_s = 11.70 \text{s}$。

当 $T_d \neq 0$ 时,由于要求 $\zeta_d = 0.5$,故可得 $T_d = \frac{1}{z} = \frac{2(\zeta_d - \zeta)}{\omega_n} = 0.38 \text{s}$,

此时为有零点的二阶系统,其阶跃响应动态性能指标根据公式可求出 $t_r = 0.70 \text{s}$,$t_p = 1.63 \text{s}$,$\sigma\% = 22\%$,$t_s = 3.49 \text{s}$。

1.2.5 复域分析

当系统结构发生变化或某一参数发生变化时,必须重新整理微分方程组进行求解,这种情况下,时域分析法就不适用于对系统进行分析和设计,存在一定的局限性。通过拉氏变换法求解线性系统的微分方程能够得到控制系统复域分析模型,当系统的结构和参数变化时,能够用来研究系统的动态性能。经典控制理论中常用的复域分析模型包括频率法和根轨迹法,是基于传递函数所建立的。下面以根轨迹法为例。

(1) 定义。

根轨迹法是用来分析和设计线性定常系统的图解方法,可以用于分析开环增益值(或其他参数)变化对系统的影响;用于分析附加环节对系统性能的影响;用于设计系统的校正装置,具有广泛的应用前景。根轨迹是开环系统的某一参数从零变到无穷时,闭环系统特征方程式的根在 S 平面上变化的轨迹。根轨迹法的基本任务是:参考具有已知零环开口的极点分布;借助图解方法识别形成环的极点;考虑确定环形成的极点情况,在已知传递函数的情况下,通过拉普拉斯变换的方法,求出闭环系统的时间响应,即求出各种动态性能指标,进而分析系统。根轨迹主要分为常规根轨迹和广义根轨迹。其中,常规根轨迹是根轨迹增益 K 发生变化时的根轨迹;广义根轨迹是指除根轨迹增益 K 以外的其他参数发生变化时的根轨迹。两种根轨迹的定义虽然不同,但是绘制其根轨迹图所根据的法则却相同。

根据闭环传递函数得出特征方程,进而求出特征方程根,即闭环极点。然后可以用解析的方法画出根轨迹图,运用根轨迹图可以分析闭环系统的响应信息,还可以指明开环零点、极点该如何变化才能满足给定的闭环系统的性能指标。根轨迹法是以闭环系统的特征方程在 S 平面的位置来判断系统稳定性的,如果特征方程的根(即闭环极点)全都在 S 平面的左半部分,则系统一定是稳定的;如果有的根分布在 S 平面的右半部分,则认为系统是不稳定的。稳定性只与闭环极点位置有关,而与闭环零点位置无关。

(2) 根轨迹方程。

设系统的闭环传递函数为

$$\Phi(s) = \frac{G(s)}{1 + G(s)H(s)} \tag{1-11}$$

闭环系统特征方程为

$$1 + G(s)H(s) = 0 \tag{1-12}$$

假设系统有 m 个开环零点和 n 个开环极点时,上式可以等价为

$$k^* \frac{\prod_{j=1}^{m}(s-z_j)}{\prod_{i=1}^{n}(s-p_i)} = -1 \tag{1-13}$$

其中,k^* 为根轨迹增益,从零变到无穷。此方程被称为根轨迹方程,根轨迹图就是根据绘制规则绘制出当 k^* 从零变到无穷时,系统的连续根轨迹。

(3) 根轨迹的绘制规则。

在控制系统的分析和探讨中，通常只需要知道根轨迹的大致形状。根据相角和幅值条件可得出 8 条规则，在创建根轨迹示意图时发挥出很大作用。

①根轨迹从开环极点开始，到开环零点结束。

②根轨迹的分支数等于闭环特征方程的特征根个数。也就是说，如果特征方程有三个特征根，则根轨迹有三条分支，并且这些分支相对于实轴是连续且对称的。

③当开环的有限极点数 n 大于有限零点数 m 时，根轨迹有 $n-m$ 条渐近线，且 $n-m$ 条渐近线与实轴的交角和交点为

$$\varphi_a = \frac{2k\pi}{n-m} \quad (k = 0, 1, 2, \cdots, n-m-1) \quad (1-14)$$

$$\sigma_a = \frac{\sum_{i=1}^{n} p_i - \sum_{j=1}^{m} z_j}{n-m} \quad (1-15)$$

④若实轴上某一区域的右方开环实数零点、极点个数之和为奇数，则该区域必是根轨迹。

⑤分离点是指两条或两条以上的根轨迹分支在 S 平面上相遇又立即分开的点，其坐标代表着当 k^* 为某一特定值时，闭环系统特征方程的实数等根或复数等根。

⑥根轨迹沿始点的走向由出射角决定，根轨迹到达终点的走向由入射角决定。

⑦根轨迹与虚轴的交点对分析系统的稳定性很重要，交点上的 k^* 值和 ω 值可以用劳斯稳定判据确定，也可以令闭环特征方程中的 $s = j\omega$，然后分别令其实部和虚部为零求得。

⑧无论 k^* 取何值，开环 n 个极点之和总是等于闭环特征方程 n 个根之和，可表示为 $\sum_{i=1}^{n} s_i = \sum_{i=1}^{n} p_i$。

(4) 根轨迹法的应用。

系统的稳定性取决于闭环极点，因此在系统的设计过程中，运用闭环零点、极点去分析系统的性能是非常重要的。基于根轨迹法分析或设计系统时，首要的步骤是明确闭环零点和实数主导极点（接近虚轴，但不十分接近闭环零点）对系统各项性能指标的影响。闭环零点能够将系统的峰值时间提前，

也就是说，减小闭环系统的阻尼，增大系统超调量；而闭环实数主导极点的作用可以被视为是增大系统的阻尼，主动向后调节峰值时间，降低系统超调量。

在应用根轨迹法设计系统时，所依据的指标就是稳态指标和动态指标。其设计步骤为：首先，根据要求的系统各项性能指标绘出指标线，规划合格区；其次，绘出系统的根轨迹图，判断根轨迹图是否越出所规划的合格区，若是，则仅需确定根轨迹增益即可完成系统的设计工作，若否，则还需要设计相应的校正装置，增添开环极点和开环零点，能够将校正后的根轨迹图落入合格区内，然后确定合适的根轨迹增益，实现既定的性能指标。常用的校正装置有超前校正装置（微分校正）、滞后校正装置（积分校正）和微分-积分校正装置。

1.3 现代控制理论

现代控制理论中出现的一系列概念、观点、方法都是在传统控制理论的基础上建立发展起来的，且还有一些相互交错发展的渐变过程。现代控制理论中，对控制系统本质的基本技术理论概念的全面建立是尤为重要的，如系统可控性、可观测性、实现理论、典范型、分解理论等，从而进一步使控制工程由一类传统工程控制设计方法升华为一门新领域的科学。

在逐渐兴起的航空航天技术热潮的推动下，以及现代计算机技术飞速发展的有力支持下，自动控制理论于1960年前后产生了颠覆性突破与创新。在此期间，贝尔曼首次提出了寻求最优控制点的动态规划法，并将其应用于实际控制管理过程中。庞特里亚金提出了能够证明极大值原理的综合控制理论新方法，促使最优控制理论取得了迅速发展。卡尔曼首次系统性地把状态空间法应用到系统优化与智能控制系统理论中，并进一步提出了系统可控性、可观测性的理论概念体系和全新的滤波理论。以上研究成果意味着现代控制理论的各种新技术原理概念和科学方法已经全面建立，为现代控制理论的发展奠定了基础。

现代控制理论涵盖了多种学科内容，主要有线性系统理论、非线性系统理论、最优控制理论、适应控制理论等。与此同时，现代控制理论也能够十分广泛地应用于实际中，主要在于通信系统、生产过程、航空航天技术等复杂且困难的问题上。此外，一些相关的概念与方法也被应用在人口控制、交通管理等方面。

现代控制理论的主要数学工具是线性代数和微分方程,并以状态空间法作为基础去分析和设计控制系统。状态空间法本质上是一种时域法,其核心在于优化技术,不仅阐述了系统的外部特性,而且揭示了系统的内部状态和性能。现代控制理论的综合目标是通过解释系统内部规律学科来优化实际系统。它的构成不仅限于单纯的闭环,而且具有更高级的生物工程特性,如自适应环和学习环。对于经典控制理论,现代控制理论的研究对象较为广泛,它既可以是单变量的、线性的、定常的、连续的,也可以是多变量的、非线性的、时变的、离散的,而且随着生产自动化水平的提高,控制系统的任务越来越复杂,控制系统的精度要求也越来越高。与经典控制理论相比,现代控制理论能更好地完成这一要求。

相比于经典控制理论,现代控制理论具有三种转变。

(1) 控制对象结构的转变。控制对象结构由经典控制理论中简单的单回路模式向多回路模式转变,也就是从单输入单输出向多输入多输出转变。因此,现代控制理论可以处理较为复杂的工业领域中生产过程的优化与控制问题。

(2) 研究工具的转变。研究工具由经典控制理论的积分变换法向矩阵理论、几何方法转变,由频率法转向状态空间法的研究。此外,由于现代计算机技术的发展,控制理论的计算方式从手工计算向计算机计算转变。

(3) 建模手段的转变。建模手段由经典控制理论的机理建模向统计建模转变,逐渐使用参数估计和系统辨识的统计建模方法。

控制理论的发展和其他学科的发展类似,取决于工业、科学和技术在发展中提出的不断增长的需求。1960年,卡尔曼的著名论文发表之后,"现代控制理论"这一名词出现了。而在此之前,20世纪50年代,我国著名系统科学家钱学森教授出版了《工程控制论》的专著,并被当时工程领域的大多数论文加以引用。广义上来讲,工程控制论是控制领域最具有远见的科学和理论,而现代控制理论只是工程控制论的一个分支。

1.3.1 状态空间方程

状态变量是指能够完全表征系统运动状态的最少个数的一组变量。以状态变量 $x_1(t)$,$x_2(t)$,$x_3(t)$,…,$x_n(t)$ 为坐标轴所构成的 n 维空间称为状态空间。在特定时刻 t,状态矢量 $x(t)$ 在状态空间中是一个点。当初始时刻 t_0

的状态 $x(t_0)$ 已知时,即可得到状态空间的一个初始点。随着时间的推移,$x(t)$ 可以在状态空间中描绘出一条轨迹,称为状态轨线。由线性系统的状态变量构成的一阶微分方程组称为线性系统的状态方程。

状态空间模型的特点如下所示。

一是状态空间模型既能够如实反映系统的真实内部状态,又能够完全揭示系统内部状态与外部输入输出变量间的联系。

二是状态空间模型是将多个变量时间序列处理为向量时间序列,这种从变量到向量的转变能够解决多输入—多输出变量情况下的建模问题。

三是状态空间模型能够基于现在与过去的信息如实描述系统的状态。因此,状态空间模型不需要大量的历史数据,省时又省力。

1. 状态空间方程表达式

(1) 设单输入—单输出定常系统,其状态变量为 x_1,x_2,x_3,$\cdots$,x_n,则状态方程的一般形式为

$$\frac{\mathrm{d}x}{\mathrm{d}t} = \boldsymbol{A}x + \boldsymbol{B}u \tag{1-16}$$

$$y = \boldsymbol{C}x \tag{1-17}$$

其中 $\boldsymbol{A}$,$\boldsymbol{B}$,$\boldsymbol{C}$ 均为常值矩阵,u 为输入变量,y 为输出变量。

(2) 设多输入—多输出线性时变系统,其状态变量为 $x_1(t)$,$x_2(t)$,$x_3(t)$,$\cdots$,$x_n(t)$,则状态方程的一般形式为

$$\dot{\boldsymbol{x}}(t) = \boldsymbol{A}(t) \cdot \boldsymbol{x}(t) + \boldsymbol{B}(t) \cdot \boldsymbol{u}(t),\ \boldsymbol{x}(t_0) = x_0 \tag{1-18}$$

$$\boldsymbol{y}(t) = \boldsymbol{C}(t) \cdot \boldsymbol{x}(t) + \boldsymbol{D}(t) \cdot \boldsymbol{u}(t),\ (t \geq t_0) \tag{1-19}$$

其中,矩阵 $\boldsymbol{A}(t)$ 是系统矩阵(状态矩阵),为 $n \times n$ 阶矩阵;$\boldsymbol{B}(t)$ 是控制矩阵(输入矩阵),为 $n \times p$ 阶矩阵;$\boldsymbol{C}(t)$ 为观测矩阵(输出矩阵),为 $q \times n$ 阶矩阵;$\boldsymbol{D}(t)$ 是前馈矩阵(输入输出矩阵),为 $q \times p$ 阶矩阵。$\boldsymbol{u}(t)$ 为输入变量,$\boldsymbol{y}(t)$ 为输出变量。

(3) 当矩阵 $\boldsymbol{A}(t)$,$\boldsymbol{B}(t)$,$\boldsymbol{C}(t)$,$\boldsymbol{D}(t)$ 都与时间 t 无关时,其状态变量为 $x_1(t)$,$x_2(t)$,$x_3(t)$,$\cdots$,$x_n(t)$,则系统的状态方程的一般形式为

$$\dot{\boldsymbol{x}}(t) = \boldsymbol{A}x(t) + \boldsymbol{B}u(t),\ \boldsymbol{x}(t_0) = x_0 \tag{1-20}$$

$$\boldsymbol{y}(t) = \boldsymbol{C}x(t) + \boldsymbol{D}u(t),\ (t \geq t_0) \tag{1-21}$$

其中,$\boldsymbol{A}$,$\boldsymbol{B}$,$\boldsymbol{C}$,$\boldsymbol{D}$ 都是常值矩阵,称之为线性定常系统。线性定常系统是线性时变系统的一种特殊类型。

针对多输入—多输出的线性系统,需要研究其传递函数矩阵。传递函数

矩阵是用来描述线性控制系统的动态响应的，在系统的变化过程中是可以被测量到的。传递函数矩阵是指当初始条件为零时，输出向量的拉氏变换式与输入向量的拉氏变换式之间的传递关系，其数学定义可以表示如下。

设系统的状态方程为

$$\dot{x}(t) = Ax(t) + Bu(t) \quad y(t) = Cx(t) + Du(t) \quad (1-22)$$

令初始条件为零，进行拉氏变换得

$$sX(s) = AX(s) + BU(s) \quad Y(s) = CX(s) + DU(s) \quad (1-23)$$

则

$$X(s) = (sI - A)^{-1}BU(s) \quad (1-24)$$

$$Y(s) = [C(sI - A)^{-1}B + D]U(s) = G(s)U(s) \quad (1-25)$$

系统的传递函数矩阵表达式为

$$G(s) = C(sI - A)^{-1}B + D \quad (1-26)$$

【例】 已知系统的状态方程为

$$\begin{bmatrix} \dot{x}_1 \\ \dot{x}_2 \end{bmatrix} = \begin{bmatrix} 0 & 1 \\ 0 & -2 \end{bmatrix} \begin{bmatrix} x_1 \\ x_2 \end{bmatrix} + \begin{bmatrix} 1 & 0 \\ 0 & 1 \end{bmatrix} \begin{bmatrix} u_1 \\ u_2 \end{bmatrix}$$

$$\begin{bmatrix} y_1 \\ y_2 \end{bmatrix} = \begin{bmatrix} 1 & 0 \\ 0 & 1 \end{bmatrix} \begin{bmatrix} x_1 \\ x_2 \end{bmatrix}$$

试求系统的传递函数矩阵。

解：已知

$$A = \begin{bmatrix} 0 & 1 \\ 0 & -2 \end{bmatrix} \quad B = \begin{bmatrix} 1 & 0 \\ 0 & 1 \end{bmatrix} \quad C = \begin{bmatrix} 1 & 0 \\ 0 & 1 \end{bmatrix} \quad D = 0$$

所以

$$(sI - A)^{-1} = \begin{bmatrix} s & -1 \\ 0 & s+2 \end{bmatrix}^{-1} = \begin{bmatrix} \dfrac{1}{s} & \dfrac{1}{s(s+2)} \\ 0 & \dfrac{1}{s+2} \end{bmatrix}$$

则

$$G(s) = C(sI - A)^{-1}B = \begin{bmatrix} 1 & 0 \\ 0 & 1 \end{bmatrix} \begin{bmatrix} \dfrac{1}{s} & \dfrac{1}{s(s+2)} \\ 0 & \dfrac{1}{s+2} \end{bmatrix} \begin{bmatrix} 1 & 0 \\ 0 & 1 \end{bmatrix} = \begin{bmatrix} \dfrac{1}{s} & \dfrac{1}{s(s+2)} \\ 0 & \dfrac{1}{s+2} \end{bmatrix}$$

传递函数矩阵可以由 MATLAB 或者是结构图的方法进行求解，在选择不同的变量作为状态变量时，其状态空间的表达式不是唯一的，但是其传递函数矩阵是唯一的。传递函数具有可分离性、唯一性、传递性和可逆性四个性质，因此，应用传递函数来描述系统，能够更可靠、更严密和更便捷。

关于线性定常连续系统状态方程的求解方法有两种：一是幂级数法，二是拉普拉斯变换法。

（4）线性离散系统状态空间方程。

在实际的问题中，并非都是连续时间问题，还存在一种离散系统的实际情况，如社会经济问题、人口问题等，那么要如何对离散系统进行研究呢？关于离散系统，就是需要对系统中的各个变量只在离散时刻取值，其状态空间描述只反映离散时刻的变量组间的因果关系和转换关系，因而这类系统通常称为离散系统。线性离散系统的状态方程可以利用系统的差分方程建立，也可以用数字计算机把一个连续的系统因控制的需要而人为地加以时间离散化，利用连续状态方程的离散化得到。

设单输入—单输出线性定常离散系统的状态方程为

$$\boldsymbol{x}(k+1) = \boldsymbol{G}\boldsymbol{x}(k) + \boldsymbol{h}u(k) \tag{1-27}$$

$$y(k) = \boldsymbol{c}\boldsymbol{x}(k) + \boldsymbol{d}u(k) \tag{1-28}$$

式中，$\boldsymbol{x}(k)$ 是状态变量；k 表示 kT 时刻，T 为采样周期；$y(k)$，$u(k)$ 分别为 kT 时刻的输出量和输入量；$\boldsymbol{G}$ 为友矩阵；$\boldsymbol{G}$，$\boldsymbol{h}$ 为可控标准型；$\boldsymbol{c}$ 为输出矩阵；$\boldsymbol{d}$ 为输入输出矩阵。由此可以看出，离散系统状态方程描述了 $(k+1)T$ 时刻的状态与 kT 时刻的状态及输入量之间的关系，其输出方程描述的是 kT 时刻的输出量与 kT 时刻的状态及输入量之间的关系。

2. 线性系统的可控性与可观测性

由于状态变量为系统的内部变量，输入和输出变量为系统的外部变量，运用状态方程和输出方程来描述系统会出现一些问题，如是否系统内所有的状态都可以受输入的影响等，这就是可控性与可观测性问题。可控性与可观测性的概念是用状态空间描述系统时引申出来的新概念，是用来对系统进行定性分析的，在现代控制理论中发挥着非常重要的作用。系统可控是指所有的状态变量均可以由输入来影响和控制，且还可能以任意的状态回到原点；系统可观测是指所有状态变量的运动都可以由输出完全反映。应用一个简单的小例子来解释可控性与可观测性的概念，以便于更好理解，如下所示。

【例】给定系统的状态方程为

$$\begin{bmatrix} \dot{x}_1 \\ \dot{x}_2 \end{bmatrix} = \begin{bmatrix} 4 & 0 \\ 0 & -5 \end{bmatrix} \begin{bmatrix} x_1 \\ x_2 \end{bmatrix} + \begin{bmatrix} 1 \\ 2 \end{bmatrix} u$$

$$y = \begin{bmatrix} 0 & -6 \end{bmatrix} \begin{bmatrix} x_1 \\ x_2 \end{bmatrix}$$

将其表示为标量方程组的形式，有

$$\dot{x}_1 = 4x_1 + u$$

$$\dot{x}_2 = -5x_2 + 2u$$

$$y = -6x_2$$

这表明状态变量 x_1 和 x_2 都可以通过选择控制量 u 而由始点达到原点，因而系统完全可控。但是，输出 y 只能反映状态变量 x_2，与状态变量 x_1 既无直接关系也无间接关系，所以系统是不完全可观测的。

在了解一些非常简单和非常直观的系统可控性与可观测性概念的基础上，如果要运用它们对一个较为复杂的线性系统进行分析，就要对它们进行严格的数学定义，并以此为基础得出相应的判别准则。

（1）可控性。

①定义。

线性时变系统的状态方程：

$$\dot{\boldsymbol{x}}(t) = \boldsymbol{A}(t) \cdot \boldsymbol{x}(t) + \boldsymbol{B}(t) \cdot \boldsymbol{u}(t), \quad t \in T_t \quad (1-29)$$

式中，T_t 为时间定义区间。

如果对取定初始时刻 $t_0 \in T_t$ 的一个非零初始状态 $\boldsymbol{x}(t_0) = x_0$，存在一个时刻 $t_1 \in T_t$，$t_1 > t_0$，和一个无约束的容许控制 $\boldsymbol{u}(t)$，$t \in [t_0, t_1]$，使状态由 $\boldsymbol{x}(t_0) = x_0$ 转移到 t_1 时刻的 $x(t_1) = 0$，则称此系统可控。若状态空间中的所有非零状态都在 $t_0(t_0 \in T_t)$ 时刻可控，则称系统可控；若存在一个或一些非零状态在时刻 t_0 是不可控的，则称系统不可控。

②判别准则。

关于可控性的判别准则有四种方法：一是格拉姆矩阵判据，主要应用于理论分析；二是由凯莱—哈密顿定理推导出的秩判据，较为常用；三是用到了特征值的 PBH 秩判据；四是对角线规范型判据。下面介绍一种较为简便实用的判据方法，此系统完全可控的充分必要条件是

$$\mathrm{rank} \begin{bmatrix} \boldsymbol{B} & \boldsymbol{AB} & \cdots & \boldsymbol{A}^{n-2}\boldsymbol{B} & \boldsymbol{A}^{n-1}\boldsymbol{B} \end{bmatrix} = n \quad (1-30)$$

其中，n 为矩阵 $\boldsymbol{A}$ 的维数，$\boldsymbol{S} = \begin{bmatrix} \boldsymbol{B} & \boldsymbol{AB} & \cdots & \boldsymbol{A}^{n-2}\boldsymbol{B} & \boldsymbol{A}^{n-1}\boldsymbol{B} \end{bmatrix}$ 为可控

判别矩阵。

（2）可观测性。

①定义。

可观测性考虑的是状态是否完全可以由输出反映，即等同于研究零输入方程的可观测性

$$\dot{x}(t) = A(t) \cdot x(t), \quad x(t_0) = x_0, \quad t_0, t \in T_t \quad (1-31)$$

$$y(t) = C(t) \cdot x(t) \quad (1-32)$$

如果取定初始时刻 $t_0 \in T_t$，存在一个有限的时刻 $t_1 \in T_t$，$t_1 > t_0$，那么对于所有的 $t \in [t_0, t_1]$，系统的输出 $y(t)$ 能唯一确定状态向量的初值 $x(t_0)$，则称系统在 $[t_0, t_1]$ 内是可观测的。如果存在一个有限的时刻 $t_1 \in T_t$，$t_1 > t_0$，对于所有的 $t \in [t_0, t_1]$，系统的输出 $y(t)$ 不能唯一确定所有状态向量的初值 $x_i(t_0)$，$i = 1, 2, 3, \cdots, n$，即至少存在一个状态的初值不能被 $y(t)$ 确定，则称系统不可观测。

②判别准则。

采用一种简单且普遍适用的秩判据方法，系统完全可观测的充分必要条件是

$$\mathrm{rank}\, V = \mathrm{rank} \begin{bmatrix} C \\ CA \\ \vdots \\ CA^{n-1} \end{bmatrix} = n \quad (1-33)$$

或者是 $\mathrm{rank}\, V = \mathrm{rank}[\, C^T \quad A^T C^T \quad (A^T)^2 C^T \quad \cdots \quad (A^T)^{n-1} C^T\,] = n$，$n$ 为矩阵 A 的维数。

【例】判断这个系统的可观测性。

$$\dot{x} = Ax + Bu, \quad y = Cx$$

其中 $A = \begin{bmatrix} -2 & 0 \\ 0 & -1 \end{bmatrix}$，$B = \begin{bmatrix} 3 \\ 1 \end{bmatrix}$，$C = [1 \quad 0]$

解：

$$\mathrm{rank}[\, C^T \quad A^T C^T\,] = \mathrm{rank} \begin{bmatrix} 1 & -2 \\ 0 & 0 \end{bmatrix} = 1 < n$$

故该系统不可测。

3. 线性定常离散系统的可控性与可观测性研究

线性定常离散系统只是线性时变离散系统的一种特例，利用线性离散系

统给出相关定义，而用线性定常离散系统介绍可控性和可观测性判据。

（1）线性定常离散系统的可控性。

①定义。

设线性定常离散系统的状态方程为

$$x(k+1) = G(k) \cdot x(k) + H(k) \cdot u(k), \quad k \in T_k \quad (1-34)$$

其中，T_k 为离散时间定义区间。如果对初始时刻 $l \in T_k$ 和状态空间中的所有非零状态 $x(l)$，都存在时刻 $m \in T_k$，$m > l$，以及对应的控制 $u(k)$，使 $x(m) = 0$，则称系统在时刻 l 为完全可控。

②可控性判据。

设单输入线性定常离散系统的状态方程为

$$x(k+1) = Gx(k) + hu(k) \quad (1-35)$$

式中，x 为 n 维状态向量；u 为标量输入；G 为 $n \times n$ 非奇异矩阵。

判据为

$$\text{rank}[\boldsymbol{h} \quad \boldsymbol{Gh} \quad \cdots \quad \boldsymbol{G^{n-1}h}] = n \quad (1-36)$$

则称系统可控。

设多输入线性定常离散系统的状态方程为

$$x(k+1) = Gx(k) + Hu(k) \quad (1-37)$$

判据为

$$\text{rank}[\boldsymbol{H} \quad \boldsymbol{GH} \quad \cdots \quad \boldsymbol{G^{n-1}H}] = n \quad (1-38)$$

则称系统可控。

【例】 设单输入线性定常离散系统的状态方程为

$$x(k+1) = \begin{bmatrix} 1 & 0 & 0 \\ 0 & 2 & -2 \\ -1 & 1 & 0 \end{bmatrix} x(k) + \begin{bmatrix} 1 \\ 0 \\ 1 \end{bmatrix} u(k)$$

试判断其可控性。

解： 由题意知

$$G = \begin{bmatrix} 1 & 0 & 0 \\ 0 & 2 & -2 \\ -1 & 1 & 0 \end{bmatrix}, \quad h = \begin{bmatrix} 1 \\ 0 \\ 1 \end{bmatrix}$$

$$\text{rank}[\boldsymbol{h} \quad \boldsymbol{Gh} \quad \boldsymbol{G^2h}] = \text{rank}\begin{bmatrix} 1 & 1 & 1 \\ 0 & -2 & -2 \\ 1 & -1 & -3 \end{bmatrix} = 3 = n$$

故该系统可控。

(2) 线性定常离散系统的可观测性。

①定义。

设离散系统为

$$x(k+1) = G(k) \cdot x(k) + H(k) \cdot u(k), \quad k \in T_k \quad (1-39)$$

$$y(k) = C(k) \cdot x(k) + D(k) \cdot u(k) \quad (1-40)$$

若初始时刻 $l \in T_k$ 的任一非零初始状态 $x(l) = x_0$，都存在有限时刻 $m \in T_k$，$m > l$，且可由 $[l, m]$ 上的输出 $y(k)$ 唯一的确定 x_0，则称系统在 l 时刻是完全可观测的。

②可观测性判据。

设线性定常离散系统的状态方程为

$$x(k+1) = Gx(k) + Hu(k), \quad y(k) = Cx(k) + Du(k) \quad (1-41)$$

可观测性判据为

$$\text{rank}[C^T \quad G^T C^T \quad \cdots \quad (G^T)^{n-1} C^T] = n \quad (1-42)$$

则称系统可观测。

【例】已知线性定常离散系统的状态方程为

$$x(k+1) = Gx(k) + hu(k), \quad y(k) = C_i x(k), \quad i = 1, 2$$

其中

$$G = \begin{bmatrix} 1 & 0 & -1 \\ 0 & -2 & 1 \\ 3 & 0 & 2 \end{bmatrix}, \quad h = \begin{bmatrix} 2 \\ -1 \\ 1 \end{bmatrix}, \quad C_1 = [0 \quad 1 \quad 0], \quad C_2 = \begin{bmatrix} 0 & 0 & 1 \\ 1 & 0 & 0 \end{bmatrix}$$

试判断系统的可观测性。

解： 当观测矩阵为 C_1 时

$$C_1^T = \begin{bmatrix} 0 \\ 1 \\ 0 \end{bmatrix}, \quad G^T C_1^T = \begin{bmatrix} 0 \\ -2 \\ 1 \end{bmatrix}, \quad (G^T)^2 C_1^T = \begin{bmatrix} 3 \\ 4 \\ 0 \end{bmatrix}$$

可得

$$\text{rank} \begin{bmatrix} 0 & 0 & 3 \\ 1 & -2 & 4 \\ 0 & 1 & 0 \end{bmatrix} = 3 = n$$

故该系统是可观测的。

当观测矩阵为 C_2 时，

$$\boldsymbol{C}_2^\mathrm{T} = \begin{bmatrix} 0 & 1 \\ 0 & 0 \\ 1 & 0 \end{bmatrix}, \quad \boldsymbol{G}^\mathrm{T}\boldsymbol{C}_2^\mathrm{T} = \begin{bmatrix} 3 & 1 \\ 0 & 0 \\ 2 & -1 \end{bmatrix}, \quad (\boldsymbol{G}^\mathrm{T})^2\boldsymbol{C}_2^\mathrm{T} = \begin{bmatrix} 9 & -2 \\ 0 & 0 \\ 1 & -3 \end{bmatrix}$$

可得

$$\mathrm{rank}\begin{bmatrix} 0 & 1 & 3 & 1 & 9 & -2 \\ 0 & 0 & 0 & 0 & 0 & 0 \\ 1 & 0 & 2 & -1 & 1 & -3 \end{bmatrix} = 2 \neq n = 3$$

故该系统不可观测。

线性系统可控性和可观测性的定义与判别准则的推导过程是非常相似的，都采用参数矩阵和数学方法，证明了可控性和可观测性之间存在对偶性。这种对偶性使二者可以十分方便地进行相互推导。它们之间的许多性质也可以相互利用，节省了操作和运算的时间。

假设定义线性定常离散系统的状态方程为

$$\dot{\boldsymbol{x}} = \boldsymbol{A}\boldsymbol{x} + \boldsymbol{B}\boldsymbol{u} \tag{1-43}$$

$$\boldsymbol{y} = \boldsymbol{C}\boldsymbol{x} \tag{1-44}$$

定义它的对偶系统为

$$\begin{aligned} \dot{\boldsymbol{x}} &= \boldsymbol{A}^\mathrm{T}\boldsymbol{x} + \boldsymbol{C}^\mathrm{T}\boldsymbol{u} \\ \boldsymbol{y} &= \boldsymbol{B}^\mathrm{T}\boldsymbol{x} \end{aligned} \tag{1-45}$$

4. 状态反馈控制

状态反馈控制是指系统的状态变量通过比例环节（乘以相应的反馈系数）反馈到输入端，与参考输入相加，其和作为被控系统的控制信号的一种反馈方式，在现代控制理论中应用比较广泛，是现代控制理论的特色之一。而输出反馈控制则是指以系统的输出作为反馈量来构成反馈律，实现对系统的闭环控制，从而达到期望的性能指标值，在经典控制理论中应用较多。由于系统的状态变量能够反映系统内部特性，因此状态反馈控制与传统的输出反馈控制相比，能更加有效地控制系统，使系统稳定工作。

状态反馈控制的优点是在不改变系统的可控性的前提下，还可以获得更好的系统性能，并且实际的系统中往往会产生一些不确定的随机干扰信号，在状态反馈控制系统中不论在哪一个环节出现干扰信号，系统依旧可以大致以设定的状态运行，这在现实控制中是非常重要的。然而由于系统的状态变量不能由系统外部直接测量得到，也就是不能保证系统的可观测性，导致状态反馈技术在实现的过程中较为复杂，且成本较高。

状态反馈控制的原理是在系统的状态空间方程的基础上,加入一个状态反馈增益矩阵,从而确定极点配置。因为系统的性能和极点位置密切相关,因此研究极点配置是非常重要的。研究极点配置,首先要研究极点可配置的条件:一是被控系统可控;二是被控系统可观测。其次是要确定极点配置所需要的状态反馈增益矩阵。

5. 状态反馈系统的可控性和可观测性

(1) 状态反馈系统的可控性。

多变量线性系统(定常或时变)$\Sigma_0\{A,B,C\}$,在任何形如 $u(t) = r(t) + K(t) \cdot x(t)$ 的状态反馈下,状态反馈闭环系统 $\Sigma_k\{A+BK,B,C\}$ 完全可控的充分必要条件是被控对象 $\Sigma_0\{A,B,C\}$ 完全可控。

(2) 状态反馈系统的可观测性。

当状态反馈控制的系统极点与系统原点相同时,即出现零、极点对消时,状态反馈可以改变系统的可观测性。

【例】设对象的状态方程为

$$\dot{x} = \begin{bmatrix} 3 & 4 \\ 4 & 6 \end{bmatrix} x + \begin{bmatrix} 0 \\ 1 \end{bmatrix} u$$

$$y = \begin{bmatrix} 3 & 4 \end{bmatrix} x$$

因为

$$\text{rank}\begin{bmatrix} b & ab \end{bmatrix} = \text{rank}\begin{bmatrix} 0 & 4 \\ 1 & 6 \end{bmatrix} = 2$$

$$\text{rank}\begin{bmatrix} c \\ ac \end{bmatrix} = \text{rank}\begin{bmatrix} 3 & 4 \\ 35 & 36 \end{bmatrix} = 2$$

可得,该系统是可控的,同时也是可观测的。若选取的状态反馈的控制规律为

$$u = Kx + r = \begin{bmatrix} -2 & -4 \end{bmatrix} x + r$$

则状态反馈系统的状态方程为

$$\dot{x} = \begin{bmatrix} 1 & 4 \\ -2 & -4 \end{bmatrix} x + \begin{bmatrix} 0 \\ 1 \end{bmatrix} y$$

$$y = \begin{bmatrix} 1 & 4 \end{bmatrix} x$$

因为

$$\text{rank}\begin{bmatrix} b & ab \end{bmatrix} = \text{rank}\begin{bmatrix} 0 & 1 \\ 4 & -4 \end{bmatrix} = 2$$

$$\text{rank}\begin{bmatrix} c \\ ac \end{bmatrix} = \text{rank}\begin{bmatrix} 1 & 4 \\ 5 & 20 \\ -6 & -24 \end{bmatrix} = 1$$

由此可得，系统在加入状态反馈矩阵后，系统仍是可控的，但是系统是不可观测的。

状态反馈系统可以通过使用时域指标求出所需要的极点，再根据所求得的极点求出反馈矩阵。在知道反馈矩阵以后就可以得到系统状态结构，从而仿真得到系统的响应曲线图。由此可知，时域指标与状态反馈系统的关系是相当密切的，可以相互转换、相互影响。

【例】 已知系统的状态方程为

$$\dot{x} = ax + bu$$
$$y = cx + du$$

其中，$a = \begin{bmatrix} 0 & 1 & 0 \\ 0 & 0 & 1 \\ 0 & -2 & -3 \end{bmatrix}$，$b = \begin{bmatrix} 0 \\ 0 \\ 1 \end{bmatrix}$，$c = \begin{bmatrix} 1 & 0 & 0 \end{bmatrix}$，$d = \begin{bmatrix} 0 \end{bmatrix}$

为了使系统上升时间 $t_r = 0.5s$，超调量 $\sigma = 10\%$，设计状态反馈系统。

解：由于已经知道系统的上升时间和超调量，根据公式

$$\zeta = \frac{\ln\left(\frac{1}{\sigma}\right)}{\sqrt{\pi + \left(\ln\frac{1}{\sigma}\right)^2}}$$

可以得到系统的 $\zeta = 0.5911$，

由公式

$$\zeta = \cos\beta, \quad t_r = \frac{\pi - \beta}{\omega_d}$$

可以得到 $\omega_d = 4.406(\text{rad/s})$，

再由公式

$$\omega_n = \frac{\omega_d}{\sqrt{1 - \zeta^2}}$$

可以得到 $\omega_n = 5.463(\text{rad/s})$，

由于基本性能指标和主导极点对应的关系 $s_1, s_2 = -\zeta\omega_n \pm j\omega_n\sqrt{1-\zeta^2}$，

可以得到该系统的两个主导极点 $s_1, s_2 = -3.229 \pm 4.406j$，

该系统有三个极点，可以由公式 $s_i = (4 \sim 6)\text{Re}(s_i)$，$i = 3, 4, \cdots, n$，得到 $s_3 = -12.92$，

根据已经求出系统的极点，求出系统的反馈矩阵 $\boldsymbol{K}$。由于 $\text{rank}[\boldsymbol{b} \quad \boldsymbol{ab} \quad \boldsymbol{a}^2\boldsymbol{b}] = \begin{bmatrix} 0 & 0 & 1 \\ 0 & 1 & -3 \\ 1 & -3 & 7 \end{bmatrix} = 3$，可以看出系统是可控的；又由于 $\text{rank}\begin{bmatrix} \boldsymbol{c} \\ \boldsymbol{ca} \\ \boldsymbol{ca}^2 \end{bmatrix} = \begin{bmatrix} 1 & 0 & 0 \\ 0 & 1 & 0 \\ 0 & 0 & 1 \end{bmatrix} = 3$，系统也是可观测的。

设系统的状态反馈矩阵为

$$\boldsymbol{K} = [k_1 \quad k_2 \quad k_3]$$

闭环系统的特征多项式为

$$f(\lambda) = \det[\lambda \boldsymbol{I} - (\boldsymbol{a} + \boldsymbol{bK})] = \lambda^3 + (3 - k_3)\lambda^2 + (2 - k_2)\lambda + (-k_1)$$

根据已经得到的三个极点，得到期望特征多项式为

$$f^*(\lambda) = (\lambda + 12.92)(\lambda + 3.229 + 4.406j)$$
$$(\lambda + 3.229 - 4.406j)$$
$$= \lambda^3 + 19.38\lambda^2 + 113.3\lambda + 385.5$$

通过比较 $f(\lambda)$ 和 $f^*(\lambda)$ 可以得到 $k_1 = -385.5$，$k_2 = -111.3$，$k_3 = -16.38$，由此得出增益反馈矩阵 $\boldsymbol{K}$。将此矩阵 $\boldsymbol{K}$ 带入原状态方程，就可以得到状态反馈系统，并运用仿真来验证。

1.3.2 最优控制理论

随着空间技术的迅猛发展和计算机的广泛应用，有关动态系统的优化理论得到了快速发展，逐渐形成了最优控制理论，且不断发展成为现代控制理论的重要组成部分。最优控制理论是设计最优控制系统的理论基础。早在20世纪50年代，就有学者开始了对最短时间控制问题的研究。最优控制理论研究的主要问题是根据已经建立的被控对象的时域数学模型或者是频域数学模型，选择一个容许的控制域，使被控对象按预定要求运行，并且使给定的某一性能指标达到最优值，简单来说就是研究系统在指定的性能指标下实现最优的控制规律及综合方法。用数学的观点来看，最优控制理论研究的问题是求解一类带有约束条件的泛函极值问题，在控制工程、经济管理、人口控制等领域得到了成功应用。例如，制定一项合理的人口政策使人口发展过程中老化指数、抚养指数和劳动力指数等为最优，并取得显著成效。

1. 最优控制的五种典型问题

（1）最小时间问题。

最小时间问题如导弹拦截器的轨道转移问题，应用最优控制解决的是如何将系统的状态由 t_0 时刻的初始状态 $\boldsymbol{x}_0$ 转移到指定的 t_f 时刻的状态 $\boldsymbol{x}_f$ 所用的时间最短，即求 $\boldsymbol{u}(t)$，使其在控制向量的作用下实现 $\boldsymbol{x}(t_f)=\boldsymbol{x}_f$，并使过渡时间 $|t_f - t_0|$ 达到最小，目标函数为

$$J(u) = \int_{t_0}^{t_f}(t_f - t_0)\mathrm{d}t \tag{1-46}$$

（2）最小能量问题。

最小能量问题所追求的是将系统的状态由 t_0 时刻的初始状态 $\boldsymbol{x}_0$ 转移到指定的 t_f 时刻的状态 $\boldsymbol{x}_f$ 耗费的能量最小，即求 $\boldsymbol{u}(t)$，使其在控制向量的作用下实现 $\boldsymbol{x}(t_f)=\boldsymbol{x}_f$，并使消耗的能量最小，目标函数为

$$J(u) = \int_{t_0}^{t_f}\boldsymbol{u}(t)^{\mathrm{T}}\boldsymbol{u}(t)\mathrm{d}t \tag{1-47}$$

（3）最省燃料问题。

这是在航天工程中常遇到的重要问题之一。由于航天器所携带的燃料有限，希望航天器在转移轨道时所消耗的燃料尽可能少，$|\boldsymbol{u}(t)|$ 表示燃料的消耗，目标函数为

$$J(u) = \int_{t_0}^{t_f}|\boldsymbol{u}(t)|\mathrm{d}t \tag{1-48}$$

（4）状态调节器问题。

系统的状态轨线 $\boldsymbol{x}(t)$ 有时会偏离平衡状态，可用状态变量的平方和对时间的积分来衡量误差的积累，目标函数可一般地取为状态变量的加权平方和对时间的积分，并实现其最小化，目标函数为

$$J(u) = \int_{t_0}^{t_f}\boldsymbol{x}(t)^{\mathrm{T}}\boldsymbol{Q}\boldsymbol{x}(t)\mathrm{d}t \tag{1-49}$$

式中，$\boldsymbol{Q}$ 为加权矩阵。

（5）跟踪问题。

当要求状态轨线 $\boldsymbol{x}(t)$ 跟踪某给定的轨线 $\boldsymbol{x}_d(t)$ 时，目标函数为 $|\boldsymbol{x}(t)-\boldsymbol{x}_d(t)|$。控制的原则就是要使此绝对值最小，目标函数为

$$\begin{aligned}J(u) = &\frac{1}{2}[\boldsymbol{x}(t_f)-\boldsymbol{x}_d(t_f)]^{\mathrm{T}}\boldsymbol{F}[\boldsymbol{x}(t_f)-\boldsymbol{x}_d(t_f)] + \\ &\frac{1}{2}\int_{t_0}^{t_f}\{[\boldsymbol{x}(t)-\boldsymbol{x}_d(t)]^{\mathrm{T}}\boldsymbol{Q}[\boldsymbol{x}(t)-\boldsymbol{x}_d(t)] + \boldsymbol{u}^{\mathrm{T}}\boldsymbol{R}\boldsymbol{u}\}\mathrm{d}t\end{aligned} \tag{1-50}$$

式中，$F = F^T \geq 0$，$Q = Q^T \geq 0$，$R = R^T > 0$ 为加权矩阵，$u^T R u$ 表示控制过程中消耗的控制能量。

2. 实现最优控制的主要内容

（1）系统数学模型。

在集总参数情况下，被控系统的数学模型通常以定义在 $[t_0, t_f]$ 上的状态方程来表示：

$$\dot{x}(t) = f[x(t), u(t), t], \quad x(t_0) = x_0 \quad (1-51)$$

式中，$x(t) \in R^n$ 为状态向量，$u(t) \in R^m$ 为控制向量，且在 $[t_0, t_f]$ 上分段连续，$f(\cdot) \in R^n$ 为连续向量函数，且对 $x(t)$ 和 t 连续可微。

（2）边界条件与目标集。

在最优控制问题中，初始时刻 t_0 和初始状态 $x(t_0)$ 通常是已知的，但是末段时刻 t_f 和末段状态 $x(t_f)$ 则视具体控制问题而异，通常用如下目标集加以概括：

$$\psi[x(t_f), t_f] = 0 \quad (1-52)$$

式中，$\psi(\cdot) \in R^r$，连续可微向量函数 $r \leq n$。

（3）容许控制。

在属于闭集的控制中，控制向量 $u(t)$ 的取值范围称为控制域，以 Ω 表示。由于 $u(t)$ 可在 Ω 的边界上取值，以 $u(t) \in \Omega$，称为容许控制。

（4）性能指标（泛函）。

性能指标是衡量系统在不同控制向量作用下工作优良度的标准，一般取决于最优控制问题要完成的任务。不同的问题有不同的性能指标，其一般形式归纳为

$$J = \varphi[x(t_f), t_f] + \int_{t_0}^{t_f} L[x(t), u(t), t] dt \quad (1-53)$$

式中，$\varphi(\cdot)$ 和 $L(\cdot)$ 为连续可微的标量函数。$\varphi[x(t_f), t_f]$ 称为末值项，$\int_{t_0}^{t_f} L[x(t), u(t), t] dt$ 称为过程项，两者均有具体的物理含义。

【例】 考虑一列火车，质量为 m，沿着水平轨道运行，不考虑空气阻力和轨道对火车的摩擦力，把火车看成一个沿直线运行的质点，$x(t)$ 表示火车在 t 时刻的位置，$u(t)$ 是施加在火车上的外部控制力。假设火车的初始速度和位置分别为 $x(0) = x_0$，$\dot{x}(0) = 0$，要求选择一个合适的外部控制函数 $u(t)$ 使火车在最短时间内到达并静止在坐标原点，即到达坐标原点时速度为零。

解：根据牛顿第二定律得火车的运动方程为

$$m\ddot{x}(t) = u(t), \quad t > 0$$

初始条件为

$$x_1(0) = x_0, \quad x_2(0) = 0$$

终端条件为

$$x_1(t_f) = 0, \quad x_2(t_f) = 0$$

由于技术上的原因，外部推力 $u(t)$ 不可能无限大，它在数量上是有界的，即

$$|u(t)| \leq M$$

其中，M 是正常数。

控制系统的性能指标为

$$J = \int_0^{t_f} 1 \mathrm{d}t = t_f$$

最优控制问题是寻找一个满足 $|u(t)| \leq M$ 的控制函数 $u(t)$，把火车由初始状态 $(x_0, 0)^\mathrm{T}$ 转移到终端状态 $(0, 0)^\mathrm{T}$，且使 $J = \int_0^{t_f} 1 \mathrm{d}t = t_f$ 的性能指标达到最小。

3. 关于最优控制的主要研究方法

（1）解析法。

解析法适用于性能指标及约束条件简单、有明显的解析表达式的情况。其一般步骤为先用求导方法或变分法求出最优控制的必要条件，得到一组方程或不等式，然后求解这组方程或不等式，得到最优控制的解析解，即为系统的最优控制。解析法又大致分为两类：如果控制无约束时，采用经典微分法或变分法；当控制有约束时，采用极小值原理或动态规划。

（2）数值计算法（直接法）。

数值计算法适用于性能指标函数比较复杂或无法用变量显函数表示的情况。数值计算法的思想是用直接搜索的方法经过一系列迭代以产生点的序列，使之逐步接近最优解，常常是根据实验或者是经验得到的。数值计算法又可以分为两类：当求解单变量极值问题时，采用区间消去法（一维搜索法），包括黄金分割法、多项式插值法等；当求解多变量极值问题时，采用爬山法（多维搜索法），包括坐标轮换法、方向加速法等。

（3）梯度型法。

梯度型法是一种将解析和数值计算相结合的方法，包括无约束梯度法，

如变尺度法、共轭梯度法等；有约束梯度法，如可行方向法、梯度投影法等。

(4) 网络最优化方法。

网络最优化方法是以网络图作为数学模型，用图论的方法进行搜索的寻优方法。

1.3.3 自适应控制理论

自适应控制是最优控制在更复杂情况下的表现。实现最优控制的前提是系统的数学模型完全已知，但是在实际的控制过程中，总会有一些外界环境的干扰让系统的数学模型无法测量或者可测量但是变化规律无法掌握，且控制系统的动态过程往往是未知的，此时，就需要针对某些已变化的情况来不断地修正系统的控制规律，即自适应控制理论。自适应控制理论就是要不断地通过测量系统的输入变量、状态变量、输出变量和系统的性能参数，逐渐了解和掌握系统，然后根据所得到的信息按一定的设计方法做出决策，去更新控制器的结构和参数以适应环境的不断改变，从而达到所要求的性能指标。

自适应控制系统应该具备三个基本的功能：一是可以辨识研究对象的结构和参数，以便准确建立被控对象的数学模型；二是具备一种控制规律，可以使系统达到期望的性能指标；三是可以自动修正控制器的参数，能够在系统的性能偏离要求时自动调整系统。所以自适应控制系统主要是应用于过程模型未知，或者是模型结构已知但是参数未知且随机的系统。

自适应控制系统的类型主要有自校正控制系统、模型参考自适应控制系统、学习控制系统等，其中，模型参考自适应控制系统和自校正控制系统是两类非常重要的自适应控制系统，目前理论上比较完整，应用上比较广泛。首先，模型参考自适应系统的特点是，它总是包含一个参考模型或是理想模型作为系统的固定组成部分，作为判断实际环境的变化并对系统的控制过程进行适应性自我调节的依据，在实际的运行过程中力求被控过程与参考模型的动态是基本一致的，例如，导弹的稳定性设计。模型参考自适应控制系统设计的核心问题是怎么决定和综合自适应律，基本设计方法有三种：一是参数最优化方法，就是利用优化方法寻找一组控制器的最优参数，使与系统有关的某个评价指标达到最优的极值；二是基于李雅普诺夫稳定性理论的设计方法，基本思想是要保证控制器参数自适应调节过程是稳定的；三是基于波波夫超稳定性及正性概念的设计方法。模型参考自适应控制系统的结构如图1-1所示。

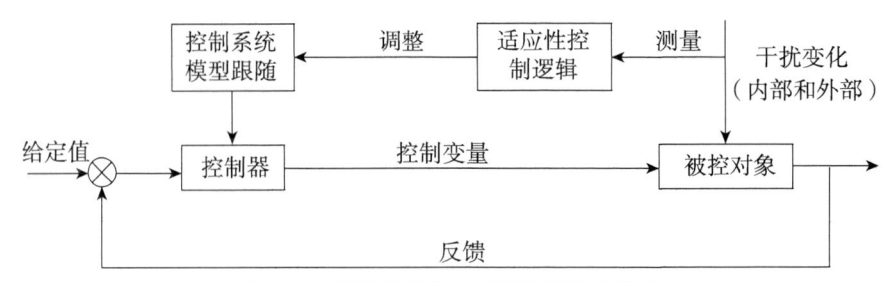

图 1-1 模型参考自适应控制系统的结构

自校正控制系统的运作原理是对控制系统使用输入输出数据在线识别被控系统或者是控制器的参数，应用参数估计值去调整控制器的参数，将在线识别与控制器的在线设计有机结合在一起，从而改善系统的稳定性，使该系统处于良好的运行状态。主要应用于结构已知且参数未知但是会有恒定或者缓慢变化规律的随机系统，大多应用于工业控制过程中，其基本思想是将参数估计递推算法与各种不同类型的控制算法相结合，形成一个能自动校正控制器参数的计算机控制系统。自校正控制系统结构如图 1-2 所示。

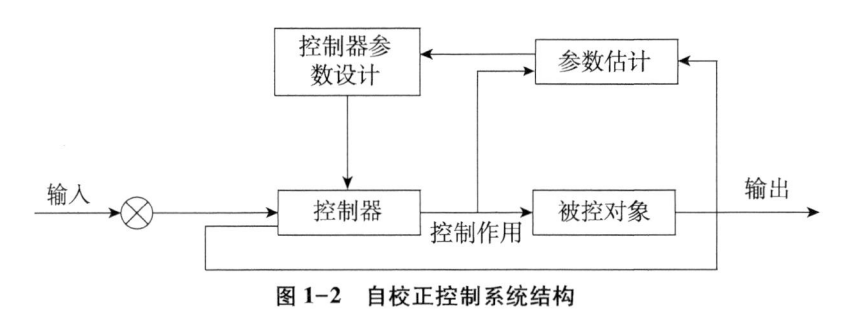

图 1-2 自校正控制系统结构

1.3.4 自抗扰控制理论

现代控制理论虽然提出了许多性能卓越的控制算法、设计方法及分析工具，然而现代控制理论所设计的控制器往往高度依赖于所建模型的精度。而在实际工程中，精确的模型参数较难获得，甚至所建立的数学模型也未必能够真实反映被控对象的所有特性。因此，其实际控制性能往往不如理论设计得那么优越。相对地，经典 PID 控制理论不依赖于被控对象模型，仅仅依靠误差对被控对象进行反馈控制。但其控制器往往只适用于线性对象，当被控对象呈现出强耦合或非线性特性时，基于经典 PID 控制理论所设计的控制器性能往往无法满足要求。

自抗扰控制算法（Active Disturbance Rejection Control，ADRC）是韩京清教授针对 PID 控制算法的不足提出的一种非线性控制算法。其吸取了 PID 控制算法"基于误差来消除误差"的控制思想，在 PID 控制算法基本思想的基础上，构建跟踪微分器（Tracking Differentiator，TD）、扩张状态观测器（Extended State Observer，ESO）和非线性状态误差反馈控制律（Nonlinear State Error Feedback Law，NLSEF）。自抗扰控制器结构如图 1-3 所示。

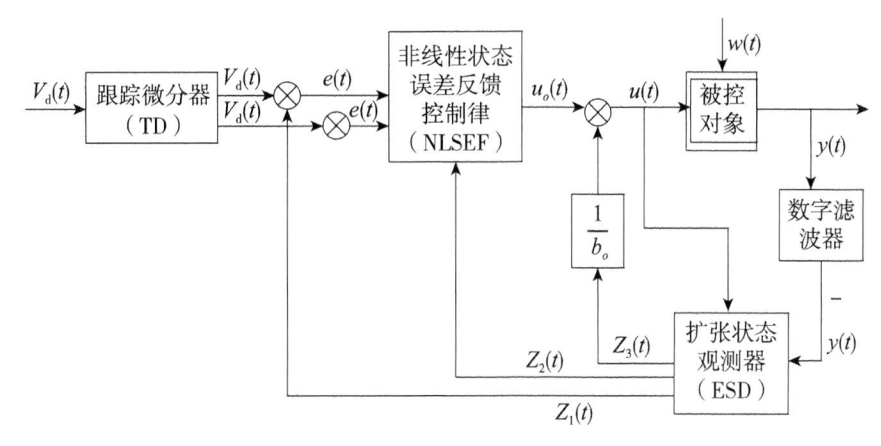

图 1-3　自抗扰控制器结构

1. 利用跟踪微分器对系统的扰动安排过渡过程

过渡过程是控制理论的专业术语，具体是指：在输入的作用下，系统输出变量由初始状态到最终稳态的中间变化过程。过渡过程又称暂态，过渡过程结束后的输出响应称为稳态。对于一般系统来说，当扰动信号出现时（由系统内部波动和外部扰动构成），自抗扰控制系统利用跟踪微分器对扰动信号安排一个过渡过程，不仅可以快速产生良好的微分信号，而且还能使微分信号快速无超调地跟踪输入信号，最终达到滤除噪声的目的。跟踪微分器的主要二阶离散形式为

$$\begin{cases} x_1(k+1) = x_1(k) + hx_2(k) \\ x_2(k+1) = x_2(k) + hu \end{cases} \tag{1-54}$$

其中，控制量 u 采用离散的最速微分综合函数形式：

$$u = fhan(x_1(k) - v(k), x_2(k), r, h) \tag{1-55}$$

其中，$v(k)$ 为输入的扰动信号，$x_1(k)$ 为微分信号，r 为速度因子，决定了对扰动信号的跟踪速度。h 为最速综合函数 $fhan(\cdot)$ 的积分步长，也是整

个跟踪微分器的积分步长，h 在最速综合函数 $fhan(\cdot)$ 中对相当于噪声的突变扰动信号起滤波作用。由此，可看出决定跟踪微分器安排过渡过程准确性的参数主要为 r 和 h。在自抗扰控制系统的参数整定相关文献中，r 和 h 也是跟踪微分器中可调节的参数。

$$\begin{cases} d = rh \\ d_0 = hd \\ y = x_1 + hx_2 \\ a_0 = \sqrt{d^2 + 8r|y|} \\ a = \begin{cases} x_2 + \dfrac{(a_0 - d)}{2}\mathrm{sign}(y), & |y| > d_0 \\ x_2 + \dfrac{y}{h}, & |y| \leqslant d_0 \end{cases} \\ fhan = \begin{cases} r\mathrm{sign}(a), & |a| > d \\ r\dfrac{a}{d}, & |a| \leqslant d \end{cases} \end{cases} \quad (1-56)$$

2. 利用扩张状态观测器对系统进行状态估计

扩张状态观测器可以视为一种无模型的非线性系统状态重构、估计方法。工作状态中，扩张状态观测器需要的已知系统信息极少，仅需要系统的相对阶次和输入项前系数的大致数值即可。

下面给出线性扩张状态观测器（LSEO）的数学描述，假设如下形式二阶非线性系统：

$$\ddot{y} = f(y, \dot{y}, w, d) + bu \quad (1-57)$$

其中，w 为未建模动态，d 为外部扰动，$f(\cdot)$ 为系统"总扰动"。

设 $y = x_1, f = x_3, \dot{f} = h$，该二阶非线性系统可以表示为下列 ODE 方程组的形式：

$$\begin{cases} \dot{x}_1 = x_2 \\ \dot{x}_2 = x_3 + bu \\ \dot{x}_3 = h \end{cases} \quad (1-58)$$

写成状态方程形式为

$$\dot{\boldsymbol{x}} = \boldsymbol{A}\boldsymbol{x} + \boldsymbol{B}u + \boldsymbol{E}h \quad (1-59)$$

$$y = \boldsymbol{C}\boldsymbol{x} \quad (1-60)$$

其中

$$A = \begin{bmatrix} 0 & 1 & 0 \\ 0 & 0 & 1 \\ 0 & 0 & 0 \end{bmatrix}, B = \begin{bmatrix} 0 \\ b \\ 0 \end{bmatrix}, E = \begin{bmatrix} 0 \\ 0 \\ 1 \end{bmatrix}, C = \begin{bmatrix} 1 & 0 & 0 \end{bmatrix}$$

原系统为二阶，加入对扰动的观测状态后扩张为三阶，对经过坐标变换的系统构造龙伯格形式的观测器，其中 $L = \begin{bmatrix} \beta_1 & \beta_2 & \beta_3 \end{bmatrix}$

$$\dot{\hat{x}} = A\hat{x} + Bu + L(y - \hat{y}) \qquad (1-61)$$

$$y = C\hat{x} \qquad (1-62)$$

写成分量形式为

$$\begin{cases} \dot{\hat{x}}_1 = \hat{x}_2 + \beta_1(y - \hat{y}) \\ \dot{\hat{x}}_2 = \hat{x}_3 + bu + \beta_2(y - \hat{y}) \\ \dot{\hat{x}}_3 = \beta_3(y - \hat{y}) \\ y = C\hat{x} = x_1 \end{cases} \qquad (1-63)$$

扩张状态观测器虽然效果很好，但是刚提出来的时候在应用中存在两个不利因素：①参数过多整定困难；②无法从理论上保证收敛。对于这两个不利因素，高志强教授在 2003 年 ACC 会议上发表的 *Scaling and bandwidth-parameterization based controller tuning* 中将 ESO 线性化为 LESO，解决了参数整定复杂的问题，并提出了基于带宽的整定方法；郭宝珠和赵志良教授 2018 年发表的 *A Novel Extended State Observer for Output Tracking of MIMO Systems With Mismatched Uncertainty* 一文解决了 ESO 收敛性和包含 ESO 的闭环系统稳定性的证明问题。

3. 利用非线性状态误差反馈控制律生成控制量

在线性反馈下，系统的稳态误差与反馈增益成反比，而在非线性反馈下，系统的稳态误差与使用的非线性函数有关，所以自抗扰控制中选用适合的非线性函数来完成生成控制量的环节。一般情况下，自抗扰控制器中的非线性反馈函数拟采用如下形式：

$$\begin{cases} u_0 = k_1 fal(e_1, \alpha_1, \delta_1) + k_2 fal(e_2, \alpha_2, \delta_2) + \cdots + \\ \qquad k_n fal(e_n, \alpha_n, \delta_n) \\ u = u_0 - \dfrac{z_{n+1}}{b} \end{cases} \qquad (1-64)$$

其中，$k_1, k_2, \cdots, k_n$ 为可调参数，$\delta_1 = \delta_2 = \cdots = \delta_n$，$z_{n+1}$ 为系统中针对扰动扩张出的状态，b 为补偿因子。$u = u_0 - \dfrac{z_{n+1}}{b}$ 为补偿扰动作用的分量。

2　智能控制方法

智能控制理论起源于 20 世纪 60 年代，1965 年，美国普渡大学的傅京孙教授首先提出学习控制的概念，引入了人工智能的思想；次年，Mendel 在飞船控制系统的设计中提出了"人工智能控制"的新概念；1967 年，Leondes 和 Mendel 提出了"智能控制"的概念，并在学习控制系统中应用了记忆、目标分解技术，提高了系统处理不确定性问题的能力。智能控制理论于 20 世纪 70 年代到 80 年代前期逐步形成，1971 年，傅京孙提出了智能控制是人工智能和自动控制交叉的"二元化"思想；1974 年，英国的 Mamdani 教授首次成功将模糊理论应用于蒸汽机控制，开创了模糊控制的新方向。在 20 世纪 80 年代中期到 90 年代，智能控制理论进入了快速发展的时期，1983 年，萨里迪斯把智能控制用于机器人系统；1987 年，在美国费城召开了第一届智能控制国际会议等。进入 20 世纪 90 年代，智能控制的发展更为迅速，进入白热化发展阶段，1994 年，美国奥兰多举办了将模糊系统、神经网络、进化计算综合在一起的全球计算智能大会；1997 年，在西安召开了全球华人智能控制与自动化大会，且关于智能控制的论文、著作大量涌现，应用对象也更加广泛。

智能控制理论是人工智能、计算机科学、信息科学、系统论、仿生学、神经生理学、心理学等多种学科的集成与智能机器人的工程实践，是一门新兴的边缘交叉学科，代表着当今科学和技术发展的新方向。但是，到目前为止，智能控制理论还没有建立起一套完整详细的综合理论体系，其理论与方法也在不同方向的理论与技术的推动下不断发展和丰富，正在成为自动化领域中发展最丰富、最迅速的一个学科，且被诸多国家认为是可以提高国家核心竞争力和核心技术的因素。

定性地说，智能控制系统应具有模仿人的学习、记忆和适应变化的能力，能处理多种信息以降低不确定性，能以安全可靠的方式进行规划、生产和执行控制动作，从而达到预定的目标和良好的性能水平。由于智能控制是在复杂的环境中进行研究的，所研究的任务和目标往往具有多重性，且研究的对象又具有模糊、开放、复杂、不确定性、时变性、动态突变等特点，因此智能控制就是要试图发展计算机、电子/数学/逻辑方法，实现具有人类智慧特性的控制。与传统的控制理论运用的时域法、频域法、根轨迹法、状态空间法相比较，智能控制的实现方法是建立在学习、训练、逻辑推理等符号加工上，形式多样化。

2.1 模糊控制

模糊控制是以控制对象的模糊模型为基础，以模糊控制器的近似为推理手段，实现系统控制的一种方法。模糊控制之所以能够被提出，是由于一些学者或工程师对于实际的控制系统既无法建立客观的数学模型，也无法对其进行分析，故利用自己长期的工作经验对其进行控制，同样能够得到较好的控制效果。所以，模糊控制就是把这种基于经验指导的控制行为过程总结为特定的规律，并根据这些规律设计控制器，再运用模糊逻辑推理的知识，将这些模糊语言上升为数值运算，从而利用计算机完成这些规则，最终实现用机器取代人对某一物体进行自动控制的目的。

模糊理论可以处理系统的模糊性，如系统的不确定性、测量的不精确性等。将其引入控制领域中，可以更好地描述系统和测量数据，同时充分应用人员的经验信息。目前，模糊控制系统已经在飞机或航天器的发动机控制、机器人的路径规划、自动道路系统中的无人驾驶等方面广泛应用，在心理学、生物医学的前期应用中也逐渐增多。

模糊控制的优越性在于，无须建立控制对象的确切数学模型，即可便捷地应用语言模糊信息，包括专家知识、操作者的经验等进行控制。而模糊控制的缺陷在于模糊的规则由人的经验产生，所以对于大而复杂的系统就很难判断，而且诊断系统本身没有学习能力，难以进行自适应调整。使用模糊方法会被上述缺点所限制，但是将模糊方法和其他优化算法或方法相结合，就可以达到扬长避短的效果，提高诊断效果。这种方法又被称为模糊混合方法。

模糊混合方法主要有模糊神经网络方法、模糊专家系统方法、模糊遗传算法等。

以模糊遗传算法为例，这种方法是将遗传算法和模糊控制的方法相结合，需要确定的参数较多。此时，专家的经验只能起到指导作用，难以准确地确定各项参数，而遗传算法可以应用在寻优的过程中，有效地确定模糊控制器的参数和结构。

除此之外，还有基于模糊理论的方法，即运用模糊理论，对专家的知识、操作者的经验、获取的数据等信息进行模糊处理和推理，进而进行控制。

模糊方法和模糊混合方法是模糊控制的两大类型。

2.1.1 模糊控制的数学基础

1. 语言变量、语言值和规则

（1）语言变量。

语言变量是指要用语言来描述输入或输出，即用语言变量 $\tilde{u}_i$ 来描述输入 u_i，语言变量 $\tilde{y}_i$ 来描述输出 y_i。例如，一个模糊系统输入可以描述为 $u_1=$ "位置误差"，输出可以描述为 $\tilde{y}_1=$ "输入电压"。

（2）语言值。

语言变量 $\tilde{u}_i$ 和 $\tilde{y}_i$ 可以取描述语言变量特征的"语言值"。令 $\tilde{A}_i^j$ 表示语言变量 $\tilde{u}_i$ 定义在论域 U_i 上的第 j 个语言值。在 U_i 上定义了很多个语言值，那么语言变量 $\tilde{u}_i$ 就可以从由这些语言值组成的集合中取元素，即 $\tilde{A}_i = \{\tilde{A}_i^j : j = 1, 2, 3, \cdots, N_i\}$。同理，令 $\tilde{B}_i^p$ 表示语言变量 $\tilde{y}_i$ 定义在论域 Y_i 上的第 p 个语言值。那么 $\tilde{B}_i = \{\tilde{B}_i^p : p = 1, 2, 3, \cdots, M_i\}$。

（3）语言规则。

模糊系统是输入和输出之间的静态非线性映射。对于模糊系统，从输入到输出的映射有一部分是由条件的集合定义的，作用规则如下所示：

如果 条件 那么 结论

2. 模糊集合、模糊规则和模糊推理

在设计实际的模糊控制器时，需要选择模糊控制器的输入和输出、隶属函数和解模糊的方法，确定推理的相关策略和设计规则库，这时就需要用到一些基本的模糊理论中的概念。

（1）模糊集合。

模糊集合是没有明确界限的集合，简单来说，就是从不属于集合 A 到属于集合 A 的过渡过程，这种过渡过程是渐进的、平滑的，通常是用隶属函数来定义的。隶属函数用语言建模为模糊集合提供了很大的灵活性，其数学表达式为

若 X 是论域，则关于 X 的模糊集合 A 表示为

$$A = \{x, \mu_A(x) | x \in X\} \quad (2-1)$$

$\mu_A(x)$ 称为 x 对 A 的隶属函数，可以完成 X 到 $[0,1]$ 闭区间内的任意一个映射。

（2）模糊规则。

假设一条模糊 if-then 规则采用如下形式：

如果 x 是 A　　那么 y 是 B

其中 A 和 B 分别是论域 X 和 Y 的语言变量，"x 是 A"是条件，"y 是 B"是结论。

（3）模糊推理（近似推理）。

模糊推理是指从一套模糊规则和一个或者多个条件得出结论的推理程序。推理的合成规则是模糊推理的基本原理。基于合成规则，形成了最大—最小合成规则的模糊推理。

3. 解模糊

寻找模糊解的方法多种多样，但是从根本上讲，每种方法都是基于蕴含模糊集合或者是总的蕴含模糊集得到的一种可以精确输出的方法。其中，蕴含模糊集合被广泛应用于求解模糊，主要包括重心法和中心平均法；总的蕴含模糊集合求解模糊也包括两种方法，分别是最大判据和最大值的平均值。但是，总的蕴含模糊集合求解模糊是不太理想的，其过程比较复杂，且解模糊技术也难以计算，因此，基本都是应用重心法和中心平均法来设计模糊控制器。模糊控制器用来让专家的工作自动化，对于顺利完成任务和提高工作效率是非常有用的。那么模糊控制器要怎样进行设计呢？第一，专家要选出在决策过程中用到的信息作为输入量，接着要确定控制量，进而会有输出量，即第一步要确定输入和输出；第二，要把实际的控制知识转化为专业的控制规则，即把专家的某些自然语言经过"语言描述"，转化为表达决策、控制决策的专有语言，规则是用来表示专家对控制对象的认识；第三，要进行知识的模糊量化，即利用模糊逻辑完全量化语言描述；第四，要匹配规则，根据输入和规则的条件进行比较，确定应该选用哪一条规则；第五，确定结论，并把结论转化成控制作用。

2.1.2　模糊建模

在模糊建模方面，可以应用专家经验、模糊知识和结构知识、数据信息等方法。模糊建模主要有三个部门的基本结构，包括规则库、数据集和推理机构。

规则库是指包括一系列规则的集合。

数据集是指定义模糊规则时用到的隶属函数类型及参数。

推理机构是指基于模糊推理，实现既定条件或规则下的整个推理过程，以获得一个合理的输出与结论。

简单来讲，模糊建模就是先用局部的知识确定模型结构，再用数据辨识模型的参数，一般用成批最小二乘法和递推最小二乘法来进行模糊辨识。常用的模糊类型有马丹尼（Mamdani）模型、函数模糊系统。

2.2 人工神经网络

2.2.1 人工神经网络定义

人工神经网络也称神经网络或连接模型，是对人脑或自然神经网络若干基本特性的抽象和模拟，一般由简单的元件分层次组织成大规模并行连接的网络，意在按照生物神经系统的方式处理真实世界的客观事物。通俗地讲，人工神经网络是对生物神经系统功能的模拟而不是结构的模拟。人工神经网络是以大脑的生理研究结果为基础的，是一种运算模型，由大量的神经元（节点）相互连接构成。每一个节点代表一个特定的输出函数，被称为激励函数；每两个节点之间的连接都代表着一个通过该连接信号的加权值，被称为权重；网络的输出依据是网络的连接方式，因权重和激励函数的不同而不同。

神经网络是一门活跃的边缘性交叉学科。自1943年提出第一个神经计算MP模型以来，神经网络经过了多年发展，已经具有自适应能力、自学习能力和较强的鲁棒性等，并受到了越来越多学者们的重视。神经网络的研究方向主要包括神经网络基本理论的研究、神经网络模型的研究、神经网络应用研究及其融合技术的研究，现已广泛应用于信息处理、模式识别、智能控制等多个领域。

人工神经网络是由大量处理单元互联组成的非线性、自适应信息处理系统。人工神经网络的重要功能是输入与输出信号之间的映射功能，研究实际的神经网络问题要通过建立输入输出映射，并从例子中不断学习，且在神经网络中嵌入一个网络突触权值，以便很好地适应外部环境的变化。人工神经网络的特点为非线性、非局限性、非定常性、非凸性（指函数有多个极值，故系统有多个较稳定的平衡态，致使系统演化呈多样性）；具有非常强的容错性，也就是说，局部的或部分的神经元损坏不会对全局活动造成很大影响；

学习功能十分强大，很强的学习能力带来了很强的泛化能力，对于未被训练集包含的数据也可以产生合理的输出；存储方式是分布式的，关于记忆的信息存储在神经元之间的连接权值上，单个权值看不出存储信息的内容；虽然每个处理单元的功能都比较简单，但是大量简单的处理单元集中在一起，会使过程具有较快的速度；大规模并行的分布式结构会使信息快速向前传播。

2.2.2 人工神经网络分类

神经网络主要分为两大类：前馈神经网络和反馈神经网络。其中，前馈神经网络是指网络中的神经元分层排列，网络从输入层到输出层是单向连接，只有前后相邻的两层神经元之间能实现相互连接，同层的神经元之间是没有连接的，各神经元之间也是不存在反馈的。典型的前馈神经网络包括感知器、误差反向传播网络（BP）、径向基函数神经网络（RBF）和小脑模型连接控制网络（CMAC）等。反馈神经网络是指神经元的输出至少存在一条反馈回路。典型的反馈神经网络包括 Hopfield 网络、Boltzmann 网络和 Kohonen 网络等。

神经网络的连接方式分为前向网络连接方式、有反馈的前向网络连接方式、层内相互结合的前向网络连接方式和相互结合型网络连接方式。神经网络的学习方式分为有教师学习和无教师学习两种，有教师学习是指在设计训练过程中，由教师提供一系列的输入—输出作为训练样本，这一方式可以适应环境的变化，但是会容易忘记学过的知识，包括反向传播算法和 LVQ 算法等；无教师学习是指没有目标输出，神经网络根据输入数据集自动调整适应连接权值，包括自适应谐振理论和 Kohonen 算法等。几种常用的神经网络的学习规则有误差修正型规则、随机型学习规则、竞争学习规则等。

2.2.3 神经元模型

神经元作为神经网络信息处理的基本单位，对于研究神经网络是非常重要的，早在 1943 年 McCulloch 和 Pitts 就提出了 MP 神经元模型，其输入输出数学表达式为

$$X = \sum_{i=1}^{n} w_i x_i - \theta \tag{2-2}$$

$$y = f(X) \tag{2-3}$$

其中，$x_i(i = 1, 2, \cdots, n)$ 表示从其他神经元传来的输入信号；w_i 表示从

其他神经元到该神经元的连接权值；θ 表示该神经元激活；y 表示神经元输出；$f(\cdot)$ 表示输出变换函数，一般为非线性函数，也称激励函数或响应函数。

MP 神经元模型将每一个神经元看作二进制元件，其输出为"0"或"1"，分别表示"抑制"或"兴奋"两种状态，输出为

$$y = f(X) = \begin{cases} 1, & X \geqslant 0 \\ 0, & X < 0 \end{cases} \tag{2-4}$$

当神经元的输入信号经过加权求和超过或等于所设定的阈值时，神经元输出为"1"，即为"兴奋"状态；否则，神经元输出为"0"，表示"抑制"状态。上述公式可化简为

$$X = \sum_{i=0}^{n} \omega_i x_i \tag{2-5}$$

概括来讲，一个人工神经元模拟生物神经元包括三个基本步骤：对输入信号传递强度进行模拟，确定其权值；对神经元的输入响应，对各个输入的综合作用进行模拟，求所有输入加权和；对神经元输出状态（兴奋或抑制）进行模拟，寻找其激励函数。

2.2.4 常用的激励函数

根据神经元的响应要求和特点的不同，可以选用不同的激励函数，实现对输入输出函数的转换，常用的激励函数如下。

（1）饱和型函数。

$$f(X) = \begin{cases} 1, & X \geqslant \alpha \\ kX, & -\alpha < X < \alpha \\ -1, & X \leqslant \alpha \end{cases} \tag{2-6}$$

（2）S 型函数。

$$f(X) = \frac{1}{1 + e^{-\alpha X}}, \ \alpha > 0 \tag{2-7}$$

（3）双曲正切函数。

$$f(X) = \frac{1 - e^{-\alpha X}}{1 + e^{-\alpha X}}, \ \alpha > 0 \tag{2-8}$$

（4）高斯函数。

$$f(X) = \exp\left(-\frac{X^2}{\delta^2}\right) \tag{2-9}$$

2.3 遗传算法

2.3.1 遗传算法定义及特点

"遗传算法"这一概念是由巴格利（Bagley）首先提出的，他率先发表了第一篇关于遗传算法的学术论文。遗传算法从 20 世纪 60 年代发展至今，无论是在理论方面还是在应用研究方面都取得了迅猛发展。遗传算法主要是在生物学的基础上，参照生物界的进化规律演化而来的全局优化自适应概率探索方法。遗传算法具有全局收敛性和并行性的特点，并且其适用范围广，只需要少量的先验知识。目前，遗传算法已经广泛应用于解决组合优化、机器学习、模式识别和人工生命等领域的实际问题，同时也具有较强的拓展性，能够与神经网络和模糊逻辑相结合，进一步为智能研究领域注入新的研究活力。

遗传算法是一种模拟生物进化过程中的随机优化方法，其原理是以自然选择和遗传原理为基础的搜索方法，将"优胜劣汰，适者生存"的进化规律引入待优化参数形成的编码串群体中，按照特定的适配值函数和特定的遗传操作对个体进行筛选，选取适配值较高的个体组成新的群体，不断重复此过程，最终将群体中适配值最高的个体选为最优解，更进一步优化参数。遗传算法因其独特的工作原理而具有较强的鲁棒性，不需要限制性的假设约束（例如，连续、可微等）。遗传算法对参数空间编码，以随机选择作为工具，引导搜索过程更高效。遗传算法的理论基础包括模式定理、积木块假说、内在并行性、编码及适应度函数及其尺度变换。

遗传算法作为智能领域常用的算法，具有较多的优越性。

（1）应用广泛。由于遗传算法的应用对象并不是参数本身，而是通过参数编码的个体，使其能够对集合、矩阵、图表等结构对象直接进行操作。因此，遗传算法能够应用于较多领域。

（2）全局最优。遗传算法不同于传统算法的单点搜索，转而采用多点搜索，使得最优解并不是局部最优，而是能够达到全局最优。

（3）无目标函数引导。遗传算法不需要目标函数和相关信息进行辅助搜索，仅需要适应度函数即可锁定搜索的方位和方向。

（4）高效且灵活。遗传算法基于概率原则进行搜索，属于自适应随机搜索的方法。遗传算法通过既定的信息搜寻能够改善解质量的字串，进而增加了搜索解的灵活性和效率。

（5）隐含并行性。遗传算法可以利用较少的编码个体，检验数量极大的搜索区域。因此，遗传算法具有隐含并行性。

（6）可扩展性。遗传算法易于与其他算法相结合，体现了遗传算法的可扩展性。

遗传算法同样也具有一定的缺陷性。

（1）遗传算法虽然能够搜索较复杂的区域，但是搜索的效率不高。

（2）遗传算法虽然搜索解的效果较好，但是其编程的实现比较复杂。

2.3.2 遗传算法基本操作步骤

遗传算法的基本操作主要分为三步。

第一步是复制。在一个旧种群中，选择生命力较强的个体，复制成为新的种群。因此，遗传算法的每一代都是由复制这一步骤开始的。

第二步是交叉。具体来说，交叉细化分为两步，一是将新复制的个体进行两两随机分配；二是随机选择交叉的地点，能够促使匹配成功的一对个体进行交叉繁殖，以便产生新的个体。

第三步是变异。变异可以防止第一步和第二步出现遗漏。具体来说，是为了防止字串某一位的值发生偶然随机改变，简单地说，就是在某些特定位置上把0变成1或反之。

基因算法的有效性主要来自复制和交叉。其中，交叉在遗传算法的运行中起到较为核心的作用，而变异在遗传算法运行中的重要性排在第二。变异可以起到恢复个体字串多样性的作用，能够适当提高基因算法的搜索效率。在通过复制、交叉和变异这一系列的作用后，能够有效提高最优值和平均目标函数值。而且，只要这个过程持续重复，就会找到全局最优解。然而，对于一些优化问题，如布局问题、旅行者问题等，还需要进一步的反转操作。

2.3.3 遗传算法实现过程

1. 问题的表示

对于一个实际的优化问题，在应用遗传算法解决时，首先需要将其表示为二进制字串。它一般包括以下几个步骤。

（1）根据具体问题确定待优化的参数。

（2）确定各个参数的变化范围，使用二进制表示。

（3）将所有表示参数的二进制字串连接起来，组成一个长的二进制字串，只有 0 或 1 两种取值。

2. 初始种群的产生

产生初始种群的方法主要分为两种。

第一种方法是完全通过随机的方法产生初始种群。这种方法主要适用于对问题的解没有先验知识的情况。

第二种方法是基于先验知识的方法产生初始种群。这种方法需要先将先验知识转变为一组能够满足要求的解集，然后再在这些解集中随机选择样本。

3. 遗传算法的操作

标准遗传算法的操作流程如图 2-1 所示。

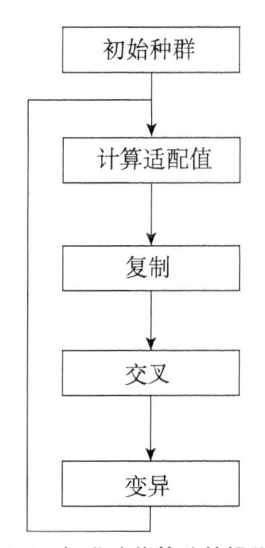

图 2-1　标准遗传算法的操作流程

适配值可以看作遗传算法与优化问题的接口。运用遗传算法评价一个系统的好坏，取决于该解的适配值，适配值则完全取决于实际问题本身。对于某些问题，适配值可以通过公式求得；而对于其他问题，则需要通过一系列基于规则的步骤才能求得，或者是两种方法的结合。复制是为了产生更多高适配值的个体，以便结果尽快收敛到优化解，但是也需要保持样本的多样性。关于交叉，有单点交叉、掩码交叉等方式，掩码是指长度与被操作的个体字串相等的二进制字串，其每位的 0 或 1 都有着特殊的含义。若某位为 0，则进行交叉的父母串对应位的值不变，也就是不进行交换；若某位为 1，则父母串对应位的值要进行交换。相关举例如下所示。

$$\text{父母 1：001111}$$
$$\text{父母 2：111100}$$
$$\text{掩码：010101}$$
$$\text{子女 1：011110}$$
$$\text{子女 2：101101}$$

变异指以很小的概率随机改变一个位串的值，主要作用于单个串，作用为防止丢失某些有用的遗传模式，从而增加样本的多样性。

4. 遗传算法中参数的选择

控制参数的选取对遗传算法的性能会产生非常大的影响，关系到整个算法的效率和收敛性。控制参数主要包括群体规模、二进制（编码长度）、交叉概率等。其中，群体规模的大小直接影响到遗传算法的计算效率或者是收敛性，一般群体规模可根据实际情况在 10~200 选取；交叉概率越大，群体中的个体就越会充分交叉，但是群体的优良模式遭到破坏的可能性也会增大，有更大风险使搜索走向随机，难以得到优化解，一般交叉概率的取值范围是 0.4~0.99。参数的选择是遗传算法重要的一步，在实际应用中要根据实际情况选择合理的控制参数。

遗传算法的优化方法主要分为两种：精英主义选择和插入操作。

精英主义选择，主要是将遗传算法中每一代搜寻的最优解，直接复制到下一代，以此防止进化过程中最优解被交叉和变异步骤所破坏。

插入操作，主要是将染色体中的某个随机片段直接插入另一个随机的位置。

对于遗传算法的改进，学者们既进行了深入探讨与研究，也引入了动态和自适应等策略，进一步提出了混合遗传算法、并行遗传算法、自适应遗传算法等优化算法，使遗传算法更为实用高效。

2.4 多智能体系统

2.4.1 多智能体系统定义

多智能体系统是一种新兴的分布式计算技术，不仅是人工智能领域的一大重要分支，也是智能体技术实际应用与理论研究的发展成果，能够有效解决单一智能体受限于资源和视野，而不适用于分布式人工智能领域的问题。

在20世纪70年代，多智能体系统一经问世就得到了快速发展，并且与数学、控制学、经济学、社会学等领域融合借鉴。目前，多智能体系统已经成为分析和解决复杂现实问题的有效工具，也是学者们关注度较高的重要领域之一。

多智能体系统是由多个智能体组成的大型计算系统，目标是将大而复杂的系统构建成一个小的、相互通信和协调的、易于管理的系统，其核心思想是利用各智能体之间的交互性，使多智能体系统对全局性问题进行求解，或者其完成任务的能力需要大于其内部各个智能体所拥有能力的简单加和。目前，多智能体已经在多个实际问题中应用。例如，由多智能体组成的智慧城市交通信号分散控制系统，已经提高了复杂拥堵区域的通行效率，明显降低了等待时间，也减少了尾气的排放；由多智能体系统构建的多智能体机器人协作系统，可以实现多个机器人的相互配合，完成复杂的并行作业任务；多智能体应用于柔性制造领域，为解决动态问题的复杂性和不确定性提供了新的思维方向；利用多智能体还可以实现网络化的物品采购和销售管理等。

2.4.2 多智能体系统特性

（1）多智能体系统具有一定的自主性、协调性、分布性，同时也具有自我组织能力、学习能力和推理能力。因此，在使用多智能体系统解决实际问题时，能够提高问题求解的效率，也具有较强的鲁棒性和可靠性。

（2）在多智能体系统中，各个智能体都具备处理一定的不完整信息的能力，以解决整体问题。

（3）多智能体系统作为一个聚合系统，能够将各个子系统的信息汇集在一起，完成复杂系统的集成。

（4）多智能体系统使用很多专家系统，打破了在人工智能领域只能应用一个专家系统的限制。

（5）多智能体系统的处理和计算是异步性的，每个智能体都是高度自治的。因此，每个智能体都有自己的流程，可以解决给定的子问题，独立推理、规划和选择适当的策略，根据自己的运营方式异步性进行。

（6）多智能体系统属于分布式应用，所以具有良好的模块性，易于扩展，设计灵活且简单，能够克服建设复杂系统造成的管理困难，并能进一步有效降低总成本。

在多智能体的实现过程中，根据所面向对象的方法构造成多层次、多元化的智能体。多智能体系统的特点决定了这个系统适合复杂、开放的分布式系统，通过各个智能体的合作来完成对整体任务的求解。因此，构造多智能体系统的关键是实现多个智能体之间的通信与协调。

2.4.3 多智能体结构

多智能体的结构既可以是紧密的，也可以是稀疏的；多智能体的组成既可以是粗糙的，也可以是细致的。多智能体有一个固定的总体目标任务，此目标也是每个智能体都需要完成的目标。为了达到这个目标，每个智能体都要采取联合行动。因此，多智能体的首要研究问题是，如何将总体目标合理分配给每一个智能体，使智能体能够通过相互协作完成任务。多智能体系统在任务控制问题上的关键有两个，一个是任务的分配，另一个是任务的协同。

任务分配主要有两种方式，分别是集中式和分布式。

集中式任务分配方法需要指定一个中心智能体负责业务的分配。这个中心智能体需要了解所有智能体的状态和能力。这种方法的优点是它可以轻松控制整个系统，并且从整体的角度进行最佳的工作分配。缺点是如果中心智能体失败，整个系统就会失败，并且了解所有智能体的能力是非常困难的。

分布式任务分配方法需要遵循可能的社会规则和共享资源的管理策略，通过特定的机制，基于各智能体特征，进行各个智能体任务的划分和分配。分布式任务分配有两种主要方式：第一，合同网络协议，即在招标截止时间内，选择满意的投标，签订合同，这是一种接近全局最优的分配方法；第二，熟人方式，即通过局部搜索来分解任务，通常在所有智能体中，通过掌握这些智能体的功能，各智能体之间可以通过查询来找到完成任务的智能体，这是一种局部最优的分配方法，优点在于具有实时性。

多智能体系统协同的目标是使各个智能体的行为表现出目标的一致性，从而实现整个任务。目前主要协作方法有三种，分别是：组织结构设计法、分布式计划调度和协商。

组织结构设计法的特点是从系统层面预定义智能体的责任、能力和连接方式等。分布式计划调度以分散形式制订集中计划，然后各智能体以并行方式将各自的计划产生、共享、整合，形成最终计划。所谓协商，是指在各个智能体之间进行一系列通信，使多个智能体共同遵守协议，以解决某些共同问题。

在复杂的动态环境中，多智能体系统的敏捷性在很大程度上依赖于多代理系统的结构，传统的控制系统结构主要分为集中式控制和分布式控制两类。

集中式控制系统结构由底层智能体和中央智能体构成。其中，底层智能体主要负责寻找消息，并汇集消息给中央智能体。中央智能体主要负责统一规划和决策，再以结果指令控制的形式传达给各底层智能体执行。集中式控制站在整体的角度，对问题进行全局性求解和优化。但是，集中式控制在实际应用中仍然存在一些不足。比如，所有的计算都集中在中央智能体上，其计算量大，复杂度高，耗时长，缺乏鲁棒性。如果中央智能体出现故障，整个系统就会崩溃。

分布式控制系统结构的特点是将较为复杂的问题分解成子问题，分配给各个节点，然后再由各个节点联合解决问题。分布式控制借助自治和协作相结合的方式来解决整体的控制问题。值得注意的是，每个智能体都有足够的自治权，在特定的时间点传递并交换信息，以实现对任务的总体控制。

分布式控制与集中式控制相比，优点在于任何一个智能体的故障都不会对整体系统的性能造成较大的影响。此外，由于每个智能体都是高度自治的，且大量信息处理都处于局部，其通信量较少，对流量通信的依赖性相对较小，并能够根据环境信息和局部态势的变化做出快速反应。

2.5 机器学习

2.5.1 机器学习定义

机器学习一直是人工智能和模式识别领域协同研究的课题，其理论和方法已广泛应用于工程和科学中，主要用以解决复杂问题。机器学习是一门研究如何利用计算机模拟来实现人类学习活动的科学，是人工智能先进的研究领域之一。自20世纪80年代以来，机器学习作为实现人工智能的一种方法，引起了人工智能界的广泛关注。尤其是近十年，机器学习领域的相关研究发展迅速，是人工智能的重要课题之一。机器学习不仅适用于基于知识的系统，还适用于自然语言理解、非单调推理、机器视觉和模式识别等众多领域。

在当前新零售风行的时代，用户的购买行为不断在线上与线下之间切换，库存管理越来越重要，尤其是对于一些拥有 N 个产品线、N 个仓库的大型企业来讲，传统的库存管理存在挑战。将机器学习的方法应用于库存管理可以实现大数据分析，机器学习拥有高速的数据处理能力，可以得到高精准的预测结果。对于库存管理要求高的企业来说，机器学习可以大大节省企业人力成本和时间成本，提高利润率。

2.5.2 机器学习分类

根据学习策略，可以将机器学习分为模拟人脑的机器学习和直接采用数学方法的机器学习。

(1) 模拟人脑的机器学习。

广义上讲，模拟人脑的机器学习主要分为神经网络学习和符号学习。

神经网络学习，又称连接学习，主要是基于大脑和神经科学原理，通过对人体大脑的微观生理层面进行模拟，并自主学习直到达到目标。神经网络学习将学习目标数学化为函数，以人工神经网络为功能结构模型，将外部数据作为输入，以数值运算为方法，利用迭代的思想在系数向量空间进行搜索，最终找到能够满足学习目标的参数值。典型的神经网络学习，包括拓扑结构学习和权值修正学习。

符号学习，主要是基于认知心理学原理，通过对人体大脑的宏观心理层面进行模拟，并自主学习直到达到目标。符号学习将学习目标转化为概念或者规则，将外部数据作为输入，以符号运算为方法，利用推理在图中或者状态空间中进行搜索，最终能够找到满足学习目标的参数值。典型的符号学习，包括记忆学习、示例学习、演绎学习、类比学习、解释学习等。

(2) 直接采用数学方法的机器学习。

直接采用数学方法的机器学习的代表是统计机器学习。

统计机器学习主要是指，以对数据的处理和学习目的的分析为基础，选择合适的数学模型。确定超参数，并将收集到的样本数据输入模型，按照既定的策略，采取合理的计算机学习算法，对模型进行重复性训练，最后采用训练最优的模型实现数据的分析并预测。

统计机器学习主要包括模型 (model)、策略 (strategy) 和算法 (algorithm) 三个要素。

模型：在进行训练前，模型中可能的参数具有多个甚至是无限个，所以可能的模型也是多个甚至是无限个。这些模型所形成的集合可称为假设空间。

策略：在假设空间中，确定参数最优的模型的准则。值得注意的是，模型的分类或是预测结果与实际情况的误差越小，模型就越好。因此，策略就是能够使误差达到最小。

算法：在假设空间中，挑选模型的方法，换句话说，就是求解最佳模型参数的方法。机器学习的参数求解通常会转化为优化问题，因此，学习算法通常是最优化算法,比如:最速梯度下降法、牛顿法和准牛顿法。

根据学习方式,可以将机器学习分为监督学习、无监督学习和强化学习三类。

(1)监督学习,又称有导师学习,主要是指在模型的输入数据中含有导师信号,基于概率函数、代数函数和人工神经网络建立基函数模型,应用迭代计算的方法,其学习的结果为函数。在监督学习的训练过程中,可以从训练数据集中建立一个模型,并根据这个模型来推测新的实例。监督学习要求有特定的输入或输出,最重要的是需要确定使用何种数据作为范例。例如,在文字识别中,以一个确定的手写字串或一行确定的手写文字作为范例。

(2)无监督学习,主要是指在模型的输入数据中不含有导师信号,应用聚类方法,学习的结果具体体现为类别。无监督学习中,主要有发现学习、聚类、竞争学习等。值得注意的是,无监督学习没有具体的目标输出,算法将数据集分为不同的组。

(3)强化学习,又称增强学习,主要是将环境反馈(激励或惩罚信号)作为系统输入,将统计和动态规划技术作为指导的一种学习方法。强化学习具有很强的普适性,主要是根据决策进行训练的,并且该算法能够根据系统输出结果的正确或是错误进行自我训练,经过大量的训练优化后,能够得到更好的预测结果。这一学习训练过程,与生物有机体在环境给予的激励或惩罚的刺激下逐渐形成对刺激的预期,并产生获得最大利益的习惯性行为相类似。而在运筹学和控制论的范畴内,强化学习被称为"近似动态规划"。

根据数据的形式,可以将机器学习分为结构化学习和非结构化学习两类。

(1)结构化学习,主要是指将结构化的数据作为系统的输入,并以数值计算或者符号推演作为计算的方法。典型的结构化学习主要有神经网络学习、统计学习、决策树学习、规则学习。

(2)非结构化学习,与结构化学习相悖,主要是将非结构化的数据作为系统的输入。典型的非结构化学习主要有类比学习、案例学习、解释学习、文本挖掘、图像挖掘、Web挖掘等。

2.5.3 机器学习常见算法

常见的机器学习算法,主要有决策树算法、朴素贝叶斯算法、支持向量机算法、随机森林算法、人工神经网络算法和深度学习。

(1) 决策树算法。

决策树及其变种算法，将系统输入空间划分为不同的独立区域，而每个独立区域又有相应的独立参数算法。决策树算法充分利用树模型，从根节点到每一个叶子节点都是一个分类的路径规则，每个叶子节点都会象征一个判断类别。具体来说，是先将样本划分为不同的子集，然后再进行分割递推，直到每个子集都能够得到同一类型的样本；更进一步地，从根节点开始测试，到子树，再到叶子结点，就可以得到预测的类别。这种方法的特点是结构简单，数据处理效率也比较高。

(2) 朴素贝叶斯算法。

朴素贝叶斯算法是一种分类算法。这表明朴素贝叶斯算法并不是一种单一算法，而是一系列算法。而这一系列的算法都有一个共同的原则，就是被分类的每个特征值都和其他特征值无关。朴素贝叶斯分类器认为这些"特征"都各自独立贡献概率，而不管这些特征之间的相关性如何。然而，朴素贝叶斯算法的缺点表现为这些特征并不总是独立的。简单来说，朴素贝叶斯算法提供了利用概率进行预测的思想。与其他常见分类方法不同，朴素贝叶斯算法几乎不需要训练，仅需要在预测之前找到个体概率分布的特征系数，而这通常能够快速而切实地实现。这意味着简单的朴素贝叶斯分类器在高维数据点或大容量数据点上也能很好地工作。

(3) 支持向量机算法。

支持向量机算法的基本思想可以被描述为：首先，利用非线性变换将空间高维化；其次，在新的复杂空间中选择最佳的线性分类表面。以这种方式获得的分类函数在形式上与神经网络算法相似。支持向量机是统计学习领域的典型算法，但它与传统算法的思维方式截然不同，它是通过输入空间和提高维度来简化问题，并总结成线性分割的经典解法。支持向量机算法可以支持人脸识别技术和垃圾邮件识别技术。

(4) 随机森林算法。

控制数据树生成的方式有很多种，在大多数情况下，倾向于选择分裂属性和剪枝，但这并不能解决所有问题，有时会产生太多噪声或分裂属性的问题。对于此类情况，随机森林算法每次总结结果都能得到袋外数据的估计误差，并结合测试样本的估计误差来评估组合树学习器的拟合和预测精度。这个方法有很多优点，它既可以制造精度高的分类器，也可以处理很多变量，来平衡分类资料集之间的误差。

(5) 人工神经网络算法。

人工神经网络是由个体单元通过连接而成的，每个单元都有数量值的输入和输出，其形式可以采用实数或线性组合函数。它只有在按照特定的学习准则学习后才能开始工作。当网络作出错误判断时，通过学习减少犯同样错误的可能性。该方法具有极强的概括能力和非线性映射能力，可以对信息量较小的系统进行模型处理。从功能模拟的角度来看，它具有并行性，信息传递速度非常快。

(6) 深度学习。

深度学习作为机器学习领域的全新研究方向，它是使机器学习能进一步实现人工智能的方法。深度学习是学习样本数据的内在规律和表示层次，这种学习过程中得到的信息对文字、视频、语音等数据的解释有很大帮助。最终目标是使机器也像人一样具备识别文字、图像、语音等数据的分析学习能力。深度学习作为一种复杂的机器学习算法，在语音和视频识别方面已经远远超过了之前的相关技术。

深度学习在多个领域都取得了相应的成果，例如，搜索技术、数据挖掘、机器翻译、自然语言处理、多媒体学习和个性化技术。深度学习让机器能够实现模仿和思考人类的活动，能够解决许多复杂的模式识别难题，推进了人工智能及其相关技术的发展。

3 库存管理

3.1 库存管理的基础知识

现代库存理论的研究始于1913年，是由一位工程师、发明家、律师 Harris 提出来的。在接下来的几十年中，人们对库存进行了无数研究和分析，发表了许多文章，这些成果在1931年被 Raymond 收集，出版了第一本关于库存管理的著作。此后，关于库存管理的研究如雨后春笋般涌现，推动着库存管理向现代化发展。

库存管理也称库存控制，即在满足客户需求的前提下对企业的库存水平进行控制，其控制过程涉及了包括数据库、成本核算和统计预测在内的多种信息技术。传统的狭义观点认为，库存管理主要是针对实物产品进行验收入库、储存保管和物资出库等，通过执行防腐、温湿度控制等手段，使受保管的物品保持最佳状态；广义的观点认为，库存管理是为了达到公司的财务运营目标，特别是现金流运作，通过优化整个需求与供应链管理流程，合理设置 ERP 控制策略，并运用相应的信息处理手段、工具，从而实现在保证及时交货的前提下，尽可能降低库存水平，减少库存积压的风险。库存管理是企业管理中的重要环节，在企业的物流运作中起缓冲作用，在供需之间进行调解以减缓客户需求与生产能力之间、各生产环节之间、生产制造与供应商之间的矛盾。库存管理的重点在于解决企业如何进行订货，在什么时间点适合订货以及最佳订购量问题。库存管理的基本策略有：连续性检查的固定订货量、固定订货点策略 (Q, R)，顾名思义，该策略的基本思想就是对库存进行持续性检查，当库存低于订货点水平 R 时，就会发出一个订货量为 Q 的订货策略；连续性检查的固定订货点、最大库存策略 (R, S)，与 (Q, R) 策略相似，都属于对库存进行持续性检查的策略，不同的是，该策略保持最大库存量 S 不变，订货量则是可变的；周期性检查策略 (t, S) 和综合库存策略 (t, R, S)。库存管理的根本目的在于提高库存周转率，并且降低成本。库存管理的作用是在保证企业经营需求的前提下，使库存量保持在合理的水平上；掌握库存量动态，适时、适量地进行订货，避免超储或者是缺货；减少库存占用空间，降低库存总费用；控制库存资金占用。

库存管理需要一个库存管理系统，它是一套与库存管理相关的方法、手段、集合和操作流程，这个系统贯穿物资的选择、规划、订货、进货、入库、储存及最后出库的整个过程，最后实现对库存的控制。库存管理系统是生产、计划和控制的基础，目的是支持生产运作，主要功能是在供给和需求之间建立缓冲区，缓解用户需求与公司产能之间的矛盾。

3.1.1 库存管理相关名词

周转库存：为满足企业日常生产经营需要而暂时保有的库存。周转库存的大小直接与商品采购批量有关，且随着日常生产的消耗而减少，当降低到一定的水平时需要补充库存。

安全库存：为了防止一些不确定性因素的发生（如供货时间延迟、库存消耗速度突然加快等）而事先设置好的库存。安全库存的大小往往与库存安全系数或者是库存服务水平相关。

调节库存：用于调节企业需求、生产速度与供应的不均衡以及各个生产阶段产出的不均衡而设置的库存。

在途库存：处于运输及停放在相邻两个工作地之间或者是相邻两个组织之间的库存。在途库存的规模取决于运输时间及该期间内的市场的平均需求。

独立需求库存：用户对某种特点的物品的库存需求与其余种类物品的库存无关，这种库存需求具有独立性特点，即是指随机的、企业自身不能控制而是由市场决定的需求。

相关库存需求：是指需求水平与另一项目的生产有直接联系的库存项目，由于涉及的品种多，库存总量大，库存时间也长，比一般的库存难以管理。

订货比例：指商品订货量与前期某段时间的销售量的比例，是采购商品时的参考系数。

提前期一般分为以下四种。

总提前期：从签订销售订单到完成交货的时间。

采购提前期：采购订单下达到物料采购入库的全部时间。

加工提前期：每道工序生产加工投入开始到批量交付给下道工序的全部时间，由准备时间、加工时间、等待时间和传送时间构成。

累计提前期：从开始采购到产品生产完工入库的时间。

库存成本的构成主要包括四个层面。

库存持有成本：为保持和管理存货而发生的成本，通常指货物从入库到出库期间所发生的成本，分为固定成本和变动成本；固定成本与库存数量的多少无关，指的是仓库折旧、仓库职工的工资等；变动成本与库存数量的多少有关，主要有资金占用成本、储存空间成本、库存服务成本和库存风险成本。

库存缺货成本：由于库存缺货而造成的损失，包括原材料供应中断造成的损失、产成品库存缺货造成的延迟发货损失等。

库存获得成本：指企业为了得到库存需承担的费用。如果企业是从供应商处订货，库存获得成本体现为库存订货成本；如果企业自己生产库存，则获得成本表现为生产准备成本，即企业为生产一批货物而发生的费用。

在途库存储存成本：货物在运输途中产生的库存成本。

3.1.2 库存管理的认识

不同企业对库存管理的认识主要分为三种。第一，库存管理就是对库存的持有，一般来说，对库存投入越多，客户服务水平就越高，但成本也会增加。公司有一定的库存，这有助于确保生产连续和稳定，也有助于满足客户需求、巩固市场地位。第二，库存管理被认为是保持库存的合理性。库存管理的目的是维持合理的库存水平，既不积压过多的库存，也不稀缺，但这是一个难以实现的过程，因为库存控制的标准很难衡量。第三，库存是一种浪费，零库存是提高库存管理效率的一种手段。零库存是一种特殊的库存概念，并不是不要储备或者是没有储备，而是指物料（包括原材料、半成品和产成品等）在采购、生产、销售、配送等环节中，不以仓库储存的形式存在，而是都处于周转的状态。所以，零库存管理的内涵就是以仓库形式储存的某些物品数量为 0，即不保存经常性库存。这是在物资有充分社会储备保证的前提下，所采取的一种特殊供给方式。

3.1.3 库存管理常用方式

常用的库存管理方式有供应商管理库存（VMI）、客户管理库存（CMI）、联合库存管理（JMI）和利用第三方物流服务提供商管理库存。

1. 供应商管理库存（VMI）

近年来，越来越多企业尝试采用在用户允许的前提下，供应商对用户的库存进行直接追踪管理，并做出相应决策以维持产品的库存水平。该方法建立在零售商及供应商积极合作的基础上，打破以往的传统观念，不再认为"库存是由库存拥有者管理"，而是通过集中管理库存，实时追踪各个零售商的销售信息，以便补货系统建立在真实销售情况及实时数据的基础上，从而提高零售商预测的精准程度、缩短制造商和分销商的生产与订货提前期，优化补货频率和批量。

2. 客户管理库存（CMI）

客户管理库存与供应商管理库存是相对的库存管理模式，由于零售商比供应商更接近消费者，是在配送系统中离消费者最近的一环，能有效预测需求，管理库存的工作应该由零售商承担。

3. 联合库存管理（JMI）

联合库存管理是建立在经销商一体化基础上的一种风险共担的库存管理模式，是介于以上两种库存管理模式之间的一种模式，该模式需要供应商和零售商二者共同参与，即二者共同管理库存、协调决策，是解决供应链牛鞭效应、提高供应链同步性的需求。联合库存管理提高了系统的敏感性，减少了需求的不确定性，并通过供应商或制造商和零售商之间共享信息，确保供应链两个相邻节点之间的库存水平与预计需求保持一致，减轻乘数效应的负面影响，使整个系统从零库存管理、联合采购和良好管理中受益。

4. 利用第三方物流服务提供商管理库存

第三方物流服务提供商可以利用自己的专业知识，为客户提供有效的库存管理服务，以满足客户的需求。这使供应链中的供应商能够专注于自己的核心业务，从而降低库存成本，提高服务质量。第三方物流服务提供商是供应商和用户之间的桥梁，使供需双方都能清理库存，从而提高供应链的竞争力。

3.1.4 库存管理主要内容

库存管理主要有两个方面的内容：一是 1.5 倍库存原则；二是存货周转。

1.5 倍库存原则是源于许多企业销售实践的库存安全原则，应用 1.5 倍库存原则的操作步骤如下所示。

第一步：检查客户记录卡上的数据。包括上次拜访时的库存数、上次拜访时的订货量、本次拜访时客户的现有库存等。

第二步：计算自从上次拜访后的实际销量。

第三步：建议新的订货量。具体计算方法如下：

$$安全库存量 = 上次拜访后的实际销量 \times 1.5$$

$$建议订货量 = 安全库存量 - 现有库存$$

存货周转是指对货架上目前尚未以先进先出方式销售的产品进行循环。包括前线存货和后备存货的周转。前线存货是指货架上或零售商店环境中展示的产品；后备存货是指存放在仓库内的用于补货的货物。存货周转有利于帮助客户管理货架和后备仓库的存货，为客户节省时间、为厂家节省时间。准确的存货周转可以随时了解库存数量，更好地判断销售情况，及时做好补货工作。

3.1.5 典型的库存系统

一是定量控制系统。其中，订货点和订货量都是固定的，一般的程序是库存系统发现现有的库存量降到订货点及以下时，就要向供应商发出订单，每次订货量均为一个固定量 Q，经过一段时间（提前期），所订货物到达，库存量增加 Q。这虽然增加了管理负担，但库存受到严格控制。定量控制系统适用于重要材料的库存控制。

二是定期控制系统。即每经过一个相同的时间间隔，就进行一次订货，订货量将现有库存补充到一个最高水平 S，一般的流程是在经过固定时间间隔 t 后发出订单，这时库存量降到 L_1，订货量为 $S - L_1$；经过一段时间（提前期）到货，库存量增加 $S - L_1$；再经过固定的时间间隔 t 后，又发出订单，此时库存量下降到 L_2，经过一段时间（提前期）到货，库存量增加 $S - L_2$ 等。定期控制系统方法的实施主要取决于三个控制参数：订货周期、最高库存量和订货批量。定期控制系统不需要随时检查库存，到了固定的间隔期，各种不同的物资可以同时订货，不仅简化了管理，还可以节省订货费用。但是，这个系统的缺点是不论库存水平降得多还是少，都要按期订货，但是库存水平很高的时候，有时并不需要订货。

三是最大最小系统。最大最小系统仍然属于定期控制系统，但是它增加了一个订货点 s。其原理是定期检测补货系统，规定一个固定的检测期间及目标存货水平，补货系统中最小指的是订货点存货水平，最大指的是目标存货水平。一般的流程是当经过时间间隔 t 后，如果库存量降到 s 及以下，则发出订单；否则，再经过时间间隔 t 再考虑是否订货。例如，经过时间间隔 t 后，库存量下降到 L_1，L_1 小于 s，发出订单，订货量为 $S-L_1$，经过一段时间到货，库存量增加 $S-L_1$。再经过时间间隔 t 后，库存量降到 L_2，L_2 大于 s，不发出订单。再经过时间间隔 t 后，库存量降到 L_3，L_3 小于 s，发出订单，订货量为 $S-L_3$，经过一段时间到货，库存量增加 $S-L_3$，如此循环。

3.1.6 库存管理常见问题及解决方法

（1）常见问题。

第一，库存控制策略简单化。现在，越来越多的材料被应用到企业的生产中，但是所有的企业都采用统一的库存管理策略。不同的品类和不同的需求缺乏库存控制策略，因为物品需求的可预测性大小不一，应该有尽可能多的库存控制策略来满足多种物品的需求。

第二，忽略了不确定性因素对库存的影响，低效率的信息传递会导致牛鞭效应。在供应链中，每个企业都会向上游企业订货，但一般情况下，销售商并不会因为一份订单就向上级供应商订一次货，而是在综合考虑库存和运费的基础上，在一个周期汇总或者是到达一定数量后再向供应商订货，在这种情况下，销售方往往人为地增加订货量，导致最终供应商收到的订单比实际用户需求高出几倍甚至几十倍，大大增加了库存管理成本，对整个供应链产生重大影响。

（2）解决方法。

第一，对库存中的物品实行 ABC 库存控制。A 类物品是价值占库存总价值的 70%~80% 的相对少数商品，占库存物品总量的 15%~20%，属于重点控制对象，要对 A 类物品进行重点管理，如采取出多少进多少的库存策略，加快 A 类物品的周转率，严格按照盘点周期进行盘点，尽量降低库存量等；B 类物品是价值占库存总价值的 15%~20%，占库存物品总量的 30%~40%，对 B 类物品进行日常管理即可；C 类物品的库存总价值几乎可以忽略不计，但是为库存物品的大多数，通常占库存物品总量的 60%~70%，对这类商品可以进行粗放管理，但是也要防止因数量或者质量影响计划的执行。

第二，实行零库存管理方法，通过无库存储备（仍然保有储备，但是不采用库存的形式）、委托营业仓库仓储和保管货物、协作分包、按订单生产等方式实现。

3.2 固定需求的基本模型

在库存控制中，固定需求的基本模型包括不允许缺货、瞬间到货的库存控制模型，不允许缺货、持续到货的库存控制模型，允许缺货、瞬间到货的库存控制模型，允许缺货、持续到货的库存控制模型，价格有折扣的库存控制模型。

3.2.1 经典的经济订货批量模型（EOQ 模型）

1915 年，哈里斯提出了著名的经济订货批量公式。用经济订货批量模型（EOQ 模型）求解总库存成本最低的最优订货量，即实现库存持有成本、订货成本和缺货成本的总和最低，可以用来确定企业的一次订货的数量，适用于整批间隔进货、不允许缺货的储存问题。当订单的批量大于经济订货批量时，带来的平均库存将增加，相应的订货次数将减少，因而库存的持有成本会增大，但订货成本和缺货成本会随之下降；反之，如果订单的批量小于经济订货批量时，订货次数频繁，库存的持有成本会下降，而订货成本和缺货成本会上升。

1. 经济订货批量模型的假设

（1）需求已知，并且在即将缺货时立即被满足，不会出现缺货现象。

（2）存货单位成本已知，且不变。

（3）存货现金充足，不会因为出现现金短缺而影响进货。

（4）货物集中入库，而不是陆续入库。

（5）只对某一种产品分析，该产品独立需求且不可替代。

（6）交货周期为零。

（7）提前期已知，并且是固定的。

（8）采购价格和订货成本不随着订货数量大小而变化。

其中，最重要的假设是需求已知，且不允许缺货。

2. EOQ 模型的推导

λ——需求率；

q——订货量或批量大小；

$\bar{I}$——平均库存，$\bar{I} = \dfrac{q}{2}$（库存以线性方式从 q 减少到 0）；

$\overline{OF}$——订货频率，$\overline{OF} = \dfrac{1}{\dfrac{q}{\lambda}} = \dfrac{\lambda}{q}$（每个周期的长度为 $\dfrac{q}{\lambda}$，且每个周期只有一次订货）；

k——下达一份订单的固定成本；

c——下达一份订单的变动成本；

h——在单位时间内持有单位库存的成本，主要包括两个部分：一是与库存成本直接相关的所有成本，包括实际处理成本、保险费、冷藏费等，用 $\underline{h}$ 表示；二是融资成本 αc，其中 α 是利率，反映持有成本与资本之间的关系。因此，$h = \underline{h} + \alpha c$。

$C(q)$——总平均成本，由长期平均订货成本和平均库存持有成本组成。因此，$C(q) = (k + cq)\overline{OF} + h\bar{I} = c\lambda + \dfrac{k\lambda}{q} + \dfrac{1}{2} \cdot hq$，$q > 0$。

接下来的目标是找到 q 的最优值，用 q^* 表示，该值可以使函数值最小化。计算导数 $C'(q)$，并令其等于 0。

求解：

$$C'(q) = -\dfrac{k\lambda}{q^2} + \dfrac{1}{2} \cdot h = 0 \tag{3-1}$$

得

$$q^* = \sqrt{\dfrac{2k\lambda}{h}} \tag{3-2}$$

这个公式被称为经济订货批量公式，在实践中得到了广泛应用。

3. EOQ 模型的灵敏度分析

灵敏度分析考虑的是当需求率发生变化（从 λ 变化到 λ'）时对 q^* 产生的影响。将变化后的 q^* 用 $q^{*\prime}$ 表示，于是得

$$q^{*\prime}/q^* = \sqrt{\dfrac{\lambda'}{\lambda}} \tag{3-3}$$

该公式的含义如下。

（1）最优订货量和需求率的变化方向相同。

（2）最优订货量的相对变化比需求率的相对变化小。

换句话说，相对于 λ 来说，q^* 更稳定，在实践中，这是一个很重要的特性。因为对 λ 进行估计，肯定会存在误差，但是利用 λ 估计出的 q^* 与真实值

会很接近。这种鲁棒性是 EOQ 模型被广泛应用的原因。

【例】 某贸易公司每年以每单位 30 元的价格采购 6000 个单位的某产品，处理订单和组织送货需要费用 125 元，每个单位的储存成本为 6 元，求这种产品的最优订货策略。

解：年订货量 $D = 6000$

平均一次订货的固定成本 $k = 125$

单位产品的年库存持有成本 $h = 6$

得

$$q^* = \sqrt{\frac{2Dk}{h}} = \sqrt{\frac{2 \times 6000 \times 125}{6}} = 500$$

则每年的最优订货量应为 500 个单位。

3.2.2 有计划的延期交货 EOQ 模型

该模型考虑需求延迟现象，即需求最终都会得到满足，但不是立即被满足。

1. 参数说明

λ——需求率；

q——订货量或批量大小；

v——安全库存；

b——一个时间单位内一份延期交货订单的惩罚成本；

$\overline{B}$——长期平均未交付的延期交货订单；

$\overline{I}$——平均库存，$\overline{I} = \frac{1}{2}\frac{(q+v)^2}{q}$；

$\overline{OF}$——订货频率，$\overline{OF} = \dfrac{1}{\frac{q}{\lambda}} = \dfrac{\lambda}{q}$（每个周期的长度为 $\dfrac{q}{\lambda}$，且每个周期只有一次订货）；

k——下达一份订单的固定成本；

c——下达一份订单的变动成本；

h——在单位时间内持有单位库存的成本；

$C(q)$——总平均成本，由长期平均订货成本、平均库存持有成本和延期交货订单成本组成。

2. 模型建立

$$C(v, q) = (k + cq)\overline{OF} + h\overline{I} + b\overline{B}$$
$$= c\lambda + \frac{k\lambda}{q} + \frac{1}{2}\frac{h(q+v)^2}{q} + \frac{1}{2}\frac{bv^2}{q} \tag{3-4}$$

现在，由于成本 $C(v, q)$ 是两个变量的函数，为了使其最小化，令其偏导数为 0，即

$$\frac{\partial C}{\partial v} = \frac{h(q+v)}{q} + \frac{bv}{q} = 0 \tag{3-5}$$

$$\frac{\partial C}{\partial q} = -\frac{k\lambda}{q^2} + \frac{1}{2}\frac{h(q^2-v^2)}{q^2} - \frac{1}{2}\frac{bv^2}{q^2} = 0 \tag{3-6}$$

定义成本率为

$$\omega = \frac{b}{b+h} \tag{3-7}$$

得到的解为

$$q^* = \sqrt{\frac{2k\lambda}{h}}\sqrt{\frac{1}{\omega}} \tag{3-8}$$

$$v^* = -(1-\omega)q^* \tag{3-9}$$

3.2.3 经济生产批量模型（EPQ 模型）

经济生产批量模型与经济订货批量模型的不同之处在于：①产品是逐渐生产出来的，所以不是瞬时交货而是连续补充库存；②在生产过程中用生产准备费用替代采购中的订货费用。

1. 基本假设

（1）产品按生产速率逐渐生产出来，连续补充库存。

（2）生产准备费用代替订货费用。

（3）其他假设条件与经济订货批量模型相同。

2. 参数说明

Q——每次生产的批量；

p——每天的产量；

t——每次的生产天数；

d——每天的需求量；

D——年需求量；

P——年生产量；

C_h——单位商品的库存费用；

C_o——每次生产的装配费用。

3. 模型建立

（1）年装配费用 = 年生产次数 $\times C_o = \dfrac{D}{Q} \times C_o$

（2）年库存费用 = 年平均库存 $\times C_h = 0.5 \times \left(1 - \dfrac{d}{p}\right) \times Q \times C_h$

（3）总费用 = $\dfrac{D}{Q} \times C_o + 0.5 \times \left(1 - \dfrac{d}{p}\right) \times Q \times C_h$

【例】戴安公司是生产氧气瓶的专业工厂。该工厂工作日为220天，市场对氧气瓶的需求量为50瓶/天，氧气瓶的生产量为200瓶/天，年库存成本为1元/瓶，设备调整费用为35元/次，求：经济生产批量。

解：已知 $C_o = 35$ 元，$p = 200$ 瓶，$d = 50$ 瓶，$C_h = 1$ 元/瓶，年需求量 $D = 50 \times 220 = 11000$ 瓶

则

$$Q^* = \sqrt{\dfrac{2 \times D \times p \times C_o}{C_h \times (p-d)}} = \sqrt{\dfrac{2 \times 11000 \times 200 \times 35}{1 \times (200-50)}} = 1013 (瓶)$$

注：计算结果四舍五入，取整数。余同。

3.2.4 有数量折扣的经济订货批量模型

为了鼓励购买行为，供应商往往在订购数量大于某个固定值时制定价格激励措施，修改经济订货批量模型中产品成本不随批量而变化的假设条件，假设存在数量折扣，即产品成本随数量变化，提出有数量折扣的经济订货批量模型（只讨论不允许缺货的经济订货批量模型）。其各参数意义同经济订货批量模型。总平均成本函数：

$$C(q) = (k + cq)\overline{OF} + h\overline{I} = c\lambda + \dfrac{k\lambda}{q} + \dfrac{1}{2}hq, \quad q > 0 \qquad (3\text{-}10)$$

此成本函数是分段函数，因此不能运用令导数为零的方法确定极值点。

1. 对于储存费用为常数的情况

计算共同的经济订货批量：如果经济订货批量落在价格最低的曲线上，就是最优解；如果落在其他任何曲线上，计算经济订货批量的总费用和价格

最低折扣点上的总费用，比较后取最低值，即为最优解。

2. 对于储存费用与单位价格成比例的情况

首先从价格最低的开始，计算经济订货批量，直到找到可行的经济订货批量，如果按照最低价格计算的经济订货批量是可行的，它就是最优解；如果经济订货批量不在最低价格区域内，则将可行的经济订货批量总费用与更低价格的折扣点的总费用进行比较，取总费用最低的点作为最优解。

【例】某电器公司每年需要4000个开关。开关的价格为：购买数量在1~499时，每个开关0.90元；购买数量在500~999时，每个开关0.85元；购买数量在1000以上时，每个开关0.82元。每次订购费用为18元，库存保管费用率为单价的18%，求最优订货量和年总费用。

解：已知年需求量 $D=4000$ 个，订购费用 $S=18$ 元/次，库存保管费用率 $I=18\%$，单位产品库存保管费用随其单价而变，具体结果如下所示。

订货范围在1~499时，单位产品库存保管费用为：$18\% \times 0.90 = 0.162$（元）

订货范围在500~999时，单位产品库存保管费用为：$18\% \times 0.85 = 0.153$（元）

订货范围在1000以上时，单位产品库存保管费用为：$18\% \times 0.82 = 0.1476$（元）

第一步：对每一个价格，从低到高分别用EOQ公式计算可行解，先取单价等于0.82元计算：

$$Q^* = \sqrt{\frac{2 \times D \times S}{C \times I}} = \sqrt{\frac{2 \times 4000 \times 18}{0.1476}} = 988（个）$$

因为订货量为988，是在500~999内，而不在0.82元/个的优惠范围内，所以不是可行解，再取单价等于0.85元计算：

$$Q^* = \sqrt{\frac{2 \times D \times S}{C \times I}} = \sqrt{\frac{2 \times 4000 \times 18}{0.153}} = 970（个）$$

订货量落在500~999内，是可行解，进入第二步。

第二步：计算订货量为970的总费用，并且与取得最低价格折扣的最小数量的总费用比较：

$$TC_{970} = \left(\frac{1}{2}Q\right) \times C \times I + \left(\frac{D}{Q}\right) \times S + C \times D$$

$$= \left(\frac{1}{2}\right) \times 970 \times 0.153 + \left(\frac{4000}{970}\right) \times$$

$$18 + 0.85 \times 4000 = 3548(元)$$

$$TC_{1000} = \left(\frac{1}{2}Q\right) \times C \times I + \left(\frac{D}{Q}\right) \times S + C \times D$$

$$= \left(\frac{1}{2}\right) \times 1000 \times 0.1476 + \left(\frac{4000}{1000}\right) \times$$

$$18 + 0.82 \times 4000$$

$$= 3426(元)$$

因为订货量为 1000 的总费用低于订货量为 970 的总费用，所以得出结论：能使总费用最低的最优订货量应是 1000 个开关，年总费用为 3426 元。

3.3 随机需求的基本模型

随机型库存模型即"概率型库存模型"，是指考虑随机需求条件，基于大量的历史数据和经验，根据需求在一段给定时间内的概率分布，对未知需求作出预测。将订购期间的需求量作为随机变量，反映库存量随时间变化而变化的数学模型，有离散和连续两种。实际的情况中需求往往是不确定的、随机的，对于这样的问题，就不能运用确定型库存模型进行求解，而是寻求其他合适的方法进行求解。

在随机型库存模型中，将产品分为两类。

易变质产品：在其没有被售出之前，只能在库存中持有非常有限的时间。例如，花卉、圣诞树、水果等。

稳定型产品：能无限期地保持可出售状态。

3.3.1 离散型随机需求

单周期库存模型是指把一个库存周期作为时间的最小单位，而且只在周期开始时刻做一次决策，确定订货量或生产量，也就是一次性订货，并且只涉及一种易变质产品。当货物销售完时，并不补充订货；当货物没有销售完时，货物对下一周期无用。由于需求不确定，若订货量过多，将会由于卖不出去而造成损失；订货量过少，将会因为供不应求而失掉销售机会。单周期库存模型就是找一个适当的订货量。以报童模型为例。

（1）问题描述。

报童每天清晨从报社购进报纸，晚上将没有售出的报纸退回。设每份报纸的购进价为 b，零售价为 a，退回价为 c。假设 $a>b>c$，即报童售出一份赚 $a-b$，退回一份赔 $b-c$。报童每天购进报纸太多，卖不完会赔钱；购进太少，不够卖会少挣钱。而市场对于报纸的需求是随机的，即需求量是一个随机变量。试筹划报童每天购进报纸的数量，能使他获得最大收入。

（2）模型分析。

购进量（即订货量）由需求量决定，需求量是随机变量。假设报童已经通过自己的经验或者是其他渠道掌握了需求量的统计规律，即在他的销售范围内每天报纸的需求量为 r 份的概率是 $f(r)$（$r=0$，1，2，…）。

（3）模型构建。

假设每天购进量是 n 份，需求量 r 是随机变量，r 可以大于 n，也可以等于 n，还可以小于 n。因此，报童的每天收入也是随机变量。作为优化模型的目标函数不能是每天的收入，而应该取长期卖报的日平均收入，即报童每天的期望值。

报童每天购进 n 份报纸的平均收入记为 $G(n)$，如果这天的需求量 $r \leqslant n$ 则售出 r 份，退回 $n-r$ 份，此时报童的收入 $(a-b)r-(b-c)(n-r)$；如果需求量 $r>n$，则将 n 份完全售出，没有退回，此时报童的收入为 $(a-b)n$。故利润的随机变量为

$$Y=\begin{cases}(a-b)r-(b-c)(n-r) & r \leqslant n \\ (a-b)n & r>n\end{cases} \quad (3-11)$$

根据已知需求量 r 的分布规律 $f(r)$，得到平均收入为

$$G(n)=E(Y)=\sum_{r=0}^{n}[(a-b)r-(b-c)(n-r)] \cdot f(r)+\sum_{r=n+1}^{\infty}(a-b) \cdot n \cdot f(r) \quad (3-12)$$

（4）模型求解。

通常需求量 r 和购进量 n 都相当大，故可以将 r 视为连续型随机变量，以便于分析和计算，此时需求量 r 的分布规律 $f(r)$ 转化为概率密度 $p(r)$ 来处理，则 $G(n)$ 将变为

$$G(n) = \int_0^n [(a-b)r - (b-c)(n-r)] p(r) dr + \int_n^\infty (a-b) n p(r) dr$$

(3-13)

接下来对 $G(n)$ 关于 n 进行求导，然后找出 $G(n)$ 的最大点

计算

$$\frac{dG(n)}{dn} = -(b-c)\int_0^n p(r) dr + (a-b)\int_n^\infty p(r) dr \quad (3-14)$$

令 $\dfrac{dG(n)}{dn} = 0$，得到

$$\frac{\int_0^n p(r) dr}{\int_n^\infty p(r) dr} = \frac{a-b}{b-c} \quad (3-15)$$

使报童日平均收入达到最大的购进量应该满足上式。

其中，$p_1 = \int_0^n p(r) dr$，$p_2 = \int_n^\infty p(r) dr$。

取 $n = \dfrac{p_1}{p_2} = \dfrac{a-b}{b-c}$，当 $(a-b)$ 增大时，n 也增大；当 $(b-c)$ 增大时，n 会减小。

结论：当报童与报社签订合同时，n 越大，报童购进的份数就应该越多。

3.3.2 连续型随机需求

假设物品本周期销不出去，其价值不会损失，每单位仅需支付储存费用 C_1，本周期已经销售出去的物品不计入储存费用。物品的成本为 K，售价为 P，需求量 X 是连续型随机变量，其密度函数为 $\Phi(r)$，分布函数为 $F(a) = \int_0^a \Phi(r) dr$。求订货量 Q 为多少，可使利润期望值最大。

解：当订货量为 Q 时，若需求量 $X \geq Q$，则实际销量为 Q，所以储存量为 0；若需求量 $X < Q$，则实际销量为 X，剩下的商品为 $Q - X$，所以储存量为 $Q - X$。因此，需支付的储存费用为

$$C_1(Q) = \begin{cases} 0 & X \geq Q \\ C_1(Q-X) & X < Q \end{cases} \quad (3-16)$$

本阶段的利润 = 实际销售的利润 - 支付的储存费用，即

$$W(Q) = (P - K)\min[X, Q] - C_1(Q) \quad (3-17)$$

$$EW(Q) = (P-K)E\min[X, Q] - EC_1(Q)$$
$$= (P-K)E(X) - \left\{(P-K)\int_Q^\infty (r-Q)\Phi(r)\mathrm{d}r + C_1\int_0^Q (Q-r)\Phi(r)\mathrm{d}r\right\} \quad (3\text{-}18)$$
$$= (P-K)E(X) - \{因失去销售机会损失的期望值 + 供过于求受到的存货费损失的期望值\}$$
$$= (P-K)E(X) - EC(Q)$$

因此可得

$$\max_{Q\geqslant 0} EW(Q) = \max_{Q\geqslant 0}[(P-K)E(X) - EC(Q)]$$
$$= (P-K)E(X) + \max_{Q\geqslant 0}[-EC(Q)] \quad (3\text{-}19)$$
$$= (P-K)E(X) - \min_{Q\geqslant 0} EC(Q)$$

所以，只需要求 $\min_{Q\geqslant 0} EC(Q)$

$$\frac{\mathrm{d}EC(Q)}{\mathrm{d}Q} = C_1\int_0^Q \Phi(r)\mathrm{d}r - (P-K)\int_Q^\infty \Phi(r)\mathrm{d}r$$
$$= C_1\int_0^Q \Phi(r)\mathrm{d}r - (P-K)\left[1 - \int_0^Q \Phi(r)\mathrm{d}r\right] \quad (3\text{-}20)$$
$$= C_1\int_0^Q \Phi(r)\mathrm{d}r + (P-K)\int_0^Q \Phi(r)\mathrm{d}r - (P-K)$$

令 $\dfrac{\mathrm{d}EC(Q)}{\mathrm{d}Q} = 0$，可得

$$C_1 F(Q) + (P-K)F(Q) = (P-K) \quad (3\text{-}21)$$

所以 $F(Q) = \dfrac{P-K}{C_1 + (P-K)}$，从此式中求得 Q^*。

又因为

$$\frac{\mathrm{d}^2 EC(Q)}{\mathrm{d}Q^2} = C_1\Phi(Q) + (P-K)\Phi(Q) \geqslant 0 \quad (3\text{-}22)$$

所以 $EC(Q)$ 是一个凸函数，故 Q^* 是 $\min_{Q<0} EC(Q)$ 的最优解，因此最优订货量为 Q^*。

3.4 动态库存系统的管理方法

3.4.1 JIT（准时生产制库存管理方法）

JIT 又称非库存生产模式或超市生产模式，是一种先进的生产模式，通过

应用看板等工具来保证生产的同步化和均衡化，实行"适时、适量、适物"的生产，是一种先进的生产方式。其基本原理是以需定供、以需定产，即供方（上一环节）根据需方（下一环节）的要求，按照需求方的品种、规格、质量、数量、时间等要求，将生产物资或者是采购物资，不多、不少、不早、不晚且质量有保证地送到指定地点，其目标是要消除各种引起不合理的原因，使每一个加工过程的工序都达到最好的水平，其核心是追求一种无库存的生产系统，或使库存达到最小的生产系统。

看板管理是JIT中最独特的部分，将传统生产过程中前道工序向后道工序送货改为后道工序根据"看板"向前道工序取货。看板管理方法按照准时生产的概念把后道工序看成用户，只有当后道工序提出需求时，前道工序才允许生产，看板充当的是传递指令的角色。看板的功能有很多，可以发布生产和运作的公布指令，可以防止过量生产和过量运送，可以进行"目视管理"即对生产的优先顺序一目了然。然而，将看板管理与准时生产等同起来是非常错误的，因为准时生产的本质是一种生产管理技术，而看板只是一种管理工具，只有在生产一体化、生产平衡和生产同步的情况下才能使用。

在JIT的设计中，要通过合理的假设，使产品容易生产、容易装配，即当产品范围扩大时，在不减少工艺过程的前提下，要达到计划的结果，就要在设计时考虑生产自动化和使用通用件、标准件。自20世纪70年代末期，JIT引入中国以来，在我国汽车、电子、制造等行业得到了应用，取得了明显的效果，并结合实际创造了良好的经济效益。

3.4.2 ERP（企业资源计划）

ERP是基于MRPⅡ（制造资源计划）的新一代企业资源综合管理系统，主要用于改善企业业务流程，提高企业核心竞争力，拓展MRPⅡ在横向开发、纵向扩展、行业扩展等方面的功能。纵向扩展的特点是通过低端数据的处理向高层管理提供决策支持；行业扩展表现为从以传统的制造业为主到面向所有的行业，行业范围扩大。并且随着企业管理模式的发展，企业的组织结构会从传统的递阶组织向网络化、虚拟化发展，ERP的功能会更加丰富，比如可以进行实时的智能化管理、支持电子商务和在线工作管理、支持供应链的同步化运作等。其主要内容包括生产资源计划、质量管理、业务流程管理、产品数据管理、存货、分销与运输管理等。ERP支持离散型、流程型等混合制造环境，应用范围也从制造业拓展到了零售业、服务业、银行业、电信业等相关事业部门，通过融合数据库技术、客户服务器结构、计算机辅助开发技术等对企业的资源进行集成，更加灵活地开展柔性活动，实时响应市场需求。

ERP可以根据市场预测和客户的实际需求生成准确的生产订单，从而为采购提供科学、准确的依据；通过对生产能力的集成，实现拉动式的物料流程，在保证生产需求的同时降低库存成本和库存风险；通过对库存管理的集成，大大提高了配套材料分析和缺料分析的准确性，从而保证生产的连续性。

3.4.3 MRP（物料需求计划）

MRP包括客户需求管理、产品生产计划、原材料计划和库存记录。MRP的基本思想是围绕材料转化组织生产资源，根据需要实现按时生产。

制订MRP需要四个关键信息：第一是主生产计划，指明在某一时间段内应生产出的各种产品和备件；第二是物料清单（BOM），指明了物料之间的结构关系，以及每种物料需求的数量；第三是库存记录；第四是提前期，决定着每种物料何时开工、何时完工。

制订MRP的基本步骤如下所示。

第一步：计算物料的毛需求量。

第二步：计算净需求量。

第三步：计算批量。

第四步：计算安全库存量、废品率和损耗率。

第五步：下达计划订单。

第六步：再一次计算。通过MRP的两种运行方式，根据实际情况选择合适的方式。

3.4.4 MRPⅡ（制造资源计划）

与MRP相比，MRPⅡ扩大了生产资源规划的范围。它是深刻认识生产管理过程本质的结果，体现了先进计算机技术与管理思想的不断融合。MRPⅡ适用于小批量、多品种的制造商。其管理目标是通过反馈库存和在制品信息，制订生产计划，从而减少在制品和库存的资金占用。MRPⅡ可以合理利用资源，缩短生产周期，提高劳动生产率；能按时交货，提高客户服务质量；同时也减少了成本和经济损失。

具体而言，ERP、MRP和MRPⅡ之间的区别如下。

(1) 资源管理范畴方面：MRP 是对物料需求的管理，MRP Ⅱ 实现了物料信息同资金信息的集成，ERP 在 MRP Ⅱ 的基础上扩展了管理范围，它将客户的需求与企业内部的生产活动和供应商的生产资源结合起来，形成了完整的供应链，有效管理供应链中的各个环节。

(2) 生产管理方面：MRP Ⅱ 把企业分为重复制造、批量生产、按订单生产、按订单装配、按库存生产等类型，对每一种类型都有一套管理标准。而到了 20 世纪 90 年代初期，为了紧跟市场的变化，ERP 可以支持和管理混合生产环境，满足企业多样化的生产需求。

(3) 管理功能方面：ERP 除了具有 MRP Ⅱ 的制造、分销、财务管理功能外，还充分利用企业业务流程重组的思想，增加了支持整个供应链上物料流通体系中供、产、需各个环节之间的运输管理和仓库管理功能；支持生产保障体系的质量管理、实验室管理、设备维修和备品备件管理功能；支持对工作流（业务处理流程）的管理功能。

(4) 事务处理控制方面：MRP Ⅱ 通过计划的及时滚动来控制整个生产过程，它的实时性较差，一般只能实现事中控制。而 ERP 支持在线分析处理、售后服务和质量反馈，强调企业的事前控制能力，可对质量、适应性、客户满意度、绩效等关键问题进行实时分析。

【案例】

华宝空调设备厂是一家家电装配式企业，在清华大学、东南大学等高校的支持下，实施了华博 CIMS 工程，在生产管理技术方面，采用立体仓库作为 MRP Ⅱ 与 JIT 的接口。

材料按照 MRP Ⅱ 的供应方法进入立体仓库，受到物流管理系统的调度，并根据 JIT 进行总装（立体仓库的储存容量为 2~3 天）。华宝空调 MRP Ⅱ 与 JIT 的结合如图 3-1 所示。

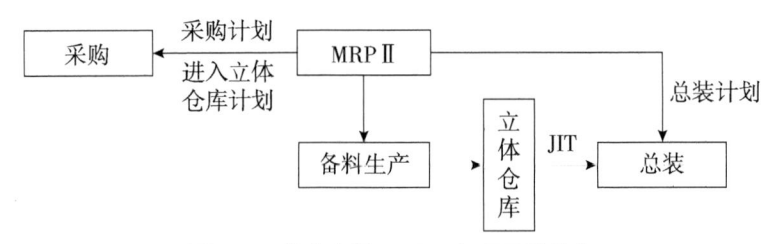

图 3-1 华宝空调 MRP Ⅱ 与 JIT 的结合

3.4.5 DRP（分销资源计划）

DRP 是一种将物料配送与生产计划和控制系统联系起来的配送资源计划。它阐明了目前的库存状况，为业务运作和贸易伙伴之间的合作提供了全新的模式，使供应商和分销商可以实时提交订单、查询产品供应和库存状况，实现零库存，提高周转效率。DRP 中高度智能化的自动补货管理功能及库存的动态管理功能，既避免了因库存不足而导致的终端脱销，同时也减少了库存积压的发生，降低了整体库存的成本。

3.4.6 再订货点库存方法

再订货点库存方法可用来明确启动补给订货策略时的货品单位数。在企业提前进货的条件下，企业再次发出订单时，尚有存货的库存量，就是再订货点。应用再订货点库存方法的前提是物料消耗率与采购提前期不变。

【例】 设某一企业的年需求量为 30000 件（假设每年 360 天），购买每单位的产品价格为 100 元，单位库存持有成本是产品价格的 30%，订货成本每次为 60 元，公司所需的安全库存为 750 件，而且订货量只能为 100 的倍数，订货至到货的时间为 15 天，求最优订货量并确定再订货点。

解：（1）求解最优订货量。

$$单位库存持有成本 = 100 \times 30\% = 30（元）$$

$$订货成本 = 60（元）$$

$$年需求量 = 30000（件）$$

$$Q = \sqrt{\frac{2k\lambda}{h}} = \sqrt{2 \times 30000 \times \frac{60}{30}} = 346.41（件）$$

（2）确定再订货点。

$$安全库存 = 750（件）$$

$$订货天数 = 15（天）$$

$$再订货点 = 日平均需求 \times 订货天数 + 安全库存 = 2000（件）$$

即当库存少于 2000 件时，进行再订货。

4 库存系统控制

4.1 主要的需求预测方法

库存管理是企业运营中的重要一环，对科学预测的依赖性较大，准确的需求预测不仅可以直接改善企业的库存现状，还可以间接提高企业向客户提供服务的水平，通过提高客户满意度来增加自身收益。

需求预测一般分为定性预测法和定量预测法，本书重点介绍几种常见的定量预测法。

1. 时间序列预测方法

（1）算术平均法。

算术平均法是一种简单平均法，以一定观察期内时间序列观察值的算术平均数作为下期观测值。其最大的缺陷是将各月的差异平均化。所以该法只适用于各期销售量比较稳定、没有季节性变动的食品和日用品的预测。

$$\text{预测销售量} = \frac{X_t + X_{t-1} + \cdots + X_{t-n+1}}{n} = \frac{\sum_{i=t-n+1}^{t} X_i}{n} \qquad (4-1)$$

【例】已知某企业生产一种产品，2016年1—12月销售量资料如表4-1所示。

表4-1　　　　　2016年1—12月销售量资料　　　　（单位：吨）

月份	1	2	3	4	5	6	7	8	9	10	11	12
销售量	25	23	26	29	24	28	30	27	25	29	32	33

请使用算术平均法预测2017年1月的销售量。

解：分子=25+23+26+29+24+28+30+27+25+29+32+33=331（吨），分母=12，2017年1月预测销售量=331/12=27.58（吨）

(2) 移动平均法。

移动平均法在统计学中属于滑动平均预测法，是取近期库存量的平均值进行库存需求预测的方法，"移动"是指参与平均的实际值随预测期的推进而不断更新。移动平均法虽然有助于消除远期偶然因素的不规则影响，但存在只考虑所有数据中的最后 n 期资料，缺乏代表性的弱点，移动平均法适用于销售量略有波动的产品预测。移动平均法可分为简单移动平均法和加权移动平均法。

①简单移动平均法。

简单移动平均法预测模型：

$$F(t) = A(t-1) + A(t-2) + A(t-3) + \cdots + A(t-n)/n \quad (4-2)$$

其中，$F(t)$ 是下一期的预测值；n 是移动平均的时期个数；$A(t-1)$ 是前期实际值；$A(t-2)$，$A(t-3)$ 和 $A(t-n)$ 分别表示前两期、前三期直至前 n 期的实际值。

【例】仍按照上例中表4-1的销售量资料。

要求按照移动平均法预测2017年1月的销售量。（假定 $n=5$）。

解：2017年1月的预测销售量 =（27+25+29+32+33）/5=29.2（吨）

②加权移动平均法。

加权移动平均法是指在掌握全部 n 期实际资料的基础上，按近大远小的原则确定各期的权数，据以计算加权平均销售量，并将其作为预测销售量的一种定量预测方法。加权移动平均法可以表示为以下形式：

$$F(t) = w_1 A(t-1) + w_2 A(t-2) + \cdots + w_n A(t-n) \quad (4-3)$$

其中，$F(t)$ 是对下一期的预测值；n 是移动平均的时期个数；$A(t-1)$ 是前一期实际值；$A(t-2)$，$A(t-n)$ 分别表示前两期直至前 n 期的实际值；w_1，w_2，$\cdots$，w_n 分别表示前一期，前两期直至前 n 期的实际销售额权重。

自然权数加权平均法：该方法要求按照自然数1，2，$\cdots$，n 的顺序确定权数，即令第一期的权数为1，第二期的权数为2，以此类推。

饱和权数加权平均法：该法要求权数的取值范围在（0，1），各期的权数之和等于1。即如果期数 $n=3$ 时，可令各期权数依次为0.2，0.3和0.5。

【例】仍按照上例中表4-1的销售量资料。

要求：①用自然权数加权平均法预测2017年1月的销售量；
　　　②利用最后3期销售量按饱和权数加权平均法预测2017年1月的销售量。

解： ①在自然权数加权平均法下，

$$F(t) = 25 \times 1 + 23 \times 2 + 26 \times 3 + 29 \times 4 + \cdots + 32 \times 11 + 33 \times 12 = 2242$$

$$权数之和 = (1+n) \times n/2 = (1+12) \times 12/2 = 78$$

2017 年 1 月的预测销售量 = 2242/78 = 28.74（吨）

②在饱和权数加权平均法下期数为 3，分别设为 0.2、0.3 和 0.5，

2017 年 1 月的预测销售量 = 29×0.2+32×0.3+33×0.5 = 31.9（吨）

（3）指数平滑法。

指数平滑法只需要本期的观测值和本期的预测值便可预测下一期的数据，适用于数据量较少的短期预测。指数平滑一般分为一次指数平滑、二次指数平滑和三次指数平滑。

①一次指数平滑法。

一次指数平滑法预测模型：

$$Y_{t+T} = S_t^{(1)} \tag{4-4}$$

$$S_t^{(1)} = \alpha X_t + (1 - \alpha) S_{t-1}^{(1)} \tag{4-5}$$

其中，$S_t^{(1)}$ 为第 t 期一次指数平滑预测值；X_t 为第 t 期实际观测值；α 为平滑系数，即权重系数，$0 \leq \alpha \leq 1$。

②二次指数平滑法。

二次指数平滑是以相同的平滑系数对一次指数平滑系列再进行一次指数平滑，即

$$S_t^{(2)} = \alpha S_t^{(1)} + (1 - \alpha) S_{t-1}^{(2)} \tag{4-6}$$

其中，

$$S_t^{(1)} = \alpha X_t + (1 - \alpha) S_{t-1}^{(1)} \tag{4-7}$$

③三次指数平滑法。

三次指数平滑法是在二次指数平滑法的基础上进行的，即在二次指数平滑法基础上对时间序列再进行一次指数平滑，即

$$S_t^{(3)} = \alpha S_t^{(2)} + (1 - \alpha) S_{t-1}^{(3)} \tag{4-8}$$

其中，

$$S_t^{(2)} = \alpha S_t^{(1)} + (1 - \alpha) S_{t-1}^{(2)} \tag{4-9}$$

指数平滑预测模型总结如下。

一次指数平滑预测模型：

$$Y_{t+T} = S_t^{(1)} \tag{4-10}$$

二次指数平滑预测模型：

$$Y_{t+T} = a_t + b_t T \tag{4-11}$$

三次指数平滑预测模型：

$$Y_{t+T} = a_t + b_t T + c_t T^2 \tag{4-12}$$

式中：Y_{t+T}——第 $t+T$ 期的预测值；

a_t，b_t，c_t——平滑系数。

模型中的参数 a_t，b_t，c_t 可按下述关系得

二次指数平滑中，

$$\alpha_t = 2S_t^{(1)} - S_t^{(2)} \tag{4-13}$$

$$b_t = \frac{\alpha}{1-\alpha}(S_t^{(1)} - S_t^{(2)}) \tag{4-14}$$

三次指数平滑中，

$$\alpha_t = 3S_t^{(1)} - 3S_t^{(2)} + S_t^{(3)} \tag{4-15}$$

$$b_t = \frac{\alpha}{2(1-\alpha)^2}[(6-5\alpha)S_t^{(1)} - 2(5-4\alpha)S_t^{(2)} + (4-3\alpha)S_t^{(3)}] \tag{4-16}$$

$$c_t = \frac{\alpha^2}{2(1-\alpha)^2}[S_t^{(1)} - 2S_t^{(2)} + S_t^{(3)}] \tag{4-17}$$

讨论：a. 平滑系数（权重系数）α 如何确定？

其取值大小体现 t 期的观测值与预测值之间的比例关系。若时间序列的长期趋势比较稳定，建议取较小的值（0.05~0.2）；若时间序列具有迅速明显的变动倾向，则建议取较大值（0.2~0.7）。其最优值可根据反复的试验加以确定。

b. 如何确定初始平滑值 $S_0^{(1)}$？

用第一期观测值确定，即令 $S_0^{(1)} = X_1$，或取第一、第二、第三期的观测值加权平均。

c. 如何在一次、二次以及三次指数平滑预测模型中进行选择？

依据时间序列观测值的发展趋势而定，若其围绕某一水平做随机变动，可采用一次指数平滑法；若具有较为明显的线性增长倾向，则采用二次指数平滑法；当观测值的分布呈非线性趋势时，一般采用三次指数平滑法。

【例】 仍按照上例中表 4-1 的销售量资料。

要求：①用指数平滑法预测 2016 年 1—12 月销售量；

②预测 2017 年 1 月的销售量。

解：①计算结果如表 4-2 所示。

表 4-2　　　　　　　　　　　计算结果

月份 t	销售量观测值 Q_t	平滑系数 α	前期实际销售量 Q_{t-1}	1-平滑系数 $1-\alpha$	前期预测销售量 $\overline{Q_{t-1}}$	预测销售量 $\overline{Q_t}$
1	25	—	—	—	—	25.00
2	23	0.3	25	0.7	25.00	25.00
3	26	0.3	23	0.7	25.00	24.40
4	29	0.3	26	0.7	24.40	24.88
5	24	0.3	29	0.7	24.88	26.12
6	28	0.3	24	0.7	26.12	25.48
7	30	0.3	28	0.7	25.48	26.24
8	27	0.3	30	0.7	26.24	27.37
9	25	0.3	27	0.7	27.37	27.26
10	29	0.3	25	0.7	27.26	26.58
11	32	0.3	29	0.7	26.58	27.31
12	33	0.3	32	0.7	27.31	28.71

②2017 年 1 月的预测销售量=0.3×33+（1-0.3）×28.71=30（吨）

2. 回归分析预测方法

回归分析预测方法是市场预测的基本方法，用来分析因变量与自变量之间的相互关系，建立变量间的数量关系近似表达的函数方程，并在进行参数估计和显著性检验之后，应用回归方程式预测因变量变化的方法。

（1）一元线性回归预测法。

一元回归模型的定义：

$$Y = \alpha + \beta X + \varepsilon \tag{4-18}$$

式中：

ε——随机误差项或扰动项，表示除 X 之外其他影响 Y 的因素；

β—— Y 和 X 关系式中的斜率参数；

α——截距参数。

该模型表述了 Y 和 X 之间的线性关系，为简单线性回归模型，又称两变量或双变量线性回归模型。

（2）最小二乘回归分析法。

在实际经济研究过程中，我们所面对的理论模型往往有几个或者很多自

变量，那么简单的模型就不够用了。当数据中有一个因变量和 k 个自变量时，回归分析模型应该是

$$y_i = \beta_0 + \beta_1 x_{i1} + \beta_2 x_{i2} + \cdots + \beta_j x_{ik} + e \quad i = 1, 2, \cdots, n \quad (4\text{-}19)$$

β 是估计参数，也就是模型的系数；e 是模型的误差项。

（3）差分自回归移动平均法。

差分自回归移动平均法（ARIMA）是一种较为复杂的时间序列预测方法，其具体操作思路可以总结为：将研究对象所选取的数据集看作一个随机序列，然后用一个恰当的数学表达式来描述研究对象，这个数学表达式被回归识别后就能从随机序列的历史值和现阶段观测值中预测未来值。差分自回归移动平均模型可以表示为

$$\left(1 - \sum_{i=1}^{p} \phi_i L^i\right) \times (1 - L)^d \times X_t = \left(1 + \sum_{i=1}^{p} \theta_i L^i\right) \times \varepsilon_t \quad (4\text{-}20)$$

其中：L 是滞后算子；ϕ_i 是自回归参数；X_t 表示在时间 t 的观测值（实际值）；θ_i 是模型的移动平均参数；ε_t 是误差项，具有独立同分布的性质。

3. 神经网络预测方法

人工神经网络是机器智能的一部分，它是一种应用类似于大脑神经突触连接的结构进行信息处理的数学模型，由大量的节点（或称神经元）相互连接构成。每个节点代表一种特定的输出函数，称为激励函数。每两个节点间的连接都代表通过该连接信号的加权值，也称为权重，这相当于人工神经网络的记忆。网络的输出则依网络的连接方式、权重和激励函数的不同而不同。

现阶段，人工神经网络在预测估计、自动化控制、智能识别等领域都有较好的应用与发展。

4.2 库存系统建模

常用的库存系统分析方法可以分为解析方法和仿真方法两类。

1. 解析方法

解析方法是指根据设定的目标函数和约束条件，采用数学规划或者启发式算法来寻找使库存水平最低，并满足交货期要求的系统方案。确定性变量与随机变量均可作为库存系统的参数。Williams 研究了令库存持有成本及运作成本最小化的方法，基于启发式算法得出了在满足企业产品需求与配送规划双重目标下的最低成本。Pyke 和 Cohen 以服务水平作为约束条件，以保持处

理时间及补货提前期作为常数，构建了包括某种产品的单个制造商、单个仓库及单个零售商的三层数学规划模型，确定了近似经济再订货周期、补货批量和订货满足水平。Cohen 和 Lee 为供应链生产系统建立了物料控制、生产控制、产成品储存和配送 4 个不同的成本子模型，对每个子模型都确定了最小成本目标，最终确定了接近最小总成本的库存系统订货策略。

2. 仿真方法

在实际情况下，库存系统的结构更加复杂，采用传统的数学规划方法或启发式算法分析此类复杂结构模型的难度较大。仿真方法可在很大程度上突破算法本身限制，其优越性较强。

（1）离散事件系统仿真。系统仿真是指利用计算机来运行仿真模型，模仿实际系统的运行状态及其随时间变化的过程，并通过对仿真运行过程的观察和统计，得到被仿真系统的仿真输出参数和基本特性，以此来估计和推断实际系统的真实参数和真实性能。我国的仿真研究和应用开始于 20 世纪 50 年代，近年来在供应链管理、企业生产作业控制、物流系统分析等方面得到了成功应用。在复杂离散事件系统中，一般都存在多个相互联系、相互影响的实体，但各个实体的活动却发生在同一时间基础上，仿真策略就是研究采用何种方法推进仿真钟，进而建立起各类实体之间的逻辑联系。目前常用的仿真策略主要有事件调度法和进程交互法两种。事件调度法用事件的观点来描述系统，进程交互法采用进程描述系统，两种方法各有优劣。

（2）面向对象的建模与仿真方法。面向对象的建模与仿真是将面向对象技术应用于仿真而形成的一个研究分支，具有以下几个特点。①该方法可以使建模和仿真过程与人们对现实世界的认识过程相一致。②该方法强调的是系统总体结构，而非系统运行中涉及的各个过程。③该方法通过合理设计对象的层次结构，可以使代码重用率达到最高水平。离散事件系统的仿真研究是面向对象仿真的一个重要应用领域，按照面向对象的仿真建模框架，离散事件系统仿真模型结构和基本组成如图4-1所示。

现代仿真技术提出了用仿真方法确定实际系统的模型，采用模型与运行分离技术，即模型的数据驱动（data driven）：将模型分为参数模型和参数值两部分，只需对参数模型赋予具体参数值就可以形成一个特定的模型，大大提高了仿真的灵活性和运行效率。库存系统模型中包含了大量的单元属性和逻辑关系。采用关系型数据构建的数据模型，具有单元界定明确、逻辑关系清楚、冗余小等优点，因此在库存系统模型的数据分析和设计上优先采用。

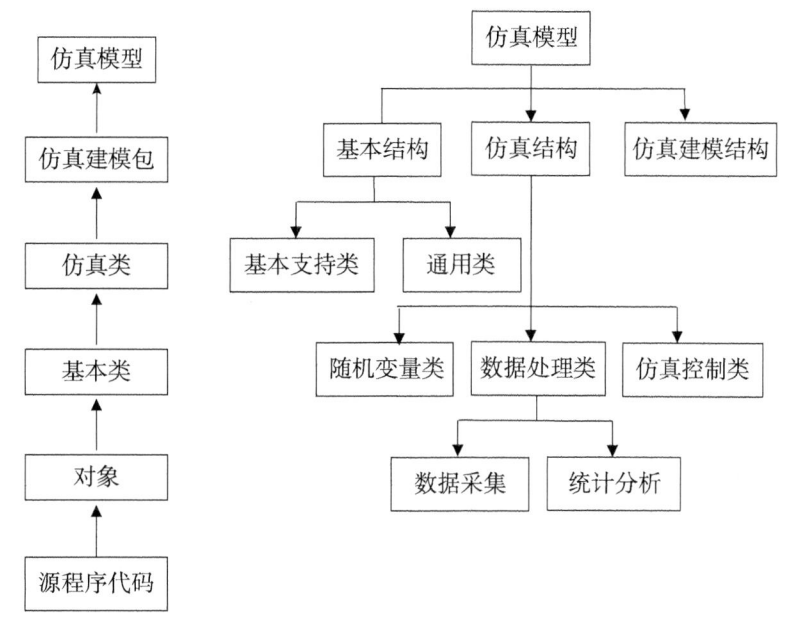

图 4-1 离散事件系统仿真模型结构和基本组成

建立库存系统数学模型的方法有分析法和实验法两种。分析法是对系统各部分的运动机理进行分析，根据它们所依据的物理规律或化学规律分别列写相应的运动方程。实验法是人为地给系统施加某种测试信号，记录其输出响应，并用适当的数学模型去逼近，这种方法称为系统辨识。在自动控制理论中，数学模型有多种形式。时域中常用的数学模型有微分方程、差分方程和状态方程；复数域中有传递函数、结构图；频域中有频域特性等。本书只研究微分方程、传递函数等数学模型的建立和应用。

4.3 库存系统的传递函数

4.3.1 系统传递函数

系统传递函数（The System Transfer Function）是指零初始条件下线性系统响应（即输出）量的拉普拉斯变换（或 Z 变换）与激励（即输入）量的拉普拉斯变换之比。记作 $G(s) = Y(s)/U(s)$，其中 $Y(s)$、$U(s)$ 分别为输出量和输入量的拉普拉斯变换。传递函数不仅是研究经典控制理论的主要工具，还是描述线性系统动态特性的基本数学工具之一。频率响应法及根轨迹法作为经典控制理论的主要研究方法，都是以传递函数作为基础。

在控制系统领域内，传递函数不仅可以被用来表征线性时不变系统的动态特性，还可以研究系统结构或参数变化等因素对系统性能造成的影响。在经典控制理论中，传递函数是最基本、最重要的概念，对传递函数的求取具有十分重要的意义。

实际系统基本都有非线性的输入输出特性，但是许多系统在标称参数范围内的运行状态非常接近于线性，所以实际应用中完全可以应用线性时不变系统理论表示其输入输出行为。

对于最简单的连续时间输入信号 $x(t)$ 和输出信号 $y(t)$ 来说，传递函数所反映的就是零状态条件下输入信号的拉普拉斯变换 $X(s)$ 与输出信号的拉普拉斯变换 $Y(s)$ 之间的线性映射关系：

$$Y(s) = H(s)X(s) \tag{4-21}$$

或者

$$H(s) = \frac{Y(s)}{X(s)} \tag{4-22}$$

其中，$H(s)$ 就是该线性时不变系统的传递函数。

在离散时间系统中，应用 Z 变换，传递函数可以类似地表示成

$$H(z) = \frac{Y(z)}{X(z)} \tag{4-23}$$

系统的传递函数与描述其运动规律的微分方程是对应的。可根据组成系统各单元的传递函数和它们之间的联结关系导出整体系统的传递函数，并用它分析系统的动态特性、稳定性，或根据给定要求综合控制系统，设计满意的控制器。

4.3.2 库存系统的传递函数

设系统的微分方程为

$$\begin{aligned} & a_n y^{(n)}(t) + a_{n-1} y^{(n-1)}(t) + \cdots + a_0 \\ & = b_m x^{(m)}(t) + b_{m-1} x^{(m-1)}(t) + \cdots + b_0 \end{aligned} \tag{4-24}$$

式中，$x(t)$ 为输入，$y(t)$ 为输出，a，b 为常系数，对这个微分方程求拉普拉斯变换，令初始值为零，得

$$\begin{aligned} & (a_n s^n + a_{n-1} s^{n-1} + \cdots + a_1 s + a_0) Y(s) \\ & = (b_m s^m + b_{m-1} s^{m-1} + \cdots + b_1 s + b_0) X(s) \end{aligned} \tag{4-25}$$

再根据传递方程定义,就能得

$$G(s) = \frac{Y(s)}{X(s)} = \frac{b_m s^m + b_{m-1} s^{m-1} + \cdots + b_1 s + b_0}{a_n s^n + a_{n-1} s^{n-1} + \cdots + a_1 s + a_0} \quad (4-26)$$

式(4-26)中,$Y(s)$和$X(s)$分别代表对系统输出和输入信号进行的拉普拉斯变换。传递函数最基本的零极点形式如下:

$$G(s) = \frac{b_m}{a_n} \frac{(s-z_1)(s-z_2)\cdots(s-z_m)}{(s-p_1)(s-p_2)\cdots(s-p_n)} = \frac{k_g \prod_{i=1}^{m}(s-z_i)}{\prod_{j=1}^{n}(s-p_j)} \quad (4-27)$$

式中:K_g——传递函数的传递系数或根轨迹增益;
z_i——传递函数的零点($i = 1, 2, \cdots, m$);
p_j——传递函数的极点($j = 1, 2, \cdots, n$)。

一个反馈控制系统在工作过程中,一般会受到两类信号的作用,统称外作用。一类是有用信号或称输入信号、给定值、指令等,用$r(t)$表示。通常$r(t)$是加在控制系统的输入端,也就是系统的输入端;另一类是扰动,或称干扰$n(t)$,干扰$n(t)$可以出现在系统的任何位置,但通常最主要的干扰信号是作用在被控对象上的扰动,例如电动机的负载扰动等。图4-2即为典型的闭环控制系统结构,利用叠加原理能够将以下这些传递函数求出。

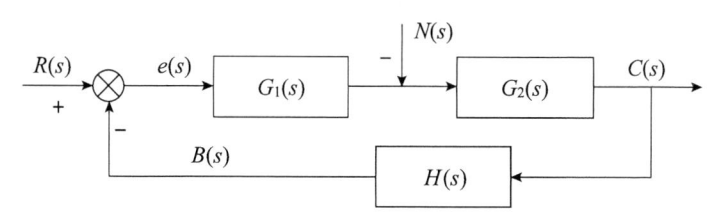

图 4-2 闭环控制系统结构

1. 输入信号$R(s)$作用下的闭环传递函数

图4-2在$n(t) = 0$的情况下可简化为图4-3,输出$C(s)$对输入$R(s)$之间的传递函数即输入作用下的闭环传递函数,表示为$\Phi(s)$,简称闭环传递函数。

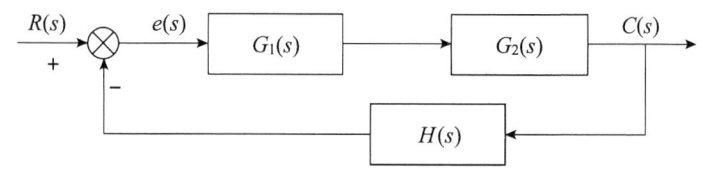

图 4-3 输入信号$R(s)$作用下的反馈框图

$$\Phi(s) = \frac{C(s)}{R(s)} = \frac{G_1(s)G_2(s)}{1 + G_1(s)G_2(s)H(s)} \tag{4-28}$$

而输出的拉氏变换可写为

$$C(s) = \frac{G_1(s)G_2(s)}{1 + G_1(s)G_2(s)H(s)} R(s) \tag{4-29}$$

简化结构图得到图 4-4，以便更好地对系统信号的变化规律进行分析，将输入和偏差信号之间的关系找到。将输入 $R(s)$ 与输出 $\varepsilon(s)$ 之间的传递函数列出，用 $\Phi_\varepsilon(s) = \dfrac{\varepsilon(s)}{R(s)}$ 表示，也即控制作用下的偏差传递函数。

$$\Phi_\varepsilon(s) = \frac{\varepsilon(s)}{R(s)} = \frac{1}{1 + G_1(s)G_2(s)H(s)} \tag{4-30}$$

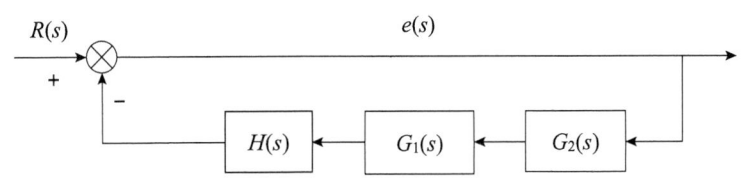

图 4-4　简化后输入信号 $R(s)$ 作用下的反馈框图

2. 干扰 $N(s)$ 作用下的闭环传递函数

同样，令 $r(t) = 0$，结构图 4-4 可简化为图 4-5。扰动作用下的输入、输出分别为 $N(s)$ 和 $C(s)$，可以用 $\Phi_n(s)$ 来表示二者间的传递函数，也即干扰传递函数。

$$\Phi_n(s) = \frac{C(s)}{N(s)} = \frac{G_2(s)}{1 + G_1(s)G_2(s)H(s)} \tag{4-31}$$

系统在扰动作用下所引起的输出为

$$C(s) = \frac{G_2(s)}{1 + G_1(s)G_2(s)H(s)} N(s) \tag{4-32}$$

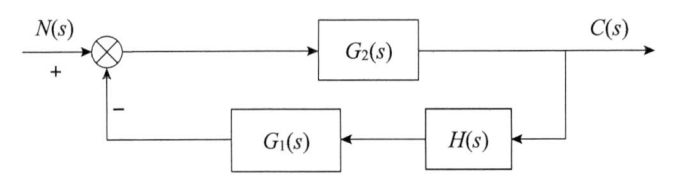

图 4-5　干扰 $N(s)$ 作用下的反馈框图

干扰作用下的偏差传递函数，也可称为干扰偏差传递函数。用 $\Phi_{n\varepsilon}(s)$ 表示。变化后干扰 $N(s)$ 作用下的反馈框图如图 4-6 所示。

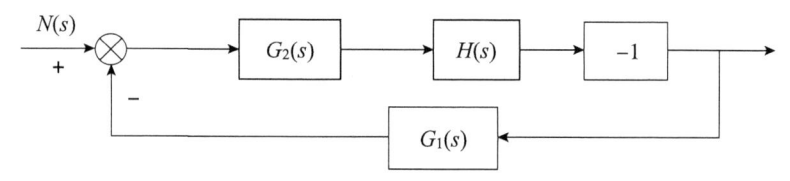

图 4-6 变化后干扰 $N(s)$ 作用下的反馈框图

$$\Phi_{n\varepsilon}(s) = \frac{\varepsilon(s)}{N(s)} = \frac{-G_2(s)H(s)}{1 + G_1(s)G_2(s)H(s)} \qquad (4-33)$$

可见，在 $r(t)$ 和 $n(t)$ 同时作用下，按照线性系统叠加原理，可知系统总输出为各外部作用分别引起的输出的总和，可得到总输出的变换式：

$$C(s) = \frac{G_1(s)G_2(s)}{1 + G_1(s)G_2(s)H(s)} R(s) + \frac{G_1(s)G_2(s)}{1 + G_1(s)G_2(s)H(s)} N(s) \qquad (4-34)$$

式中，如果系统中的参数设置，能满足 $|1 + G_1(s)G_2(s)H(s)| \gg 1$ 及 $|G_1(s)H(s)| \gg 1$，则系统总输出表达式可近似为

$$C(s) \approx \frac{1}{H(s)} R(s) \qquad (4-35)$$

由此可见，系统采用反馈控制时，对元部件的结构参数进行适当选配，系统对抗干扰的能力就会显著提高。值得一提的是，系统的输出与前向通路传递函数无关，而是由反馈通路传递函数和输入信号决定的，尤其是在 $H(s) = 1$ 的情况下。也就是说，系统为单位反馈时，$C(s) \approx R(s)$，这意味着系统几乎能够完全复现输入信号，工作精度相当高。同理，系统总的偏差为

$$\varepsilon(s) = \Phi_e(s)R(s) + \Phi_{n\varepsilon}N(s) \qquad (4-36)$$

将式（4-36）推导的四种传递函数表达式进行比较，可以看出以下两个特点。

（1）有完全相同的分母，即 $[1 + G_1(s)G_2(s)H(s)]$，$G_1(s)G_2(s)H(s)$ 可称为开环传递函数。在图 4-2 中，断开 $H(s)$ 的输出，也就是将系统主反馈回路断开，在这种情况下从输入 $R(s)$（或 $\varepsilon(s)$）到 $B(s)$ 之间的传递函数即开环传递函数，开环传递函数在今后各章讨论中是十分重要的。

（2）有完全不同的分子，取决于前向通路的传递函数。也就是说，输出

量的引出点及外作用的作用点不同，闭环传递函数的分子也会不同。在系统不同位置加上同一个外作用，会给系统运动带来不同的影响。

4.4 单级库存系统控制

4.4.1 单级库存系统的作用

单级库存系统属于基本库存系统，其研究对象为供应链中的节点企业或节点库存系统。将库存成本控制在合理范围内，并使所提供的服务水平能够令客户感到满意，即库存控制所要实现的目标；这就需要采用科学的策略，提高管理水平，使库存尽量减少。单级库存系统的作用可总结为以下几点。

(1) 制订柔性的生产计划。
(2) 使变化的需求得到满足。
(3) 避免生产中断。
(4) 避免产品脱销。终端企业直接面向客户，为防止出现到货延误的现象，需要持有安全库存；安全库存指的是超过预期需求或平均需求的库存，旨在更好地应对多变的交付时间和各种需求等。
(5) 缩短订货周期。

4.4.2 单级库存系统控制策略

总体来讲，单级库存系统控制的基本策略可以总结为以下几点。
(1) 合理降低周转库存。
(2) 合理降低在途库存。
(3) 合理降低在制品库存。
(4) 合理降低安全库存。
(5) 改善需求预测。

4.4.3 单级库存系统建模

1. 模型假设与符号设计

在建立随机需求下单级库存系统模型之前，需要先对模型进行一些合理的假设，将实际生产—库存过程简化，以便建立数学模型。模型假设如下所示。

①在订货过程中，固定的订货成本已经包含在货物的采购成本中，即不单独考虑每次订货时产生的固定订货成本。

②实行"订至点"补货策略，也就是说，现有库存数量降低到某个临界值时，需要增加库存数量以达到期望值，反之，现有库存数量如果比期望值高，订货则需停止。

③存在订单延迟时间，即当企业向上级供应商发出订单后，上级供应商通常会经过一定时间结束现在的生产任务后才会展开对新的订单的生产任务。

④存在生产和物流延迟时间，即当上级供应商收到订单后，需要一定的生产时间和一定的运输时间。

⑤订货决策发生在每个订货周期末。

⑥在运输和仓储过程中不存在货损现象。

⑦终端客户需求是随机的。

⑧可使用指数平滑模型表示需求函数。假设需求时间序列可以保持稳定的趋势，能够合理推延。

符号设计如下所示。

t ——订货周期；

$S(t)$ ——第 t 个订货周期内的销售量，即顾客需求量；

$O(t)$ ——第 t 个订货周期内的订货量；

$I(t)$ ——第 t 个订货周期内的现有库存量；

$EI(t)$ ——第 t 个订货周期内的期望库存量；

μ ——企业的订货比例，反映了企业对缺货的响应程度；

σ ——交货延迟；

D ——上级供应商对订单的延迟时间（反应时间）；

P ——上级供应商接到订单后的生产时间；

L ——物流延迟时间。

2. 数学建模

针对单级库存系统，首先以商品零售商为核心企业，以分销商为上级供应商建立商品的进货—销售—储存动态数学模型。零售商在一个订货周期 t 中，会接受分销商的货物进而形成库存，零售商此时将会通过该库存量对货物进行销售，使客户的需求得到满足，而到了该期期末，会对现有库存量，即该周期销售后的剩余量进行盘点。在整个周期内，当零售商向分销商发出订单后，会有一定的交货延迟。

零售商按照"订至点"的订货方法,需遵循以下规律向分销商订货:与期望库存量相比,实际库存量小的情况下,需要订货,反之,与期望库存量相比,实际库存量大的情况下,无须订货,即

$$O(t) = \begin{cases} \mu \cdot [EI(t) - I(t)], & EI(t) > I(t) \\ 0, & EI(t) < I(t) \end{cases} \quad (4-37)$$

其中,μ 为零售商的订货比例,该参数实际上表示零售商对偏差库存量的反应程度。例如,当存在库存偏差量 $EI(t) - I(t)$ 时,若 μ 为1,则采取缺多少补多少的策略;若 μ 为2,则采取缺多少货补两倍货的策略。

假设库存函数的导数为 $\dot{I}(t)$ 或 $I'(t)$,想利用差分近似微分,可做如下推导,根据泰勒定理,可以写出库存函数的泰勒展开式:

$$I(t+h) = I(t) + \frac{I'(t)}{1!} \cdot h + \frac{I''(t)}{2!} \cdot h^2 + \cdots + \frac{I^{(n)}(t)}{n!} \cdot h^n + R_n(t)$$

(4-38)

其中,$n!$ 表示阶乘,$R_n(t)$ 表示泰勒展开式和实际值之间的余数。

由此可以得到库存函数的一阶导数的近似值:

$$I(t+h) = I(t) + \frac{I'(t)}{1!} \cdot h + R_1(t) \quad (4-39)$$

两边同时除以 h:

$$\frac{I(t+h)}{h} = \frac{I(t)}{h} + \frac{I'(t)}{1!} + \frac{R_1(t)}{h} \quad (4-40)$$

假设 $R_1(t)$ 足够小,求解 $I'(t)$ 得

$$I'(t) = \frac{I(t+h) - I(t)}{h} - \frac{R_1(t)}{h} \approx \frac{I(t+h) - I(t)}{h} \quad (4-41)$$

所以,在"订至点"订货方法下的库存系统模型的微分方程即式(4-41)。当考虑交货延迟后,由式(4-37)可得企业的实际订货量为

$$O(t) = \begin{cases} \mu \cdot [EI(t-D-L) - I(t-D-L)], & EI(t) > I(t) \\ 0, & EI(t) < I(t) \end{cases} \quad (4-42)$$

又因为库存量的差分应等于订货量减去销售量,所以,在"订至点"订货方法下的库存系统模型的微分方程可建立如下:

$$\dot{I}(t) = \Delta I(t) = \begin{cases} \mu \cdot [EI(t-D-L) - I(t-D-L)] - S(t), & EI(t) > I(t) \\ -S(t), & EI(t) < I(t) \end{cases}$$

(4-43)

3. 随机需求下单级库存系统建模

（1）单级库存系统反馈控制逻辑。

就单级库存系统而言，零售商在一个订货周期内，以初始库存量表示其原有的库存量，其反馈控制模型可按如下逻辑设计。第一步，通过初始库存量，零售商可使客户的需求得到满足。第二步，零售商在订货周期（t）期末，需要对剩余库存量进行盘点，以现有库存量来表示。第三步，零售企业对（$t+1$）期的需求量，也即下一周期可能的销售量进行预测。第四步，零售商根据预测的销售量和一定的客户满意率，制定在（$t+1$）期的期望库存量。第五步，与期望库存量相比，现有库存量大时，零售商不再订货，现有库存量小时，可在一定提前期范围内，向分销商申请订货，在建模的过程中，制造商所需的制造时间、分销商处理订单所需的时间及物流运输所需的时间均要考虑在提前期内。第六步，重新实行第一步。在这六步中，可总结出一个反馈控制逻辑：根据本期的实际销售情况预测下一期的需求量并制定期望库存水平，这个环节可视作需求反馈信息环；下一期订货量是根据这一期销售剩余库存量和下一期期望库存量的差来决定的，这个差值可视为库存反馈信息环。

（2）单级库存系统反馈控制传递函数。

首先，将单级库存系统反馈控制的逻辑图简化为几个控制模块，如图 4-7 所示。

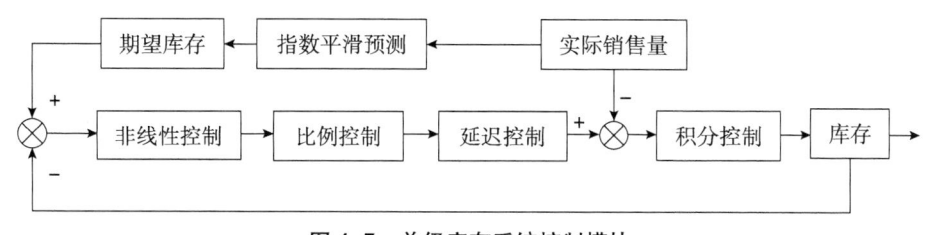

图 4-7　单级库存系统控制模块

其中，非线性控制模块表示当现有库存量大于期望库存量时，不采取订货措施，当现有库存量小于期望库存量时，向上级分销商发出订单；比例控制模块表示零售商对偏差库存量的反应程度；延迟控制模块表示供应商对订单的延迟，生产延迟，物流配送延迟等。

如上文所述，在建立系统传递函数的过程中，首要步骤是对输入输出信号做拉普拉斯变换。在数学、信号工程及电子工程等的积分变换中，广泛应用拉普拉斯变换，一个时域下的微分方程通过拉普拉斯变换能够向复平面的频域方程转换。傅里叶变换与拉普拉斯变换这二者之间有一定相关性，但区别在于，前者是以很多弦波的叠加表示一个函数，后者则以很多矩的叠加来表示一个函数。人们在求解积分和微分方程的过程中常会利用拉普拉斯变换。以下是其基本形式：

$$F(s) = \int_0^\infty e^{-st} \cdot f(t) \, dt \tag{4-44}$$

在上式中，s 是一个复数，$s = \sigma + i \cdot w$，σ 和 w 为实数。常见函数的拉普拉斯变换如表4-3所示。

表4-3 常见函数的拉普拉斯变换

函数	时域：$f(t) = L^{-1}\{f(s)\}$	拉普拉斯变换：$f(s) = L\{f(t)\}$
单位脉冲函数	$\delta(t)$	1
延迟脉冲函数	$\delta(t - \sigma)$	$e^{-\tau s}$
单位阶跃函数	$\mu(t)$	$\dfrac{1}{s}$
延迟单位阶跃函数	$\mu(t - \tau)$	$\dfrac{1}{s} \cdot e^{-\tau s}$
斜坡函数	$t \cdot \mu(t)$	$\dfrac{1}{s^2}$
n 次幂	$t^n \cdot \mu(t)$	$\dfrac{n!}{s^{n+1}}$
线性叠加	$a \cdot f(t) + b \cdot g(t)$	$a \cdot F(s) + b \cdot G(s)$
s 域一阶微分	$t \cdot f(t)$	$-F'(s)$
s 域一般微分	$t^n \cdot f(t)$	$(-1)^n F^n(s)$
时域一阶微分	$f'(t)$	$s \cdot F(s) - F(0)$
时域平移	$f(t - a) \cdot \mu(t - a)$	$e^{-as} \cdot F(s)$

根据以上拉普拉斯变换方法，我们可以将式（4-43）转换为复频域形式：

$$\dot{I}(t) = \mu \cdot [EI(t - D - L) - I(t - D - L)] - S(t) \tag{4-45}$$

根据拉普拉斯变换方法，可得

$$s \cdot I(s) = \mu \cdot e^{-(D+L)s} \cdot EI(s) - \mu \cdot e^{-(D+L)s} \cdot I(s) - S(s) \tag{4-46}$$

移项得

4 库存系统控制

$$(s + \mu \cdot e^{-(D+L)s}) \cdot I(s) = \mu \cdot e^{-(D+L)s} \cdot EI(s) - S(s) \qquad (4-47)$$

整理得

$$I(s) = \frac{\mu \cdot e^{-(D+L)s} \cdot EI(s)}{s + \mu \cdot e^{-(D+L)s}} - \frac{S(s)}{s + \mu \cdot e^{-(D+L)s}} \qquad (4-48)$$

在单级库存系统中,存在实际销售量及期望库存量两个输入,其中后者是以实际销售量为依据所做的判断。那么根据上文对传递函数的介绍可知,要得到一个系统的闭环传递函数,就必须分别求出两个输入的传递函数,再利用叠加定理推导出整个系统的传递函数。

①输出对输入的传递函数。

我们将库存量作为系统输出,期望库存量作为系统输入,忽略另一个输入,即实际销售量对系统的影响,得到输出对输入的传递函数框图,如图 4-8 所示。

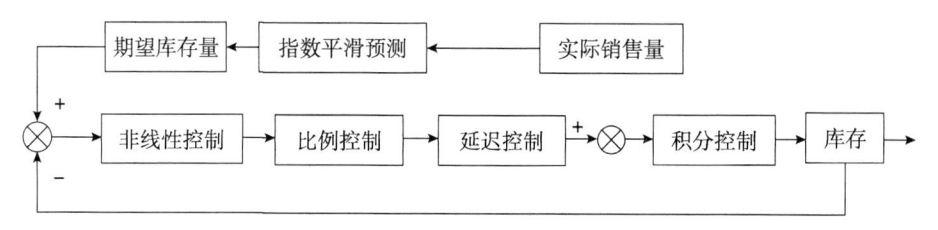

图 4-8 输出对输入的传递函数框图

由此得

$$H^{out}(s) = \frac{I(s)}{EI(s)} \bigg|_{S(s)=0} = \frac{\mu \cdot e^{-(D+L)s}}{s + \mu \cdot e^{-(D+L)s}} \qquad (4-49)$$

得

$$\frac{G^{out}(t)}{1 + G^{out}(t)} = \frac{\mu \cdot e^{-(D+L)s}}{s + \mu \cdot e^{-(D+L)s}} \qquad (4-50)$$

得

$$G^{out}(t) = \frac{\mu \cdot e^{-(D+L)s}}{s} = \mu \cdot e^{-(D+L)s} \cdot \frac{1}{s} = g_1(s) \cdot g_2(s) \cdot g_3(s) \qquad (4-51)$$

②扰动对输入的传递函数。

将库存量作为系统输出,随机需求下的实际销售量作为系统扰动,忽略另一个输入(即期望库存量)对系统的影响,得到扰动对输入的传递函数框图如图 4-9 所示,简化后如图 4-10 所示。

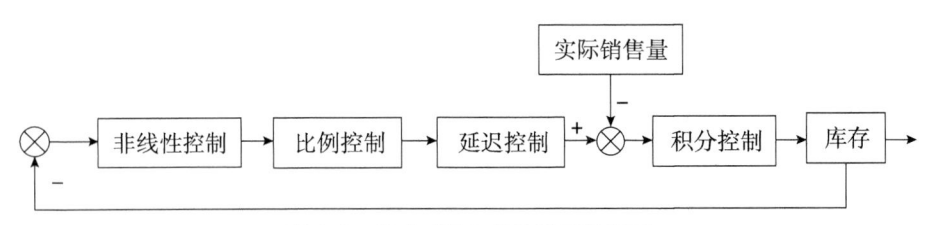

图 4-9 扰动对输入的传递函数框图

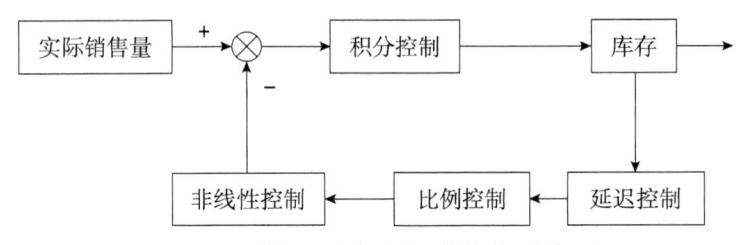

图 4-10 简化后扰动对输入的传递函数框图

在扰动对输入的条件下，忽略期望库存量对系统的影响，得

$$H^{noise}(s) = \frac{I(s)}{S(s)}\bigg|_{EI(s)=0} = \frac{1}{s + \mu \cdot e^{-(D+L)s}} \quad (4-52)$$

由此得

$$\frac{G^{noise}(s)}{1 + G^{noise}(s) \cdot g_1(s) \cdot g_2(s)} = \frac{1}{s + \mu \cdot e^{-(D+L)s}}$$

$$= \frac{\frac{1}{s}}{1 + \frac{1}{s} \cdot \mu \cdot e^{-(D+L)s}} \quad (4-53)$$

由此计算得

$$G^{noise}(s) = \frac{1}{s} \quad (4-54)$$

由以上推导，可得到以下单级库存系统中的几个关键环节：

R——非线性控制环节；

μ——比例控制环节；

$e^{-(D+L)s}$——延迟控制环节；

$\frac{1}{s}$——积分控制环节。

经过整理，可以得到一个基本的单级库存系统框图，如图 4-11 所示。

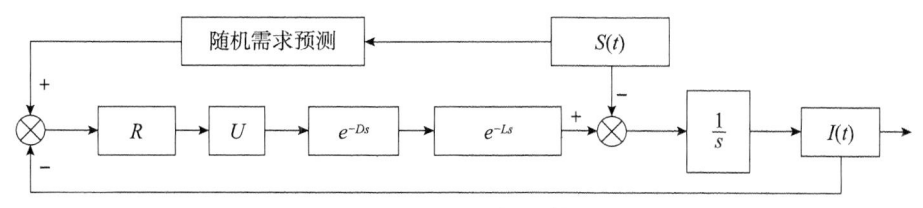

图 4-11 单级库存系统框图

根据图 4-11 和式（4-49）—式（4-54），可以最终推导出单级库存系统的开环传递函数为

$$G(s) = H^{out}(s) \cdot EI(s) + H^{noise}(s) \cdot S(s)$$
$$= \frac{\mu \cdot e^{-(D+L)s} \cdot EI(s)}{s + \mu \cdot e^{-(D+L)s}} - \frac{S(s)}{s + \mu \cdot e^{-(D+L)s}} \quad (4-55)$$

4. 单级库存系统仿真

（1）基本单级库存系统仿真。

对于零售商、分销商或原材料供应商来讲，其基本单级库存系统都是类似的，只不过根据不同企业的不同特点，个别参数的选取会有所不同。下面，以零售商的单级库存系统为例，以图 4-12 中的系统为控制逻辑，在 MATLAB 仿真平台中对模型进行仿真研究。MATLAB 作为一种交互式环境和高级技术计算语言，可用来开发算法、分析数据、计算数值、实现数据可视化等。虽然目前数值运算是 MATLAB 的主要用途，不过借助多种 Toolbox（附加工具箱）也可以在不同领域中适用，如信号通信和信号处理、图像处理、金融分析与金融建模、设计和分析控制系统等。此外，利用 Simulink 这个配套软件包，还能提供可视化的开发环境，从而用来模拟系统，开发嵌入式或动态系统等。

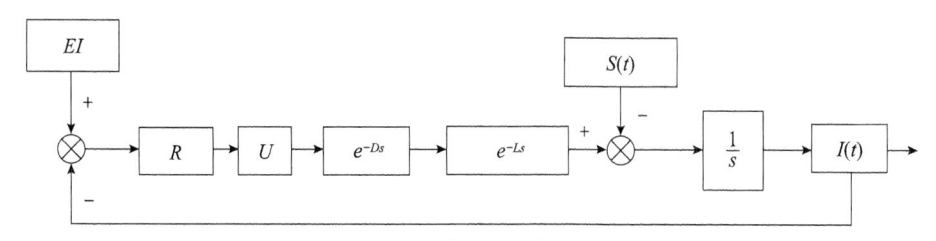

图 4-12 固定期望库存量下的单级库存系统框图

模型参数设定如下：期望库存量 EI 为定值 900，企业采用相对保守的订货比例，即 μ 取 1.5，订单延迟 D 取 0.2，物流延迟 L 取 0.5。

①首先研究该控制模型的时域特性，并证明以上所推导的单级库存系统

的逻辑正确。当需求为阶跃函数时，设阶跃函数的响应时间为 50，阶跃幅度为 800，期望库存量 EI 为定值 900，订单延迟 D 取 0，物流延迟 L 取 0，相应的，订货比例 μ 取 1。非线性控制逻辑为输入大于 0 时输出取 1，输入小于 0 时输出取 0。单级库存系统 Simulink 控制框图如图 4-13 所示，仿真结果如图 4-14 至图 4-16 所示。

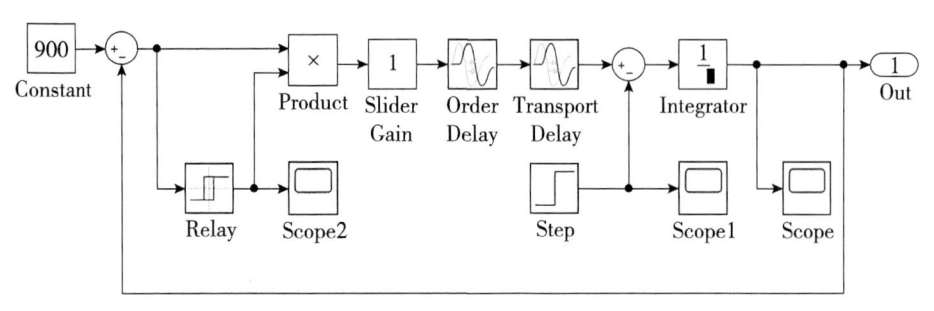

图 4-13　单级库存系统 Simulink 控制框图

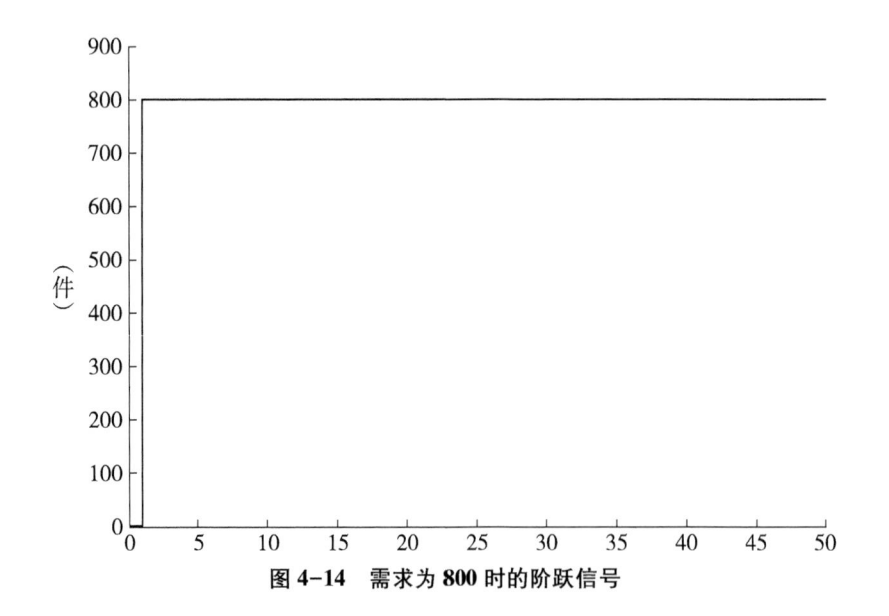

图 4-14　需求为 800 时的阶跃信号

其中，图 4-13 中，"Constant"为常数模块，"Relay"为滞环比较器，"Product"为乘积模块，"Slider Gain"为可变增益模块，"Order Delay"为订单延迟模块，"Transport Delay"为运输延迟模块，"Integrator"为积分模块，"Step"为阶跃信号模块，"Out"为输出模块，"Scope"为示波器。详细作用见 8.4 节的相关内容。

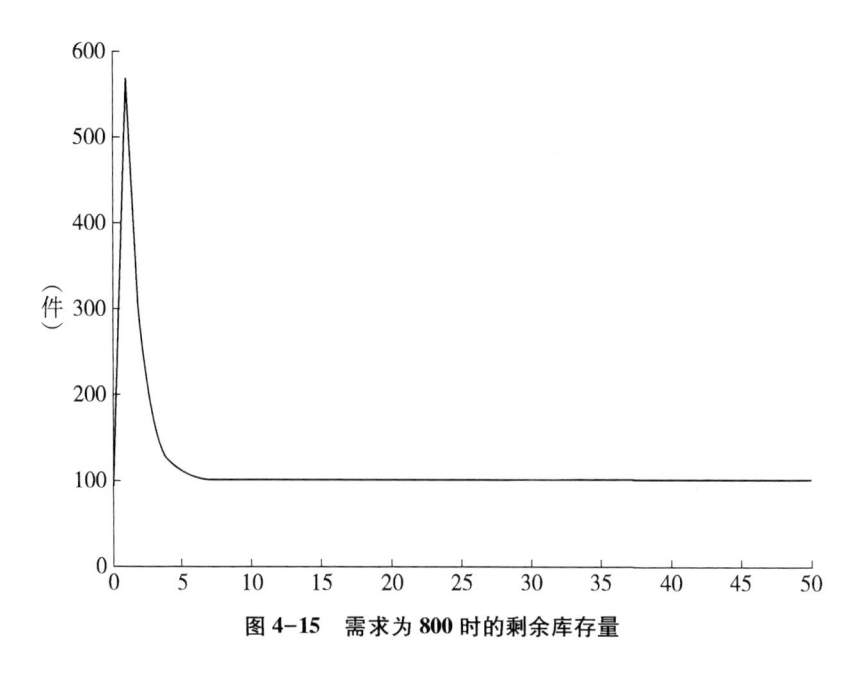

图 4-15 需求为 800 时的剩余库存量

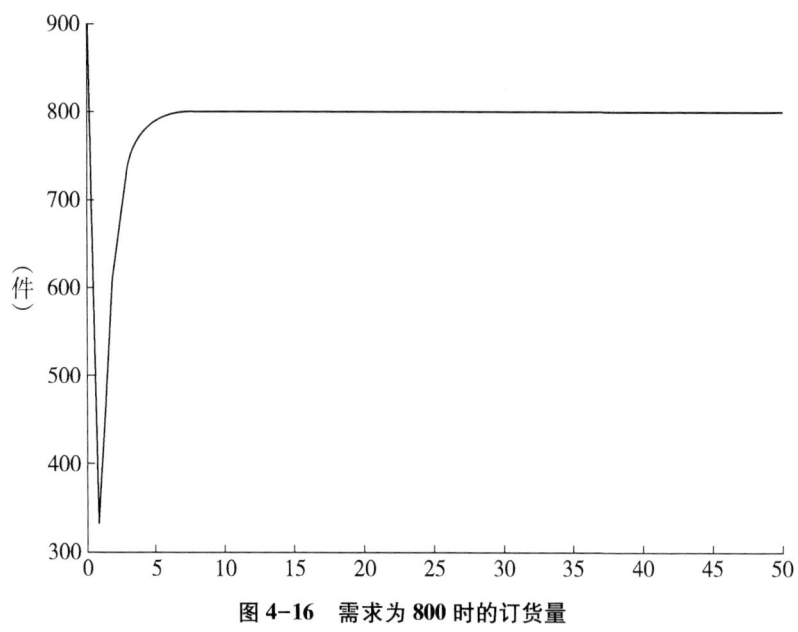

图 4-16 需求为 800 时的订货量

由以上结果可知,该系统的响应时间约为 5 个单位时间,从第 6 个单位时间开始达到稳定状态。当不存在任何延迟且企业采取缺多少补多少的策略时,需求为 800,目标库存为 900,订货量为 100,完全符合实际情况,由此可证，以上单级库存系统的逻辑正确，时间顺序无误，可以利用该模型对库存系统进一步做实验分析。

②当目标库存为定值900，需求函数为一个400~600的随机函数，订单延迟为0.2，物流延迟为0.3时，企业订货比例为1.4，单级库存系统的框图如图4-17所示，仿真结果如表4-4和图4-18至图4-20所示。

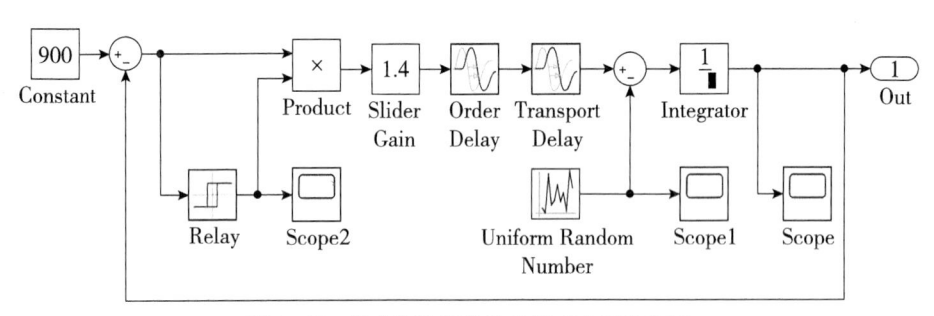

图4-17　需求为随机数的单级库存系统框图

其中，图4-17中，"Uniform Random Number"为均匀分布随机数模块。

表4-4　　　　　　　单级库存系统进销存仿真结果数据

周期	随机需求（件）	剩余库存（件）	订货量（件）	周期	随机需求（件）	剩余库存（件）	订货量（件）
5	477	612	544	18	586	1086	0
6	504	593	570	19	569	548	633
7	566	837	228	20	505	567	606
8	407	863	192	21	418	694	429
9	411	316	958	22	531	677	452
10	506	57	1320	23	483	596	565
11	534	1182	0	24	540	701	418
12	402	769	323	25	582	829	239
13	477	507	691	26	552	506	691
14	413	717	396	27	452	0	1400
15	483	621	531	28	409	718	395
16	537	273	1018	29	547	871	180
17	518	423	808	30	466	527	662

续表

周期	随机需求（件）	剩余库存（件）	订货量（件）	周期	随机需求（件）	剩余库存（件）	订货量（件）
31	527	705	412	41	526	667	467
32	551	619	534	42	577	869	183
33	598	598	563	43	455	769	324
34	473	628	520	44	487	189	1135
35	449	682	445	45	553	171	1161
36	597	707	410	46	496	1222	0
37	545	479	729	47	448	755	344
38	551	310	965	48	455	651	488
39	530	825	244	49	472	850	211
40	415	808	269	50	433	649	492

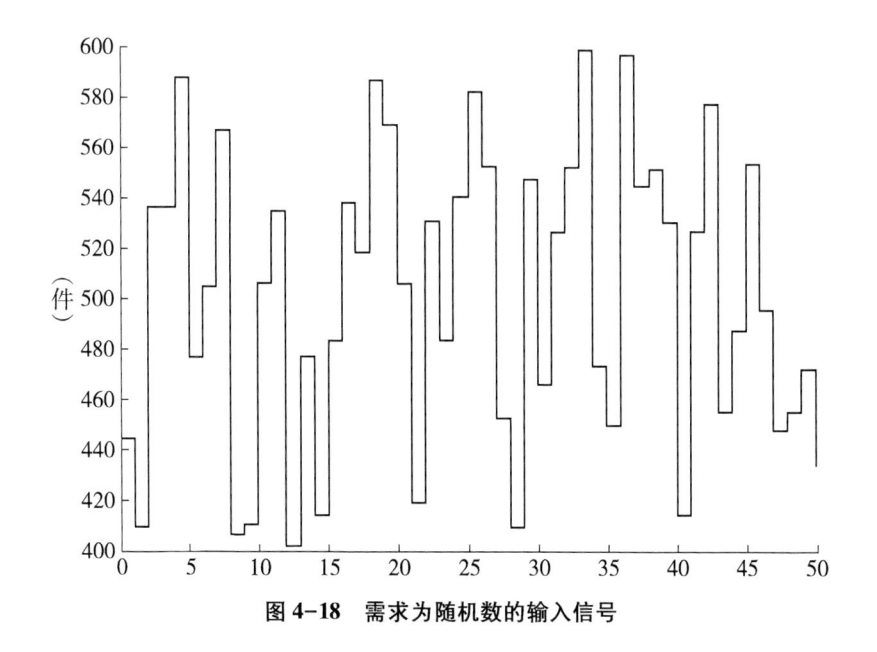

图 4-18 需求为随机数的输入信号

由以上结果可知，在这套参数下，系统达到稳态后，即从第 6 个订货周期开始计算，缺货次数为 0、平均库存为 636。下面针对订单延迟为 0.2、物流延迟为 0.3 的情况下，比较不同企业订货比例时的订货次数、平均库存和缺货次数（计算平均库存时缺货取 0），仿真结果如表 4-5 所示。

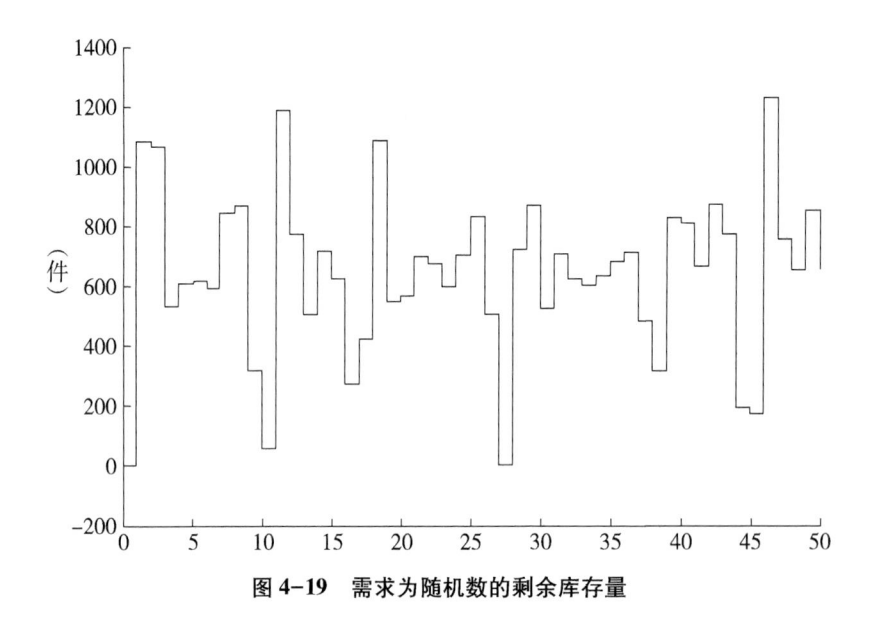

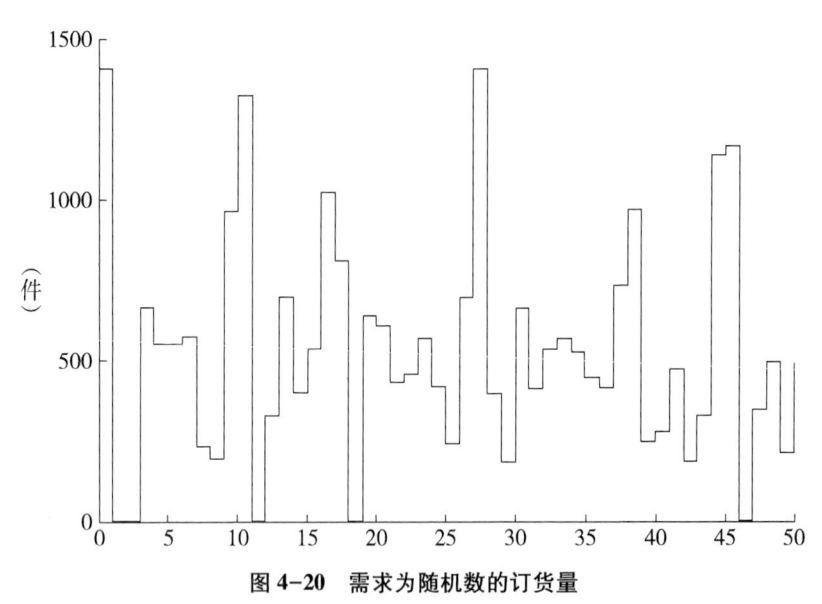

图 4-19 需求为随机数的剩余库存量

图 4-20 需求为随机数的订货量

表 4-5 订货比例对单级库存系统的影响

订货比例	$\mu = 1.1$	$\mu = 1.3$	$\mu = 1.4$	$\mu = 1.5$	$\mu = 1.7$	$\mu = 1.9$
订货次数	43	43	42	39	40	40
平均库存	556	637	636	698	732	719

续表

订货比例 缺货次数	$\mu=1.1$ 1	$\mu=1.3$ 1	$\mu=1.4$ 0	$\mu=1.5$ 2	$\mu=1.7$ 1	$\mu=1.9$ 2
5	487	545	612	1022	673	632
6	557	484	593	622	703	710
7	538	639	837	767	739	1008
8	464	488	863	628	609	531
9	677	463	316	693	1013	851
10	903	930	57	1005	768	784
11	504	726	1182	567	658	442
12	-186	548	769	686	897	885
13	426	962	507	887	941	1011
14	1052	712	717	599	213	439
15	639	671	621	629	-173	928
16	557	820	273	1040	1502	984
17	537	597	423	599	1010	590
18	522	106	1086	723	492	847
19	544	351	548	591	685	577
20	513	1083	567	423	931	599
21	479	623	694	750	606	905
22	631	686	677	726	895	183
23	713	796	596	597	551	841
24	461	524	701	826	742	680
25	138	99	829	973	844	269
26	447	513	506	534	447	1020
27	1014	989	0	703	1128	616
28	609	620	718	744	762	916
29	594	739	871	711	740	774
30	514	563	527	766	673	485
31	463	475	705	683	759	1043
32	582	870	619	416	669	621

续表

订货比例	$\mu = 1.1$	$\mu = 1.3$	$\mu = 1.4$	$\mu = 1.5$	$\mu = 1.7$	$\mu = 1.9$
33	681	772	598	473	650	837
34	401	477	628	1046	701	606
35	161	657	682	687	724	578
36	699	634	707	712	779	939
37	854	506	479	647	568	−219
38	494	647	310	605	723	−449
39	487	599	825	649	942	1403
40	522	569	808	529	581	939
41	618	870	667	580	987	694
42	590	939	869	956	613	970
43	323	112	769	935	640	663
44	354	−360	189	−53	1000	847
45	923	1183	171	−410	623	741
46	685	894	1222	1535	745	629
47	535	560	755	1084	709	862
48	615	821	651	636	637	266
49	604	883	850	306	792	959
50	464	574	649	805	594	960

分析以上结果可知，当客户服务水平要达到97%时，即在这46个订货周期内最多可以容许一次缺货发生，那么根据表4-5不难发现，选取订货比例为1.1是最优选择，平均库存仅为556件。此时，如果将订货成本也考虑进来，那么就要根据企业的库存成本、订货成本和订货次数等参数的设定权衡在何种参数设置时，企业库存成本最低。由表4-5可知，当我们用平均库存、缺货次数和订货次数权衡一个库存系统的优劣时，订货比例的大小并不与库存管理的优劣呈正比或反比关系，订货比例的选定由订单延迟时间、物流延迟时间、需求波动程度等多方面决定。

（2）单级库存系统举例。

其中，图4-21中，"Transfer Fcn"为传递函数模块。

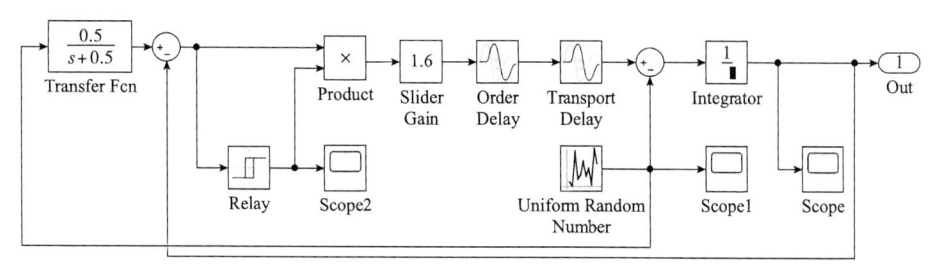

图 4-21　单级库存系统

4.5　多级库存系统控制

4.5.1　多级库存系统的作用及研究目标

库存是企业为了满足在将来一段时间内市场对商品的普通需求和突变需求而储存的闲置资源。库存对于减缓需求与供应之间的相差程度有着至关重要的作用。随着社会经济的发展，在单级库存系统理论基础上，逐渐延伸出了供应链环境下的多级库存系统这一先进概念。原材料供应商、制造商、分销商及零售商在传统供应链中是一个个单独的节点，进销存流量各自控制，目标是最低化自身企业的库存成本。但由于供应链中的不确定性，为了使供应链上下游能够进行正常的生产运营，供应链各节点企业必须保证一定的库存以维持供应水平。所以，亟待研究的问题就是，如何控制各节点上的库存量，使供应链既能正常运行，不会被缺货困扰，又可以以一个较低的库存量确保库存成本不会激增。

当库存系统的结构确定以后，接下来，我们就需要探讨多级库存系统的联合运作决策问题。考虑多级库存系联合运作决策的原因是随着全球经济一体化的发展，各企业面对全球化市场竞争环境无法做到在全部业务领域都能成为杰出者，需要与上游和下游企业相互联合，建立供应链，形成紧密的业务联系，拥有共同的经济利益，做到优势互补，使各自的竞争力水平共同提升。经济的发展、科技水平的提高，形成了日趋激烈的市场竞争环境，逐渐缩短产品周期，市场需求不断变化，不同利益主体在这种背景下需要加强合作，使整个供应链的运作效率逐步提高。一般来说，串联结构的多级库存系统的联合运作决策包括：进行需求预测、采用什么样库存检查方式、采取何种生产和供货方式、采取何种库存策略，以及选取什么样的服务水平等。

4.5.2 多级库存系统控制策略

尽管多级库存的存在对整条供应链有重大的战略意义，但许多供应链也都面临高库存储备的危害。当整条供应链中存货过多时，不仅会占用企业大量资金，造成资金周转困难，还会迫使企业缴纳巨额仓储保管费用，若企业通过贷款支付所需库存资金，那么借贷的利息支付也是一个不小的负担。供应链多级库存与单级库存不同，需求信息流向与实际货物流向相反。商品零售商对市场需求信息进行预测，合理设置库存水平，发送订单申请给分销商；依据零售商的订单，分销商确定相应的库存水平，并发送订单申请给制造商；制造商以此为依据将生产计划制订出来，对原材料需求量进行统计，进而发送订单给各原材料供应商。供应链中的节点企业一旦有库存量过少的情况出现，就会缺货，其自身的正常生产运营就会受到影响，并使供应链的整体运营受到影响，损害其他节点企业的利益。总体来讲，供应链多级库存系统控制的基本策略可以总结为以下几点。

（1）提高节点企业对市场需求的预测精度。

（2）合理降低在途库存。

（3）合理降低在制品库存。

（4）合理降低安全库存。

（5）各个节点企业更好地共享信息，减少供应链多级库存系统中的牛鞭效应。

4.5.3 多级库存系统的相关研究

供应链管理的概念出现之前，多级库存就已成为很多学者研究的方向，且在国内外都取得了一定的成就。在国外研究方面，Clark 和 Scarf 于 1960 年对多级库存进行开拓性研究，并第一次提出了"级库存"的概念：供应链的某级库存＝某一库存节点现有的库存量+转移到或正在转移到后续节点的库存量。该"级库存"的概念到现在还一直被广泛引用。自"级库存"的概念被提出之后，有大量学者在不同假设情况下对网状供应链等的多级库存及优化进行了大量研究。按输入变量的特征和研究目标的特点把供应链模型分为四类。

（1）变量确定分析模型（Deterministic Analytical Models）：变量全部已知。

(2) 随机分析模型（Stochastic Analytical Models）：所有参数中至少有一个变量未知。

(3) 经济模型（Economic Models）：适用于博弈论。

(4) 仿真模型（Simulation Models）：仿真模型的目标是确定最有效的决策方法。

Anupindi 和 Bassok 研究了一个制造商、两个零售商的二级库存模型，将零售商单独持有存货和供应链中的库存中心进行了比较，得到将多个零售商的存货集中在一个合适的库存中心，可以降低供应链的总成本，增加系统收益的结论。

纵观国内外关于供应链库存的研究，主要存在以下不足：第一，需求假设常常是泊松分布，国外的很多需求假设大多以泊松分布为主，均匀分布及正态分布的假设比较少见；第二，对有折扣的模型研究不多，国内外的研究大多假设商品的价格没有折扣，现实中，厂家为了自身的利益，大多会鼓励更多的订货量；第三，由于问题的复杂性，目前供应链库存问题以研究单一产品的库存为主，对于多产品的库存模型和算法还不多见；第四，当前主要以二级库存为研究对象，对于更复杂的网络型结构三级库存的研究还很少涉及。基于供应链库存问题的复杂性，国内外关于求解复杂问题的更优策略较少，以上方面的研究还有待深入研究。

4.5.4 多级库存系统建模

1. 模型假设与符号设计

在建立随机需求下供应链多级库存优化模型之前，我们先对模型进行一些合理的假设，将实际生产—库存过程和实际的信息传递过程简化，以便建立数学模型。做出假设如下所示。

①在订货时，货物采购成本包含了各节点企业固定的订货成本，也就是说，每次订货时对应的固定成本不再单独考虑。

②"订至点"补货策略在全部节点企业推行，也就是说，现有库存量一旦低于某个数值，就需要订货，使之继续维持期望库存量，反之，订货则需要停止。

③所有节点企业均存在一定的订单延迟时间，即当企业向上级供应商发出订单后，上级供应商通常会经过一定时间结束现有的生产任务后才会展开新订单的生产任务，在此假设各节点企业的交货延迟时间相同。

④所有节点企业均存在生产和物流延迟时间，即当上级供应商收到订单后，需要一定的生产时间和一定的运输时间；在此假设各节点企业的生产和物流延迟时间相同。

⑤所有节点企业的订货决策均发生在每个订货周期末。

⑥所有节点企业在运输和仓储过程中均不考虑货损现象。

⑦供应链多级库存系统的结构是串联的。

⑧供应链终端客户的需求是随机的。

⑨供应链最上游的原材料供应商的原材料供应是源源不断的。

⑩供应链中各个企业的信息沟通是实时的、畅通的。

符号设计如下所示。

t——订货周期；

$S_1(t)$——零售商在第t个订货周期内的销售量，即顾客需求量；

$S_2(t)$——分销商在第t个订货周期内接到的订货量；

$S_3(t)$——制造商在第t个订货周期内接到的订货量；

$S_4(t)$——原材料供应商在第t个订货周期内接到的订货量；

$O_1(t)$——零售商在第t个订货周期内向分销商发出的订货量；

$O_2(t)$——分销商在第t个订货周期内向制造商发出的订货量；

$O_3(t)$——制造商在第t个订货周期内向原材料供应商发出的订货量；

$O_4(t)$——原材料供应商在第t个订货周期内产生的订单；

$I_1(t)$——零售商在第t个订货周期内的现有库存量；

$I_2(t)$——分销商在第t个订货周期内的现有库存量；

$I_3(t)$——制造商在第t个订货周期内的现有库存量；

$I_4(t)$——原材料供应商在第t个订货周期内的现有库存量；

$EI_1(t)$——零售商在第t个订货周期内的期望库存量；

$EI_2(t)$——分销商在第t个订货周期内的期望库存量；

$EI_3(t)$——制造商在第t个订货周期内的期望库存量；

$EI_4(t)$——原材料供应商在第t个订货周期内的期望库存量；

μ_1——零售商的订货比例；

μ_2——分销商的订货比例；

μ_3——制造商的订货比例；

μ_4——原材料供应商的订货比例；

τ——各节点企业的交货延迟；

D——上级供应商对订单的延迟时间（反应时间）；
P——制造商接到订单后的生产时间；
L——物流延迟时间。

2. 数学建模

本书以供应链四级库存系统，即原材料供应商、制造商、分销商及零售商的传递函数模型为例，首先考虑四级库存系统的串联结构模型，不考虑信息的跨级传递，即不考虑信息共享机制。在一个订货周期内，零售商对产品做市场调查分析，对需求进行预测，并根据一定的客户满意度合理制定库存目标，并发送订单申请给分销商；在接到申请后，分销商先要处理一段时间，之后就会发货给零售商，分销商的库存水平下降到低于目标库存时，分销商向上级制造商发送订单，即采用"订至点"订货方法；制造商在接到订单后，经过一定处理时间，开始按分销商发来的订货量生产产品，并经过一段生产时间后送达；在生产过程中，制造商发现某种原材料库存量触及目标库存量时，会发送订单申请给原材料供应商，处理一段时间以后，原材料供应商会发货给制造商，保证其能够顺利生产。在整个供应链多级库存系统的进货—销售—储存周期内，均假设发货量与订货量相等，即假设：

$$O_1(t) = S_2(t) \tag{4-56}$$

$$O_2(t) = S_3(t) \tag{4-57}$$

$$O_3(t) = S_4(t) \tag{4-58}$$

值得一提的是，下游企业发送订货申请给上游企业后，通常会有交货延迟现象出现，因为这需要一定的处理时间，如接到申请后分销商需要一定的反应时间（要先进入订单队列排队）。

由于单个节点企业的控制模型推导与第 4.4 节类似，故在此不再重复，由前可知，对于商品零售商来讲：

$$O_1(t) = S_2(t) = \begin{cases} \mu_1 \cdot [EI_1(t-D-L) - I_1(t-D-L)], & EI_1(t) > I_1(t) \\ 0, & EI_1(t) < I_1(t) \end{cases} \tag{4-59}$$

$$I_1(s) = \frac{\mu_1 \cdot e^{-(D+L)s} \cdot EI_1(s)}{s + \mu_1 \cdot e^{-(D+L)s}} - \frac{S_1(s)}{s + \mu_1 \cdot e^{-(D+L)s}} \tag{4-60}$$

$$EI_1(s) = \hat{S}_1(s) = \frac{\alpha}{s+\alpha} \cdot S_1(s) \tag{4-61}$$

$$U_1 = \mu_1 + \omega \tag{4-62}$$

$$G_1(s) = H_1^{out}(s) \cdot EI_1(s) + H_1^{noise}(s) \cdot S_1(s)$$

$$= \frac{U_1 \cdot e^{-(D+L)s} \cdot \frac{\alpha}{s+\alpha} \cdot S_1(s)}{s + U_1 \cdot e^{-(D+L)s}} - \frac{S_1(s)}{s + U_1 \cdot e^{-(D+L)s}} \quad (4-63)$$

对于分销商来讲：

$$O_2(t) = S_3(t) = \begin{cases} \mu_2 \cdot [EI_2(t-D-L) - I_2(t-D-L)], & EI_2(t) > I_2(t) \\ 0, & EI_2(t) < I_2(t) \end{cases}$$

$$(4-64)$$

$$I_2(s) = \frac{\mu_2 \cdot e^{-(D+L)s} \cdot EI_2(s)}{s + \mu_2 \cdot e^{-(D+L)s}} - \frac{S_2(s)}{s + \mu_2 \cdot e^{-(D+L)s}} \quad (4-65)$$

$$EI_2(s) = \hat{S}_2(s) = \frac{\alpha}{s+\alpha} \cdot S_2(s) \quad (4-66)$$

$$U_2 = \mu_2 + \omega \quad (4-67)$$

$$G_2(s) = H_2^{out}(s) \cdot EI_2(s) + H_2^{noise}(s) \cdot S_2(s)$$

$$= \frac{U_2 \cdot e^{-(D+L)s} \cdot \frac{\alpha}{s+\alpha} \cdot S_2(s)}{s + U_2 \cdot e^{-(D+L)s}} - \frac{S_2(s)}{s + U_2 \cdot e^{-(D+L)s}} \quad (4-68)$$

对于产品制造商来讲：$\rho = \min\{\gamma_a, \gamma_b, \cdots, \gamma_n\}$

$$O_3(t) = S_4(t)$$
$$= \begin{cases} \rho \cdot \mu_3 \cdot [EI_3(t-D-L-P) - I_3(t-D-L-P)], & EI_3(t) > I_3(t) \\ 0, & EI_3(t) < I_3(t) \end{cases}$$

$$(4-69)$$

$$I_3(s) = \frac{\rho \cdot \mu_3 \cdot e^{-(D+L)s} \cdot EI_3(s)}{s + \rho \cdot \mu_3 \cdot e^{-(D+L)s}} - \frac{S_3(s)}{s + \rho \cdot \mu_3 \cdot e^{-(D+L)s}} \quad (4-70)$$

$$EI_3(s) = \hat{S}_3(s) = \frac{\alpha}{s+\alpha} \cdot S_3(s) \quad (4-71)$$

$$U_3 = \rho \cdot \mu_3 + \omega \quad (4-72)$$

$$G_3(s) = H_3^{out}(s) \cdot EI_3(s) + H_3^{noise}(s) \cdot S_3(s)$$

$$= \frac{U_3 \cdot e^{-(D+L)s} \cdot \frac{\alpha}{s+\alpha} \cdot S_3(s)}{s + U_3 \cdot e^{-(D+L)s}} - \frac{S_3(s)}{s + U_3 \cdot e^{-(D+L)s}} \quad (4-73)$$

对于原材料供应商来讲：

$$O_4(t) = \begin{cases} \mu_4 \cdot [EI_4(t-D-L) - I_4(t-D-L)], & EI_4(t) > I_4(t) \\ 0, & EI_4(t) < I_4(t) \end{cases}$$

(4-74)

$$I_4(s) = \frac{\mu_4 \cdot e^{-(D+L)s} \cdot EI_4(s)}{s + \mu_4 \cdot e^{-(D+L)s}} - \frac{S_4(s)}{s + \mu_4 \cdot e^{-(D+L)s}} \quad (4\text{-}75)$$

$$EI_4(s) = \hat{S}_4(s) = \frac{\alpha}{s+\alpha} \cdot S_4(s) \quad (4\text{-}76)$$

$$U_4 = \mu_4 + \omega \quad (4\text{-}77)$$

$$G_4(s) = H_4^{\text{out}}(s) \cdot EI_4(s) + H_4^{\text{noise}}(s) \cdot S_4(s)$$

$$= \frac{U_4 \cdot e^{-(D+L)s} \cdot \dfrac{\alpha}{s+\alpha} \cdot S_4(s)}{s + U_4 \cdot e^{-(D+L)s}} - \frac{S_4(s)}{s + U_4 \cdot e^{-(D+L)s}} \quad (4\text{-}78)$$

对于整条供应链来讲，当信息没有共享时，只有下游零售商能够得到第一手的市场信息，后面的分销商、制造商和供应商的需求信息都是一级一级传递而来的，所以控制系统的信息传递呈串联方式，即

$$G(s) = G_1(s) \cdot G_2(s) \cdot G_3(s) \cdot G_4(s) \quad (4\text{-}79)$$

供应链多级库存系统逻辑框图如图 4-22 所示，Simulink 控制系统仿真框图如图 4-23 所示。

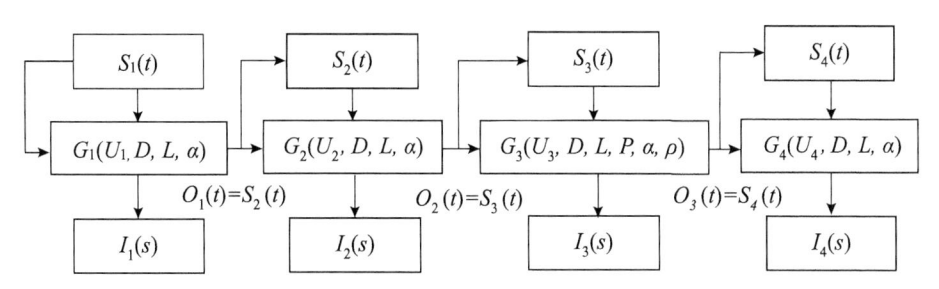

图 4-22　供应链多级库存系统逻辑框图

其中，图 4-23 中，"Zero-Order Hold"为零阶保持器模块。

3. 多级库存系统仿真

在随机需求背景下对该系统进行基本仿真，首先需要简化模型，从而将其中存在的问题找出来。假设随机需求下，当目标库存为随机需求指数平滑预测值时，需求函数为一个 400~600 的随机函数。供应链上所有企业均采用

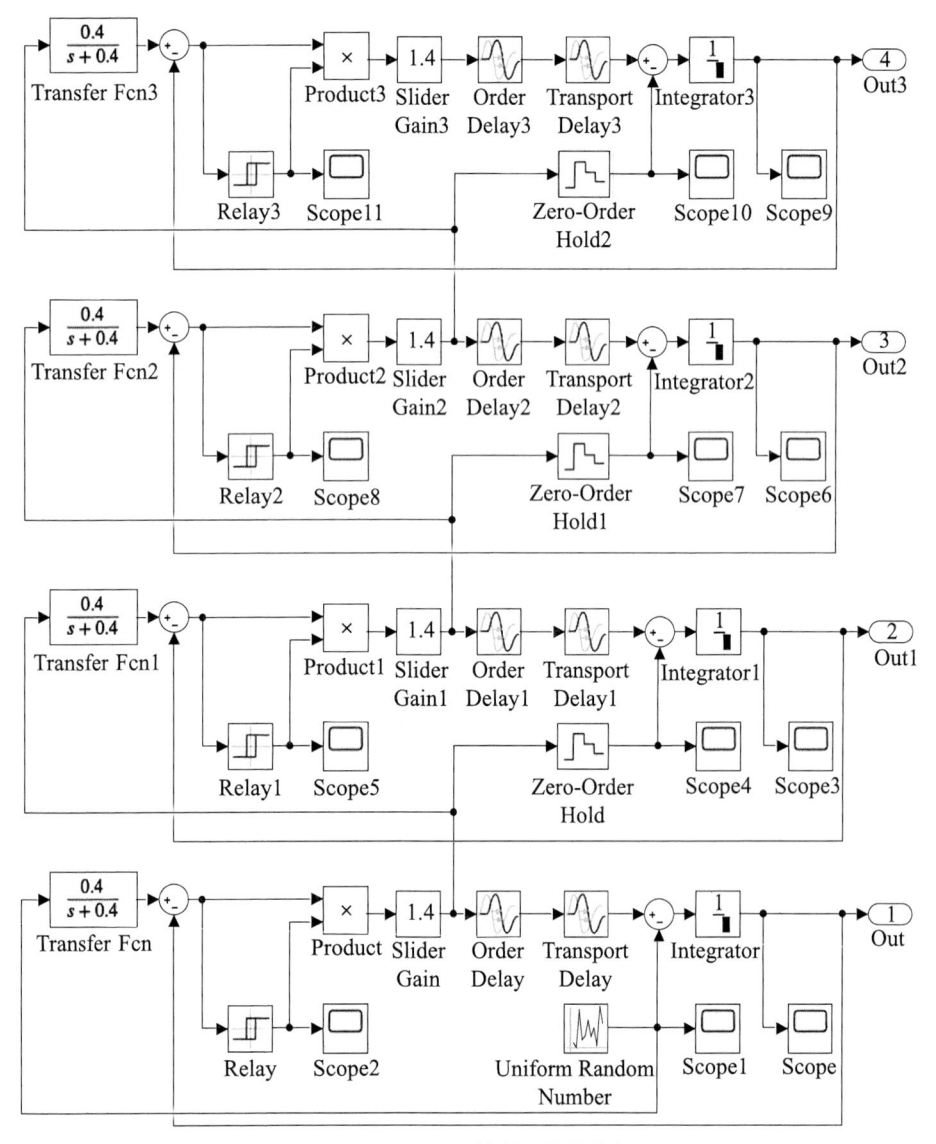

图 4-23 Simulink 控制系统仿真框图

同一套参数时,即订单延迟为 0.2、物流延迟为 0.3 时,为方便计算及仿真,取订货比例为 1.4、平滑系数为 0.4,对供应链多级库存系统进行仿真。仿真结果如图 4-24 和图 4-25 所示。

由图 4-24 可以看出,当供应链各级节点企业没有信息共享时,需求信息会经过每级节点的进货—销售—储存系统转化为订货量,而订货量又是每级

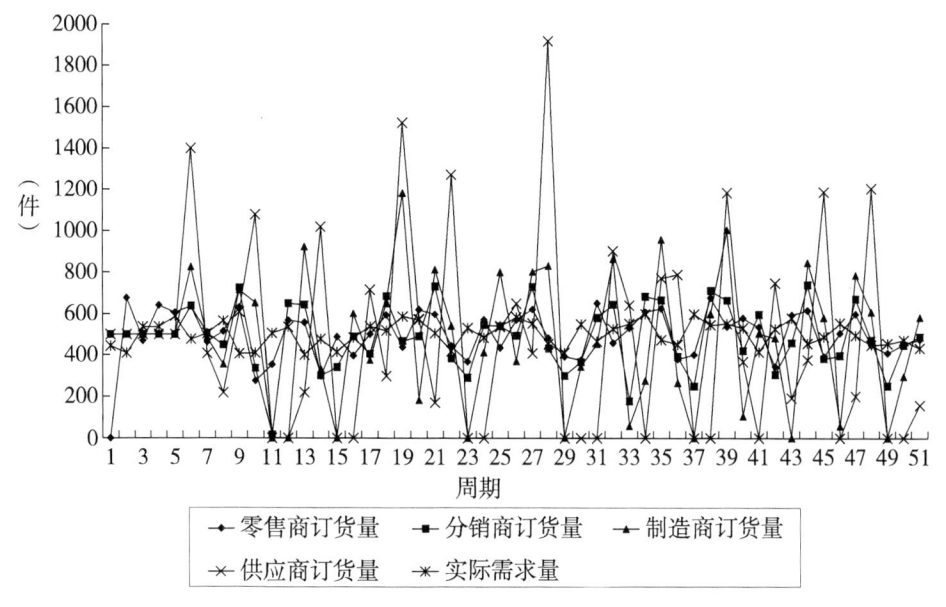

图 4-24 供应链各级节点企业订货量对比

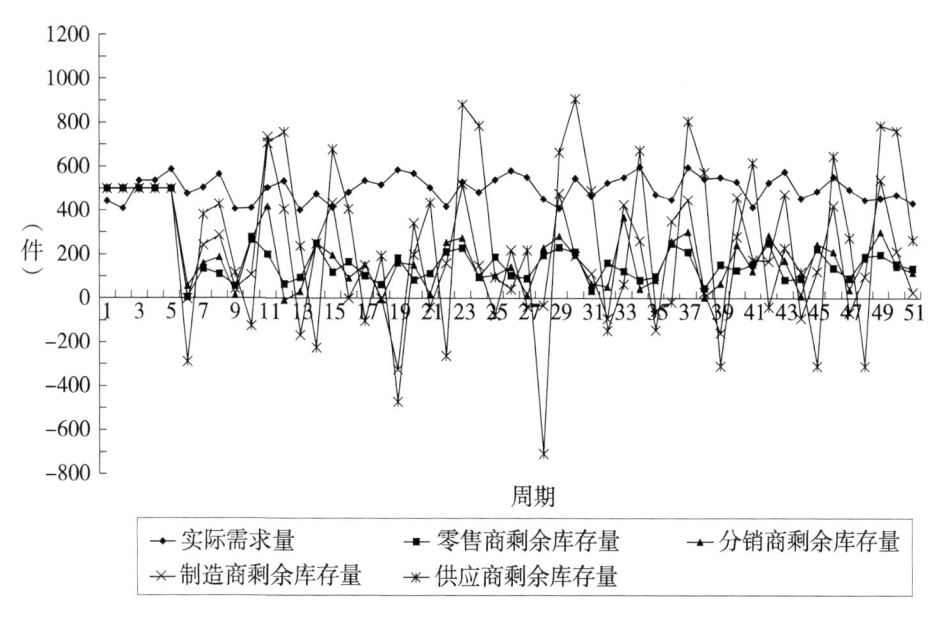

图 4-25 供应链各级节点企业剩余库存量（实际库存量）对比

节点的需求量。所以需求信息的波动程度会逐渐增加，这就相当于，对于零售商来讲，需求信息可能是一个以 500 为均值，50 为方差的随机波动信号；

对于分销商来讲，这个随机波动信号的方差可能增加到 70；对于制造商来讲，这个波动信号的方差可能增加到 90；而最终对于供应商来讲，这个波动信号的方差可能会增加到 100。当需求信息逐级串联传递时，若采用指数平滑法和同样的比例控制时，每一级节点企业的库存量的波动都会增加，这就导致供应链上游企业的实际库存量经常会有很大幅度的波动，致使有时会缺货，有时又会有大量库存堆积。当缺货次数达到一定程度后，会使整条供应链的货物流动中断，生产搁置，严重的还可能致使资金链断裂，一些供应链中的小企业可能因此倒闭，整条供应链也可能因此失去市场竞争力。

5 多级库存系统的牛鞭效应

5.1 牛鞭效应

"牛鞭效应"是经济学上的一个术语,是指供应链上的一种需求变异放大现象,当终端客户与原始供应商之间的信息无法有效共享时,信息被扭曲而逐级放大,导致了需求信息出现越来越大的波动,此信息扭曲的放大作用在图形上很像一个甩起的牛鞭,因此被形象地称为牛鞭效应。

所谓牛鞭效应,即原材料供应商、制造商、分销商及零售商这些供应链中的各节点企业,在制定生产供应决策时,仅以其下游企业发送的订单申请中所包含的需求信息为依据,各节点企业无法接收到供应链端口真实的需求信息,从而逐级放大了需求信息,各节点企业会因为需求信息的不真实而不得不付出巨大的库存成本,波动过大、产能过剩的问题频频出现。牛鞭效应是营销活动中普遍存在的现象,因为当供应链上的各级供应商只根据来自其相邻的下级销售商的需求信息进行供应决策时,需求信息的不真实性会沿着供应链逆流而上,产生逐级放大的现象,到达最源头的供应商(如总销售商,或者该产品的制造商)时,其获得的需求信息和实际消费市场中的顾客需求信息发生了很大的偏差。由于这种需求放大变异效应的影响,上游供应商往往维持比其下游需求更高的库存水平,以应付销售商订货的不确定性,从而人为地增大了供应链中上游供应商的生产、供应、库存管理和市场营销风险,甚至导致生产、供应、营销的混乱。解决牛鞭效应难题是企业正常的营销管理和良好的顾客服务的必要前提。生产库存优化策略是解决库存与生产运营如何更好匹配的问题,所以在设计生产库存优化策略时需要考虑牛鞭效应的存在。

如图 5-1 所示,这种扭曲现象以放大的形式向供应链上游扩散,从而对上游供应链人员的生产和库存决策产生了误导性的影响。由于订货量牛鞭效应会导致供应链上游企业库存积压。

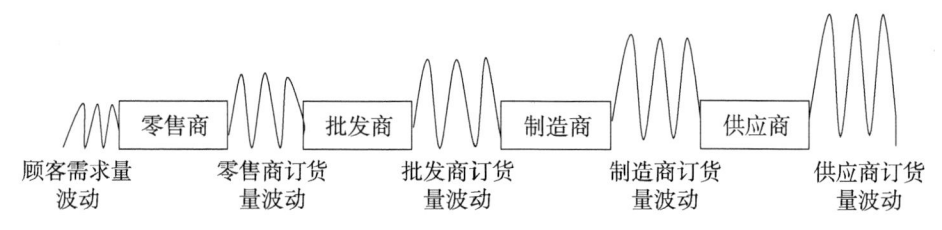

图 5-1 供应链系统中的牛鞭效应

5.2 牛鞭效应的形成原因

随着供应链管理模式在国内外被广泛应用,供应链多级库存系统中的牛鞭效应问题也越发突出,亟待解决。牛鞭效应的研究是供应链多级库存管理中非常重要的一环,"牛鞭效应"是工业动态学之父 Forrester 在 1961 年提出的,当时由他主笔的《工业动力学》一书通过列举一系列的例子证实了牛鞭效应是由于链条上不同节点企业的组织行为的变化造成的。随后,Sterman 通过"啤酒游戏"实验对牛鞭效应进行了初步分析,为后续研究打牢基础。

关于牛鞭效应的成因,以 Forrester 为代表的学者从系统动力学角度对组织行为进行研究,认为组织的行为方式是牛鞭效应产生的原因。而 Sterman 则将牛鞭效应归因于决策者对于反馈信息的误解及供应链成员个人的非理性行为。Lee 和 Chen 等学者则认为牛鞭效应的产生有需求预测、批量订货、交货时间、价格波动及配给短期博弈等主要原因。达庆利等从经济学和运营管理角度对牛鞭效应成因进行总结后,得出牛鞭效应是供应链成员在自身利益的驱动下所做的理性决策结果。从管理层面上讲,牛鞭效应是供应契约结构不合理、需求信息不确定和需求信息个别占有等因素造成的。李翀从供应链业务运营和供应链参与者行为及相互之间的协调等方面阐述了牛鞭效应的成因。

鉴于牛鞭效应的重大影响,多年来学术界和工业界都在积极研究。根据斯坦福大学李效良教授及其同事的研究,牛鞭效应有以下四大成因。

一是多重需求预测。当处于不同供应链位置的企业预测需求时,都会保证一定的安全库存,以应对变幻莫测的市场需求和供应商可能的供货中断。当供货周期长时,这种安全库存的作用将会非常显著。供应链节点企业会采用各自不同的预测方法预测自身需求,依此向上游企业订货。当供应链的成员企业直接采用下游订货数据作为需求信息时,就会产生需求放大。零售商通常采用指数平滑法来预测平均需求及其方差,按顾客需求预测订货,确定订货点和安全库存，观察的数据越多，其对预测值的修正也就越多，增大了需求的变动性。同样，批发商按零售商的订货数量来预测需求。这样，连续对未来需求进行修正，最后到达上游供应商手中的订货量已经是经过多次修正的库存补给量，变动更大了，产生了需求的虚增。需求预测修正是引发"牛鞭效应"的直接原因。例如，美国一计算机制造商预测到某型计算机的市场需求是10万台，但可能向中国的计算机零部件供应商下11万台的零部件订单；同理，中国的计算机零部件供应商可能向其供应商定购12万台的原材料。依此类推，供应链各节点库存将逐级放大。

此外，有些预测方法也会系统性地扭曲需求。以移动平均法为例，前三个月的趋势是每月递增10%，那第四个月的预测也将在前三月的平均值上递增10%。但市场增长不是无限的，总有一天实际需求会降低，其间的差额就成了多余库存。如果供应链上各个企业采用同样的预测方法，并且根据上级客户的预测需求来更新预测，这种系统性放大将会非常明显。

二是批量生产/订购。为了达到生产、运输上的规模效应，厂家往往批量生产或购货，以积压一定库存的代价换取较高的生产效率和较低成本。在市场需求减缓或产品升级换代时，代价往往巨大，导致库存积压，库存品过期，或二者兼具。

在供应链中，每个零售商都会向上游企业订货，并且会对库存进行一定程度的监控。由于从订货到收货有一定的时间间隔，入库的物料在耗尽以后，零售商不能马上从供应商处获得及时补给，因此，会采用批量订购方式保持一定的安全库存。供应商也通常采用数量折扣的方法鼓励零售商批量订货。同时，零售商向供应商订货时，也会倾向于大批量订货，以降低单位运输成本。

如果所有客户的订购时间均匀分布，那么牛鞭效应的影响就会最小。然而不幸的是，这种理想状态极少存在。订单通常都是随机分布的，甚至是相互重叠的，当顾客的订货时间重叠时，需求高度集中，从而导致牛鞭效应高峰的出现。

三是价格浮动和促销。厂家为促销往往会推出各种措施，其结果是买方大批量买进从而导致部分积压。这在零售业尤为显著，企业经常会采取价格折扣、数量折扣等方式来增加销量。折扣往往会刺激购买者以低价大量购入产品，而这个购入量大于实际的需求量，使市场需求更加不规则、人为加剧需求变化幅度，因此引发了需求的不确定性，严重影响整个供应链的正常运作。当这个不能真实反映顾客需求的信息沿供应链向上游传递时，就会对整个供应链的需求产生影响。除此之外，价格波动还可能是由恶性竞争、供不应求、通货膨胀、自然灾害和社会动荡等经济环境突变引起，这类因素使许多零售商预先采购的订货量大于实际的需求量，因为如果库存成本小于由价格折扣所获得的利益，零售商当然愿意预先多买，这样订货并不反映真实的需求变化，从而产生牛鞭效应。研究表明，价格浮动和促销只能把未来的需求提前实现，到头来整个供应链中谁也无法从中获利。

四是非理性预期。零售商为了保证在补货期间不发生缺货现象，通常采取按需订货的方式，但是偶尔会出现在途时间延长的情况，难免会造成供不应求的状况。因此，零售商的一个理性反应就是订购足量的货物，以应对供不应求的状况。如果供应商的生产能力不能满足潜在的需求时，会根据买方的订货量限额配给；卖方为了得到更多的配额，会传递虚假需求信息，导致供应商错误地解读市场需求，造成过量生产。随着市场供需渐趋平衡，有些订单会消失或被取消，导致供应商库存过多，也使供应商更难判断需求趋势。比如，当供应商的配额为订货量的 30% 时，零售商为了更大份额的配给量，故意夸大其订货需求是在所难免的，当需求降温时，订货量也随之下降，这种由于短缺博弈导致的需求信息的扭曲最终会导致牛鞭效应。

关于牛鞭效应的成因，不同学者有不同见解，本书将其总结如下。

① 有学者认为，牛鞭效应的产生是因为供应链中的企业具有一些特殊的行为准则，这种行为准则恰恰是以各自企业利益为中心导致的。

② 有学者认为，需求波动的存在是导致牛鞭效应的罪魁祸首，市场需求越强烈，牛鞭效应越明显。

③ 有学者认为，订货提前期的存在导致企业订购比自己实际需求多的货物，使需求信息逐级放大。

④ 有学者认为，需求预测不准确是产生牛鞭效应的原因。

基于上述种种成因，除了批量生产与生产模式有关外，别的都可以通过整个供应链范围内的信息共享和组织协调来解决。例如，企业之间共享市场需求信息，避免多重预测，减少信息的人为扭曲。在价格政策上，制造商应该固定产品价格，放弃价格促销，并与零售商共同实行"天天低价"；在理性预期上，供应商在产品短缺时应以历史需求为基础分配产品，从而避免虚报需求；在生产方式上，供应商应采用精益生产，从而减少供应链库存，提高对市场需求变化的响应速度。在库存管理策略上，可以通过实施 VMI、JMI、多级库存管理等策略来弱化牛鞭效应。

5.3 牛鞭效应的抑制方法

关于牛鞭效应的弱化和抑制措施方面的研究如下。尤建新等从控制理论角度对闭环供应链的牛鞭效应进行研究，得出可通过制定合适的回收策略、生产提前期及控制回收延迟时间等方式抑制牛鞭效应。唐亮、靖可从鲁棒控制角度分析了动态供应链系统的牛鞭效应并提出优化方案，主要解决了网络化制造模式下的由于不确定性扰动导致的牛鞭效应问题。张鹤冰则在 PID 控制理论的基础上研究了单条供应链的牛鞭效应，并通过仿真实验得出在同时考虑信息共享机制下，PID 控制能够大幅度弱化牛鞭效应的影响。李文立等提出结合历史同期的需求信息对预测需求进行调整，最大限度地减弱牛鞭效应的形成和放大。李晔、隋鹏等基于控制理论的牛鞭效应量化做了很多研究，他们研究了需求信息预测对供应链牛鞭效应的影响，讨论了改善预测的方式以减弱供应链牛鞭效应。唐亮、黄小原等从控制理论角度出发，利用 H∞ 控制策略来减缓牛鞭效应，在量化供应链牛鞭效应的同时提出了一些控制牛鞭效应的方法。

5.4 库存系统中的牛鞭效应

在对供应链多级库存优化问题的研究中，很重要的一点就是解决牛鞭效应。客户的需求在一般的商业活动中并不稳定，企业在进行资源配置和库存优化的过程中，需要对客户需求做出预测和判断。

1. 多级订货对牛鞭效应的影响

多级供应链运行中存在大量商品、资金和信息的流转，而信息流通的核心内容就是订货订单，供应链上的企业预测其下级企业的产品需求，并向上一级企业发出订单，这就是订货的过程。传统的订货方式是由供应链下游企业预测市场并决定订货量，向上一级企业传递订单，订单被逐级传递直到供应链的上游企业；这种订货模式包括：单个企业向单个上级企业订货，多个企业向单个上级企业订货，单个企业向多个上级企业订货，多个企业向多个上级企业订货，有时会出现越级订货供货现象。多级订货引发了供应链上企业订货的不确定性，造成短缺博弈等竞争模式，最终导致牛鞭效应的产生和波动。

2. 多级库存对牛鞭效应的影响

由于需要保证供应链运行的连续性，供应链各节点企业都会持有一部分安全库存，这些独立的库存被供应链各节点企业贸易关系联系在一起就形成了多级库存。传统库存管理是企业独立管理模式，但由于供应链企业层数的增加，各节点企业相互博弈关系就越加混乱，博弈次数随之增加，需求信息被修改的次数增加，这无疑导致牛鞭效应的波动程度加大，供应链上各节点企业的库存量之和远远大于实际需求。

5.5 牛鞭效应的自补偿

本书在总结前人研究的基础上，采用一种最简单也是最直接的办法表示供应链多级库存系统的牛鞭效应，即设计一个牛鞭效应指数，使其等于本级节点企业的订货量或库存量的标准差与上一级节点企业的订货量或库存量的标准差之比。

5.5.1 信息共享对牛鞭效应的作用探析

1. 信息共享下多级库存系统的连接

通过以往文献和众多研究可知，要解决供应链多级库存系统的牛鞭效应，一个行之有效的办法就是信息共享，目的是向原材料供应商、制造商及分销商准确地传递零售商获得的客户需求信息。根据这些研究，本章在多级库存系统中设计了信息共享模块，即每一级的节点企业均能观察到同样的实际需求信息，且每一级节点企业的期望库存量也是根据这一实际需求信息制定的。信息共享下的多级库存系统逻辑框图如图5-2所示，信息共享下的多级库存系统Simulink仿真框图如图5-3所示。仿真结果如图5-4和图5-5所示。

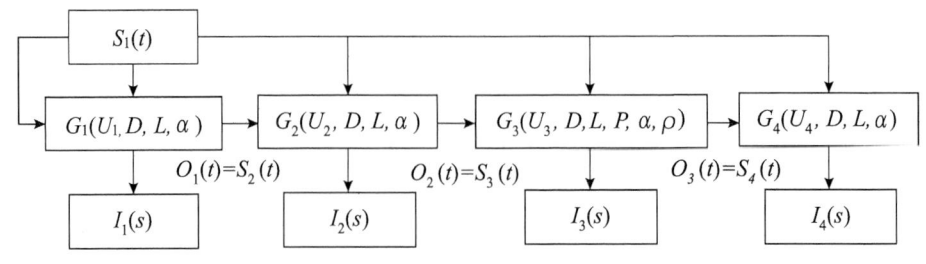

图5-2 信息共享下的多级库存系统逻辑框图

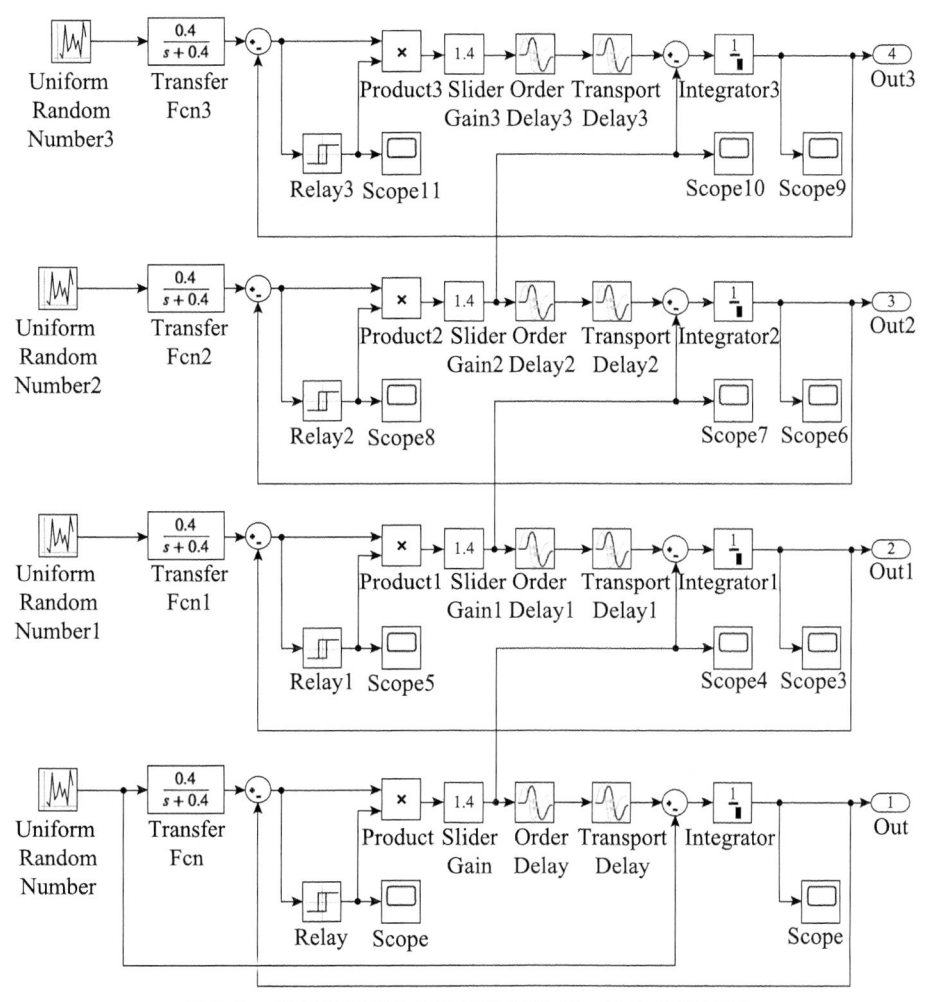

图 5-3　信息共享下的多级库存系统 Simulink 仿真框图

2. 信息扭曲补偿器的设计

关于牛鞭效应的研究会集中在对各级节点企业的订货量差异上，这个差异可以通过对牛鞭效应的测量方法体现，即下一级节点企业的订货量的标准差与当前节点企业订货量的标准差之比。在这种情况下，我们关注的只是订货量牛鞭效应，而库存牛鞭效应不在考虑范围内，可设计如下机制共享信息。

（1）每一级节点企业都可以直接获得供应链终端的实际需求信息，且所有节点企业获得的实际需求信息均一致。

（2）每一级节点企业都可以根据需求与订单的历史数据测量出该商品的

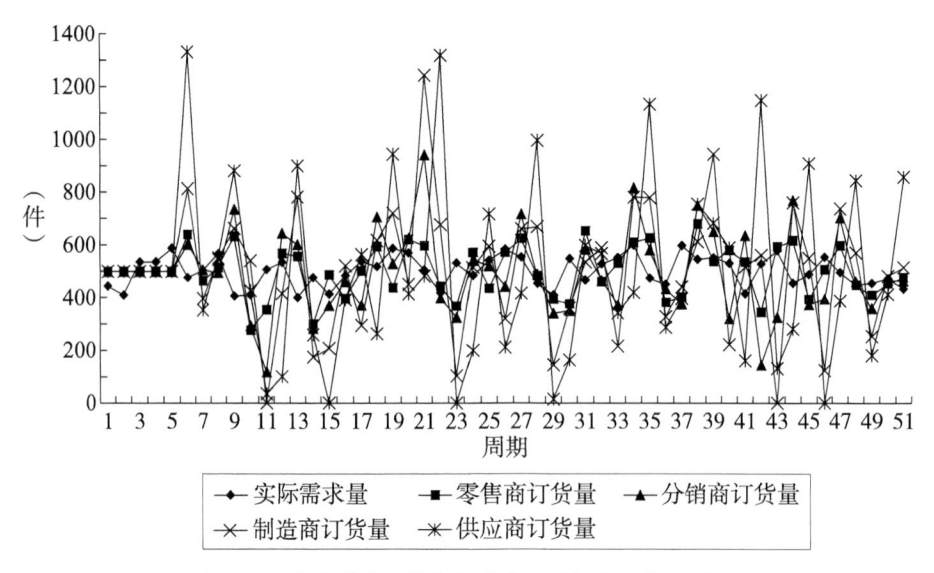

图 5-4 信息共享下的多级库存系统订货量仿真结果

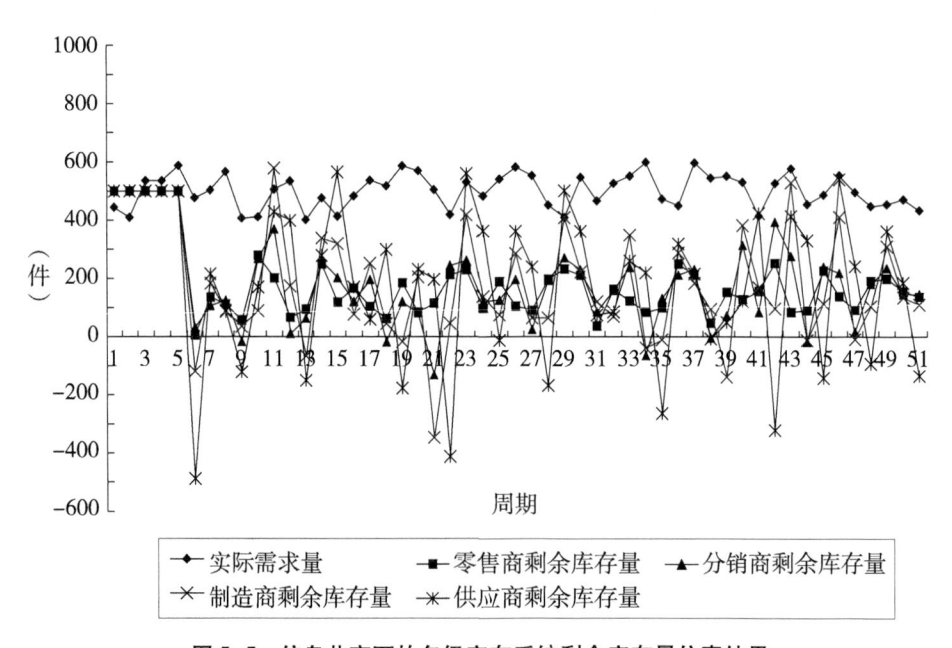

图 5-5 信息共享下的多级库存系统剩余库存量仿真结果

平均订货量牛鞭效应,即每一级节点企业都可以计算出自身的订货量牛鞭效应。

(3)每一级节点企业在订货时都会将订货量在原有基础上做相应调整,

用来补偿牛鞭效应，订货量信息扭曲补偿器设计如下：

$$O_{补偿}(t) = O(t)\frac{STD_{n-1}}{STD_n} + AVE\left(1 - \frac{STD_{n-1}}{STD_n}\right) \quad (5-1)$$

式中，$O_{补偿}(t)$ 表示通过补偿手段后的订货量，$\frac{STD_{n-1}}{STD_n}$ 为牛鞭效应的倒数，AVE 为未经补偿的订货量均值。通过如此设计，我们可以利用标准差的基本性质，即样本乘以或除以一数值后，该样本的标准差也会放大或缩小相应倍数，样本中所有观测值加上或减去同一数值后样本的标准差不变，在降低每一级节点企业在信息传递过程中的信息放大效应的同时，不改变信息的平均值。这样一来，就可以达到降低整条供应链上的牛鞭效应而不改变需求信息均值的目的了。

3. 信息扭曲补偿器下的多级库存系统仿真

信息扭曲补偿器下的多级库存系统逻辑框图如图 5-6 所示，信息扭曲补偿器下的多级库存系统 Simulink 仿真如图 5-7 所示。仿真结果如图 5-8 和图 5-9 所示。

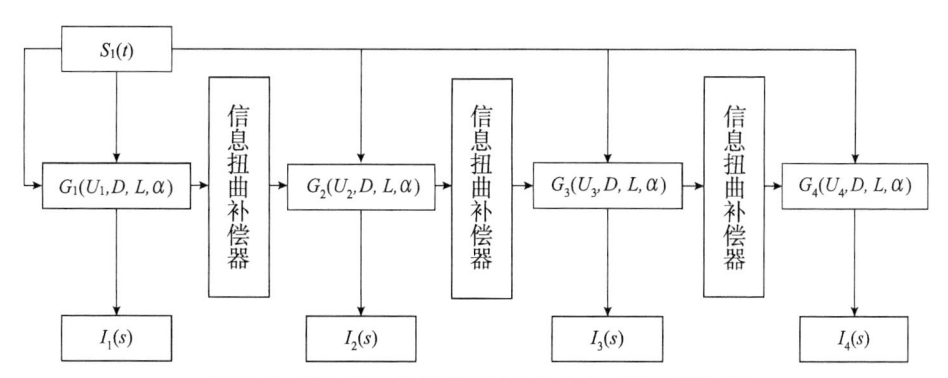

图 5-6　信息扭曲补偿器下的多级库存系统逻辑框图

4. 关于信息扭曲补偿器的对比研究

当考虑信息共享后，供应链上每一级节点企业的期望库存量都能根据实际需求信息制定，在向上一级节点企业发出订单前，先经过一个信息扭曲补偿器，将原有订货量在保持均值不变的基础上，降低其波动程度，使得订货信息在向上一级节点企业传递时，保持与需求一样的波动程度。在图 5-8 的结果中可以看出，经过信息共享下的信息扭曲补偿器的作用，各级节点企业的订货量波动明显减小，根据图 5-9 的结果可以看出，各级节点企业的剩余

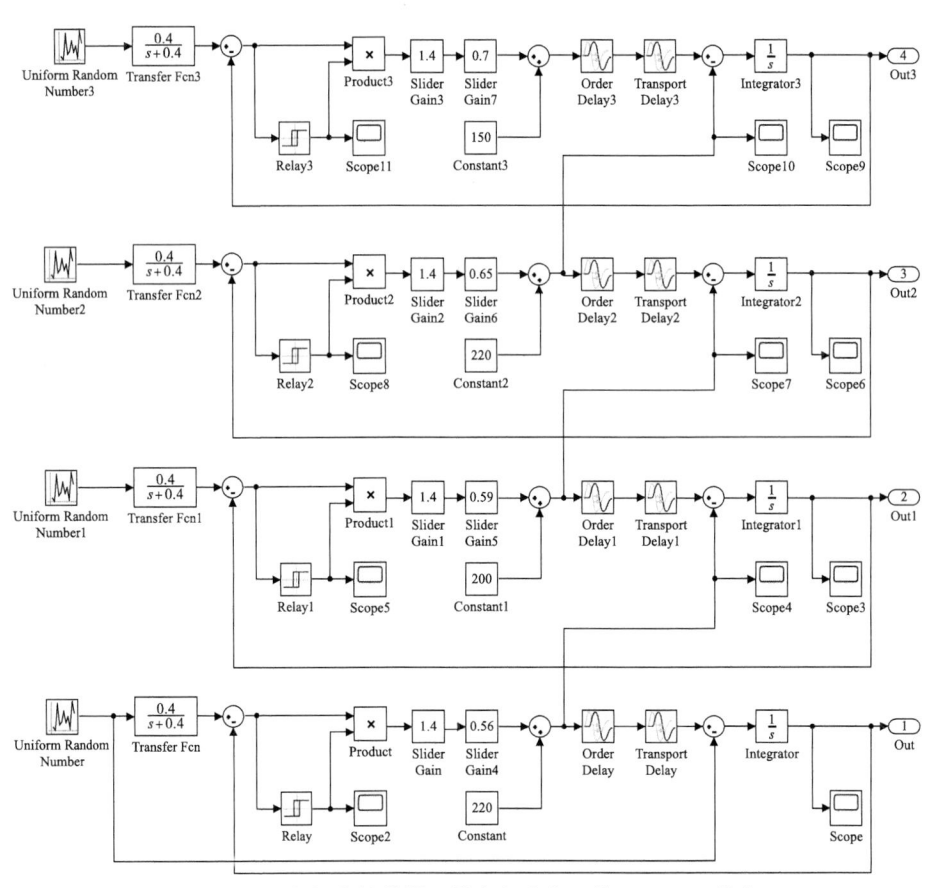

图 5-7　信息扭曲补偿器下的多级库存系统 Simulink 仿真

库存量的波动也相对缩小，缺货次数有所减小，客户满意率提高。三种情况下各节点企业订货量波动情况对比如表 5-1 所示，三种情况下各节点企业订货量牛鞭效应对比如图 5-10 所示，三种情况下各节点企业剩余库存量波动情况对比如表 5-2 所示。

表 5-1　三种情况下各节点企业订货量波动情况对比

	实际需求	零售商	分销商	制造商	供应商
无信息共享时标准差	56.7	102.2	166.7	327.7	502.3
信息共享后标准差	56.7	102.2	172.5	251.4	356.1
扭曲补偿后标准差	56.7	75.1	91.8	103.3	152.9

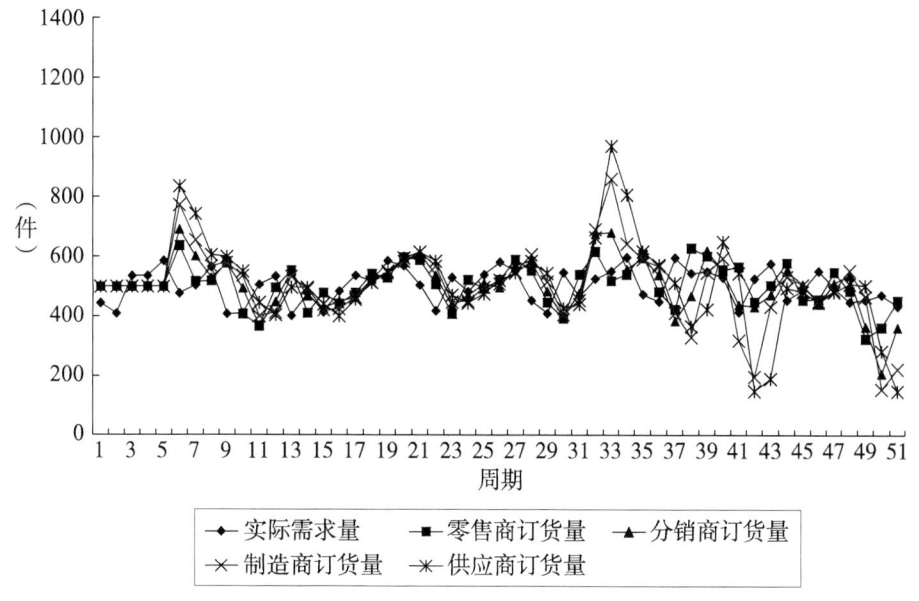

图 5-8 信息扭曲补偿器下的多级库存系统订货量仿真结果

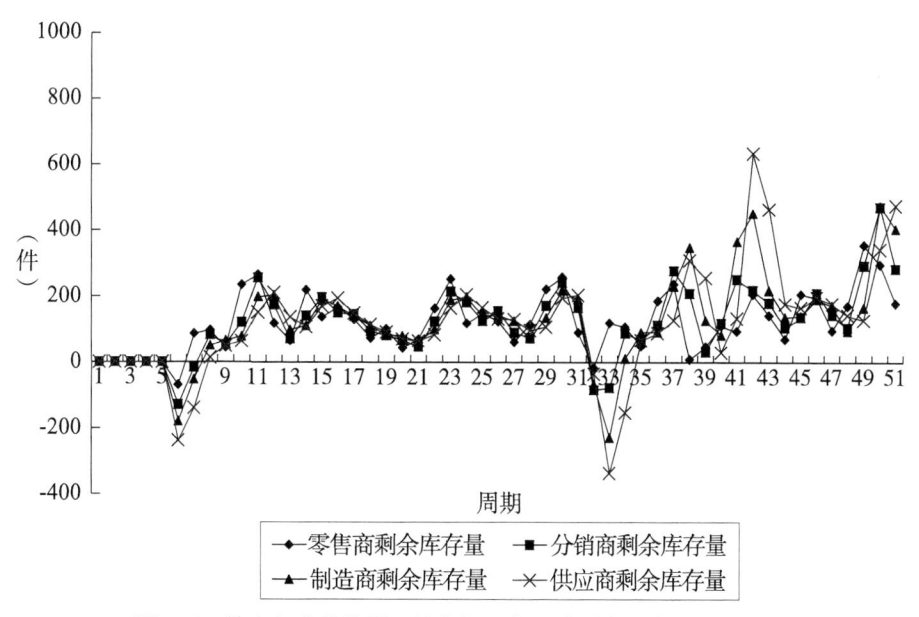

图 5-9 信息扭曲补偿器下的多级库存系统剩余库存量仿真结果

在以上试验中，实际需求数据的标准差约为 56.7。通过计算可知，在无信息共享时，整条供应链订货量的牛鞭效应达到了 8.88，加入信息共享后降低到 6.29，而加入信息扭曲器后进一步降低到 2.7，效果显著。同样，当没

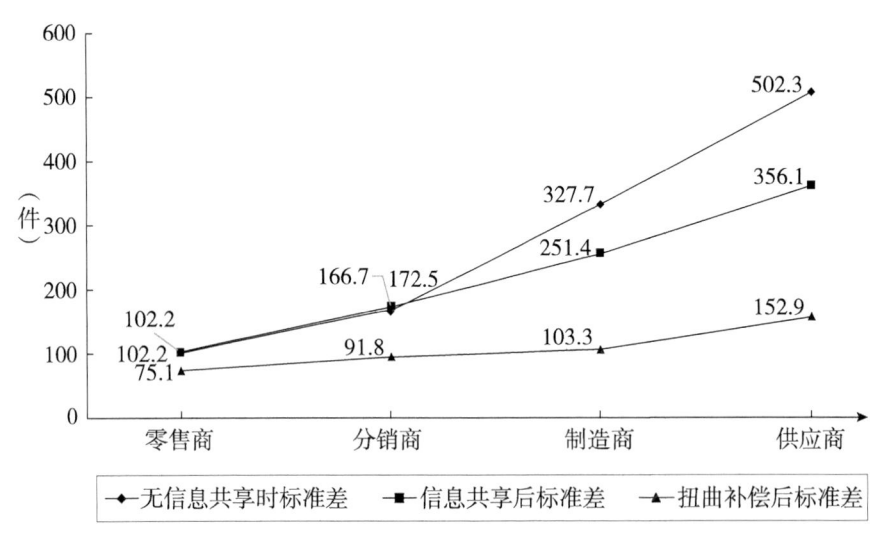

图 5-10　三种情况下各节点企业订货量牛鞭效应对比

表 5-2　　　　三种情况下各节点企业剩余库存量波动情况对比　　　　单位：件

	零售商	分销商	制造商	供应商
无信息共享时均值	143	155	197	321
无信息共享时标准差	65.3	106.6	193.8	307.1
信息共享后均值	143	152	164	203
信息共享后标准差	65.3	104.3	151.5	176.3
信息扭曲补偿后均值	137	142	151	152
信息扭曲补偿后标准差	84.2	104.3	132.1	161.9

有信息共享时，整条供应链上剩余库存量的波动程度为 5.43，加入信息共享后降低到 3.12，最后加入信息扭曲器后进一步降低到 2.86。所以，对牛鞭效应抑制作用的排序可以总结为：信息共享下带有信息扭曲补偿器的控制系统>信息共享下无信息扭曲补偿器的控制系统>无信息共享下的控制系统。

在此必须承认，牛鞭效应是不可能从源头消除的，我们只能设计各种办法使其减小。进一步分析可以得到，牛鞭效应之所以产生且恶化有三方面原因。

（1）需求不确定且预测不准确导致的订货量波动增大。

（2）每一级的期望库存量是根据对上一级的订货量而预测的，导致期望库存量的波动增大。

(3) 订货量波动和期望库存量波动导致剩余库存量波动增大。

上述三方面原因并不是各自单独发挥作用，它们之间有相互促进的关系。

5.5.2 牛鞭效应自补偿对多级库存系统的影响

本书基于拉普拉斯、反馈控制等原理建立了四级库存系统动态模型，进而运用方差比分析了该四级库存系统的牛鞭效应量化问题，最后提出了一种牛鞭效应自补偿算法，通过调整订货量削弱牛鞭效应。通过仿真对比得出，在考虑供应链各节点信息共享的基础上，牛鞭效应自补偿算法对牛鞭效应的抑制有更为明显的效果。

1. 多级库存系统控制模型

考虑一个随机需求的四级库存系统，包含零售商、分销商、制造商和原材料供应商四类企业。首先，零售商在每一期末预测下一周期的市场需求，并作为其下个周期的期望库存量。当期初库存量大于期望库存量时不订货，反之，向上游分销商按一定比例发出订单。分销商接到订单后与自身库存量相比较，同样采取"订至点"补货策略。以此类推，直到原材料供应商。此时，我们做以下假设。

(1) 研究对象只包含一个零售商、分销商、制造商和原材料供应商。

(2) 所有节点企业均实行"订至点"补货策略。

(3) 在订货过程中，采购成本已包含固定的订单费用。

(4) 每个订货周期末即下个订货周期初时做订货决策。

(5) 不考虑货损现象。

(6) 客户需求随机。

(7) 原材料供应商的供应源源不断。

本章的符号设计如下所示。

t ——订货周期；

$S(t)$ ——第 t 个订货周期内的销售量，即市场需求；

$O(t)$ ——第 t 个订货周期内的订货量；

$I(t)$ ——第 t 个订货周期的库存量；

$EI(t)$ ——第 t 个订货周期内的期望库存量；

$IS(t)$ ——第 t 个订货周期内的在途量；

$Ih(t)$——第 t 个订货周期末的现货库存量；

$B(t)$——第 t 个订货周期的缺货量；

μ——企业的订货比例；

D——上级节点企业对订单的延迟时间；

L——物流延迟时间；

s——复频域算子；

$H(s)$——系统传递函数；

$G(s)$——前向通道函数；

$g(s)$——控制环节；

BO_n——第 n 级节点企业的订货量牛鞭效应指数；

$STDO_n$——第 n 级节点企业的订货量标准差；

BI_n——第 n 级节点企业的剩余库存量牛鞭效应指数；

$STDI_n$——第 n 级节点企业的剩余库存量标准差。

单节点库存从零售商角度进行系统建模，按"订至点"补货策略订货，建立模型：

$$O(t) = \begin{cases} \mu[EI(t) - I(t)], & EI(t) > I(t) \\ 0, & EI(t) < I(t) \end{cases} \quad (5-2)$$

$$I(t) = Ih(t) + IS(t) - B(t) \quad (5-3)$$

其中，μ 为各节点企业的订货比例，表示各节点企业对偏差库存量的反应程度。

考虑零售商发出订单后存在一系列交货延迟：

$$O(t) = \begin{cases} \mu[EI(t-D-L) - I(t-D-L)], & EI(t) > I(t) \\ 0, & EI(t) < I(t) \end{cases} \quad (5-4)$$

又有

$$I(t+h) = I(t) + \frac{I'(t)}{1!}h + \frac{I''(t)}{2!}h^2 + \cdots + \frac{I^{(n)}(t)}{n!}h^n + R_n(t) \quad (5-5)$$

$$I(t+h) = I(t) + \frac{I'(t)}{1!}h + R_1(t) \quad (5-6)$$

$$I'(t) = \frac{I(t+h) - I(t)}{h} - \frac{R_1(t)}{h} \approx \frac{I(t+h) - I(t)}{h} \quad (5-7)$$

得到单节点库存系统的微分方程为

5 多级库存系统的牛鞭效应

$$\Delta I(t) = \begin{cases} \mu[EI(t-D-L) - I(t-D-L)] - S(t), & EI(t) > I(t) \\ -S(t), & EI(t) < I(t) \end{cases}$$

(5-8)

对于库存系统的微分方程做拉普拉斯变换，将式（5-7）由时域变换到复频域，并整理得

$$sI(s) = \mu e^{-(D+L)s} \cdot EI(s) - \mu e^{-(D+L)s} \cdot I(s) - S(s) \quad (5-9)$$

$$I(s) = \frac{\mu e^{-(D+L)s} \cdot EI(s)}{s + \mu e^{-(D+L)s}} - \frac{S(s)}{s + \mu e^{-(D+L)s}} \quad (5-10)$$

为了得到库存系统的关键控制环节，我们做如下分解。

（1）当只考虑期望库存量输入时，得到系统传递函数：

$$H^{out}(s) = \frac{I(s)}{EI(s)}\bigg|_{S(s)=0} = \frac{\mu e^{-(D+L)s}}{s + \mu e^{-(D+L)s}} \quad (5-11)$$

由反馈等效运算关系得前向通道函数：

$$\frac{G^{out}(t)}{1+G^{out}(t)} = \frac{\mu e^{-(D+L)s}}{s + \mu e^{-(D+L)s}} \quad (5-12)$$

$$G^{out}(s) = \frac{\mu e^{-(D+L)s}}{s} = \mu e^{-(D+L)s} \cdot \frac{1}{s} = g_1(s) \cdot g_2(s) \cdot g_3(s) \quad (5-13)$$

（2）当只考虑随机需求下的实际销售量作为扰动输入时，得到系统传递函数：

$$H^{noise}(s) = \frac{I(s)}{S(s)}\bigg|_{EI(s)=0} = \frac{1}{s + \mu e^{-(D+L)s}} \quad (5-14)$$

由反馈等效运算关系得到前向通道函数：

$$\frac{G^{noise}(s)}{1+G^{noise}(s) \cdot g_1(s) \cdot g_2(s)} = \frac{1}{s + \mu e^{-(D+L)s}} = \frac{\frac{1}{s}}{1 + \frac{1}{s}\mu e^{-(D+L)s}} \quad (5-15)$$

$$G^{noise}(s) = \frac{1}{s} \quad (5-16)$$

由以上推导，可得单节点库存系统中几个关键控制环节。比例控制环节：$g_1(s) = \mu$。延迟控制环节：$g_2(s) = e^{-(D+L)s}$。积分控制环节：$g_3(s) = \frac{1}{s}$。

采用指数平滑法预测随机需求函数，即

$$\hat{S}(t+1) = \hat{S}(t) + \alpha[S(t) - \hat{S}(t)] \quad (5-17)$$

其中，$S(t)$ 表示第 t 个周期内的实际销售量，$\hat{S}(t)$ 表示第 t 个周期内的预测销售量，$\hat{S}(t+1)$ 表示第 $t+1$ 个周期内的预测销售量，α 为平滑系数，整理得

$$\hat{S}(t+1) - \hat{S}(t) = \alpha[S(t) - \hat{S}(t)] = \Delta\hat{S}(t) \tag{5-18}$$

$$\hat{S}(t)' \approx \Delta\hat{S}(t) = \alpha[S(t) - \hat{S}(t)] \tag{5-19}$$

对式（5-18）和式（5-19）进行拉普拉斯变换并整理得

$$(s + \alpha)\hat{S}(s) = \alpha S(s) \tag{5-20}$$

$$\hat{S}(s) = \frac{\alpha}{s + \alpha} S(s) \tag{5-21}$$

又因为

$$EI(s) = \hat{S}(s) = \frac{\alpha}{s + \alpha} S(s) \tag{5-22}$$

则单个节点库存系统的闭环传递函数可推导为

$$G(s) = \frac{\mu e^{-(D+L)s} - s - \alpha}{(s + \alpha) \cdot (s + \mu e^{-(D+L)s})} \cdot S(s) \tag{5-23}$$

$$H(s) = \frac{G(s)}{S(s)} = \frac{\mu e^{-(D+L)s} - s - \alpha}{(s + \alpha) \cdot (s + \mu e^{-(D+L)s})} \tag{5-24}$$

考虑一个四级库存系统，即零售商、分销商、制造商和原材料供应商，首先考虑信息不共享的串联库存模型。在整个多级库存系统的进货—销售—储存周期内，均假设发货数量与订货量相等，即

$$O_n(t) = S_{n+1}(t) \tag{5-25}$$

当我们将上下游企业之间的交货延迟、订单延迟及物流配送延迟时间考虑进去时，根据上节的模型及公式推导可知，对于该多级库存系统：

$$O_n(t) = S_{n+1}(t) = \begin{cases} \mu_n \cdot [EI_n(t-D-L) - I_n(t-D-L)], & EI_n(t) > I_n(t) \\ 0, & EI_n(t) < I_n(t) \end{cases} \tag{5-26}$$

$$O_4(t) = \begin{cases} \mu_4 \cdot [EI_4(t-D-L) - I_4(t-D-L)], & EI_4(t) > I_4(t) \\ 0, & EI_4(t) < I_4(t) \end{cases} \tag{5-27}$$

$$I_n(s) = \frac{\mu_n \cdot e^{-(D+L)s} \cdot EI_n(s)}{s + \mu e^{-(D+L)s}} - \frac{S_n(s)}{s + \mu e^{-(D+L)s}} \tag{5-28}$$

$$EI_n(s) = \hat{S}_n(s) = \frac{\alpha}{s+\alpha} \cdot S_n(s) \tag{5-29}$$

$$\begin{aligned}G_n(s) &= H_n^{\text{out}}(s) \cdot EI_n(s) + H_n^{\text{noise}}(s) \cdot S_n(s) \\ &= \frac{\mu_n \cdot e^{-(D+L)s} \cdot \dfrac{\alpha}{s+\alpha} S_n(s)}{s+\mu_n e^{-(D+L)s}} - \frac{S_n(s)}{s+\mu_n e^{-(D+L)s}}\end{aligned} \tag{5-30}$$

在不考虑信息共享机制的情况下,系统各级采用串联的方式进行连接,那么对于整条供应链来讲,其等效传递函数应为各节点传递函数乘积,即

$$G(s) = G_1(s) \cdot G_2(s) \cdot G_3(s) \cdot G_4(s) \tag{5-31}$$

2. 牛鞭效应的自补偿分析

本章从节点企业的订货量与剩余库存量的标准差角度,将信息传递过程中的本级节点企业与上一级节点企业的订货量或剩余库存量标准差之比视为牛鞭效应指数,若该指数大于1,则说明存在牛鞭效应。

$$BO_n = \frac{STDO_n}{STDO_{n-1}}, \quad n = 1, 2, \cdots, m \tag{5-32}$$

$$BI_n = \frac{STDI_n}{STDI_{n-1}}, \quad n = 1, 2, \cdots, m \tag{5-33}$$

其中,BO_n 表示第 n 级节点企业的订单牛鞭效应,$STDO_n$ 表示第 n 级节点企业的订单标准差;BI_n 表示第 n 级节点企业的剩余库存牛鞭效应,$STDI_n$ 表示第 n 级节点企业的剩余库存标准差。

关于牛鞭效应的研究一般集中在对各级节点企业的订货量差异上,即关注订货量牛鞭效应,而剩余库存量牛鞭效应会在订货量牛鞭效应减小的同时减小,因此设计如下牛鞭效应自补偿算法:

$$O_{bc}(t) = O(t) \cdot \frac{STD_{n-1}}{STD_n} + AVE\left(1 - \frac{STD_{n-1}}{STD_n}\right) \tag{5-34}$$

其中,$O_{bc}(t)$ 表示经过自补偿算法调整后的订货量,AVE 为未经自补偿算法调整的节点企业订货量均值。通过此算法,可以在抑制每一级节点企业需求信息被放大的同时,不改变订货量的均值。对于上述多级库存系统,在加入了信息共享机制和牛鞭效应自补偿机制后,库存控制策略为

$$O_n(t) = \begin{cases} \{\mu_n \cdot [EI_n(t-D-L) - I_n(t-D-L)]\} \cdot \dfrac{STD_{n-1}}{STD_n} + AVE\left(1 - \dfrac{STD_{n-1}}{STD_n}\right), & EI_n(t) > I_n(t) \\ 0, & EI_n(t) < I_n(t) \end{cases}$$

(5-35)

自补偿下的多级库存系统 Simulink 仿真如图 5-11 所示。

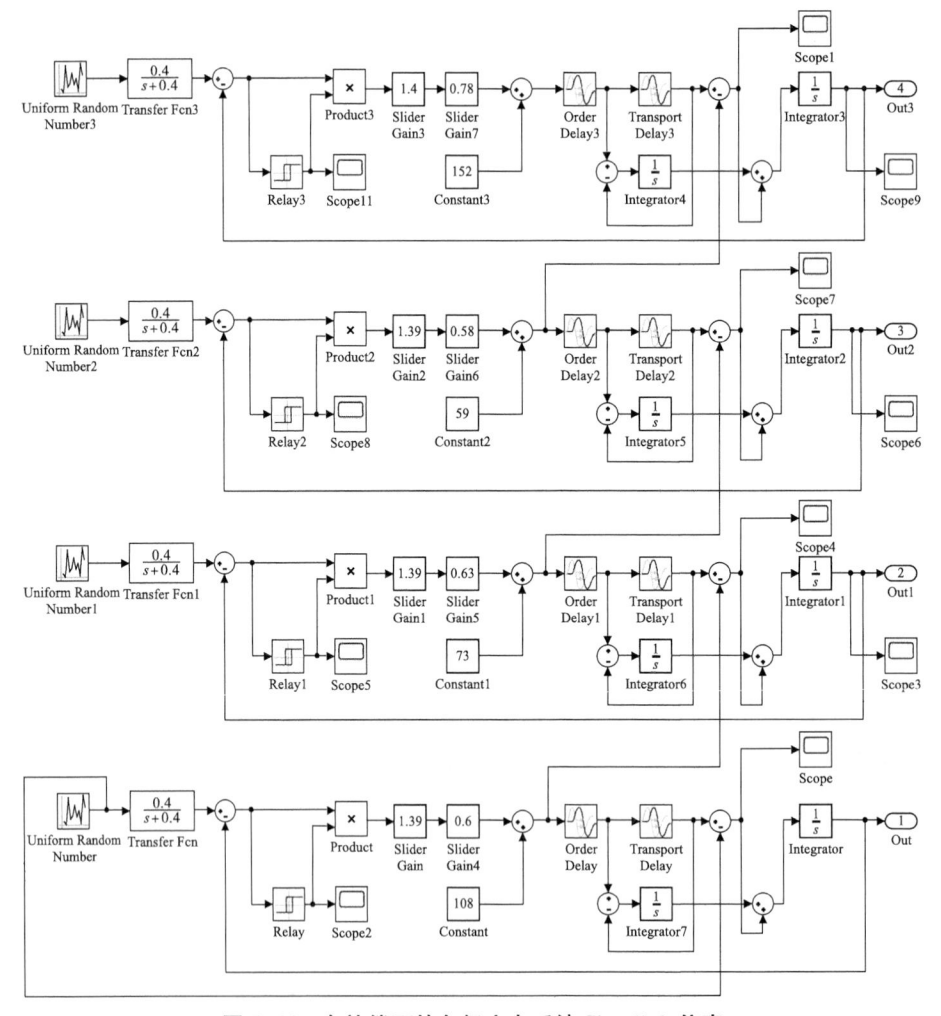

图 5-11 自补偿下的多级库存系统 Simulink 仿真

3. 仿真对比研究

在供应链信息共享基础上加入牛鞭效应自补偿算法后，供应链上每级节点企业根据实际需求信息制定期望库存量，并经过自补偿算法改进后向上一级节点企业发出订单。这样不仅能够降低该节点企业原有订货量的波动程度，还能维持企业订货量均值不变，使订货信息在供应链传递过程中，保持与需求一样的波动程度。本节将在随机需求条件下对该系统进行仿真，并作对比分析。本节在 MATLAB 环境中随机生成一个 400~600 的随机数作为数值试验数据。当期望库存量为随机需求指数平滑预测值时，供应链上各节点企业均采用相同较优参数，即订单延迟为 0.2、物流延迟为 0.3、平滑系数为 0.4，仿真结果如图 5-12 和图 5-13 所示。与此同时，本节还将四级库存系统的传统信息共享方法与非信息共享方法进行了仿真，以作对比，如图 5-14、图 5-15、图 5-16 和图 5-17 所示。

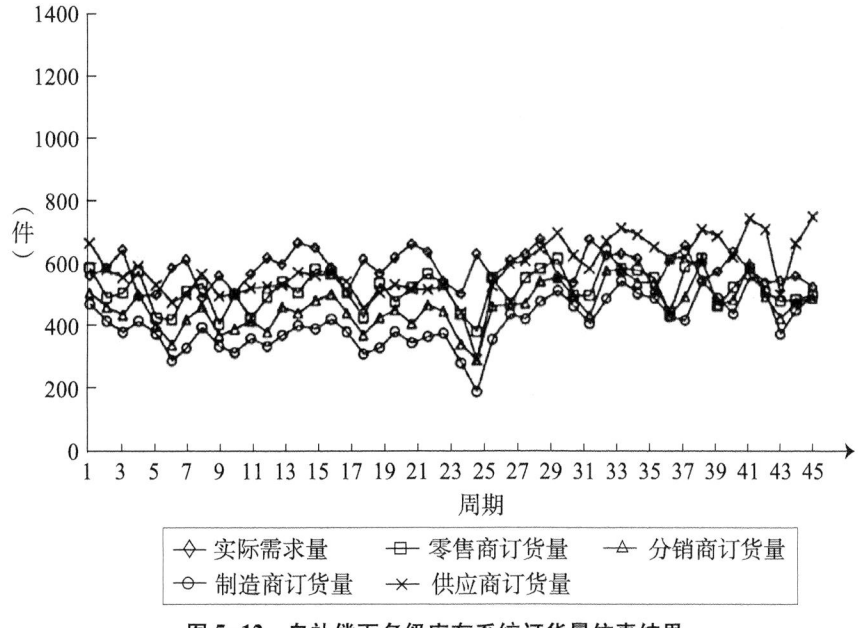

图 5-12 自补偿下多级库存系统订货量仿真结果

现将三种情况下各节点企业订货量标准差进行计算并对比，如图 5-18。剩余库存量均值的情况对比如图 5-19 所示。可以看出，经过牛鞭效应自补偿算法的改进，相比于无信息共享和有信息共享，各级节点企业的订货量牛鞭效应明显减小；各级节点企业的剩余库存量均值也在牛鞭效应自补偿机制的作用下大幅降低。数据显示，当实际需求标准差为 56.7 时，无信息共享条件下整条供应链订货量的牛鞭效应系数达到了 7.37，加入信息共享后降低到 5.02，而加入自补偿后，整体供应链牛鞭效应系数降低到 1.72，相对于有无

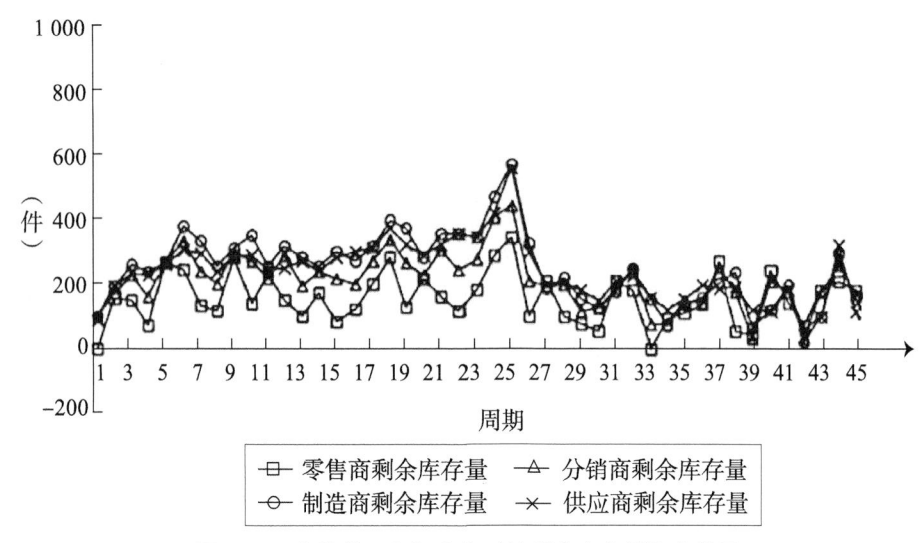

图 5-13 自补偿下多级库存系统剩余库存量仿真结果

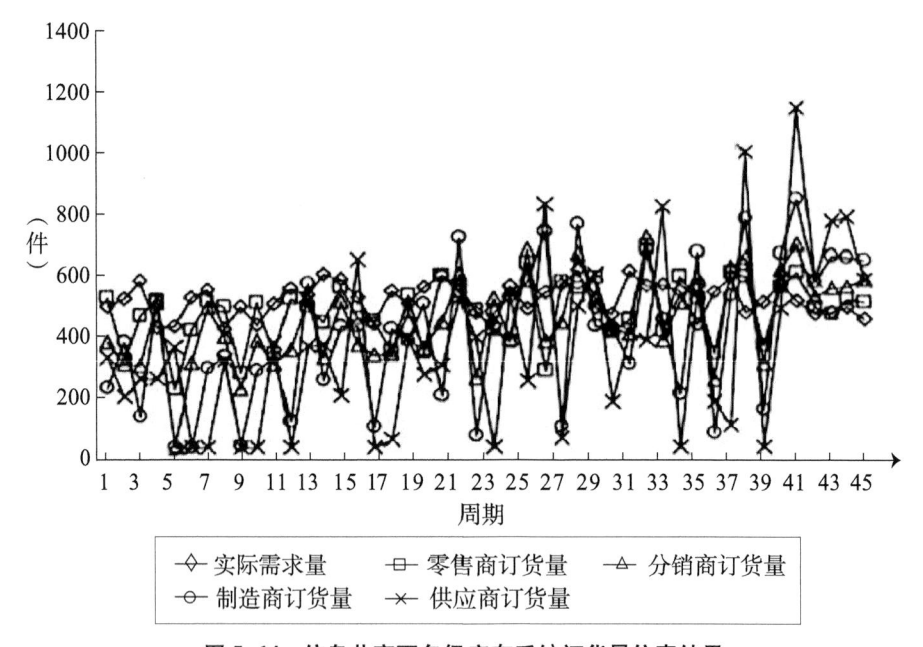

图 5-14 信息共享下多级库存系统订货量仿真结果

信息共享条件下，分别下降了约 76% 和 66%。同样，当无信息共享时，整条供应链平均剩余库存量为 286，加入信息共享后降低到 219，加入自补偿后进一步降低到 169。由此可见，在供应链信息基础上，牛鞭效应自补偿对于多级库存系统的牛鞭效应具有进一步的抑制作用。

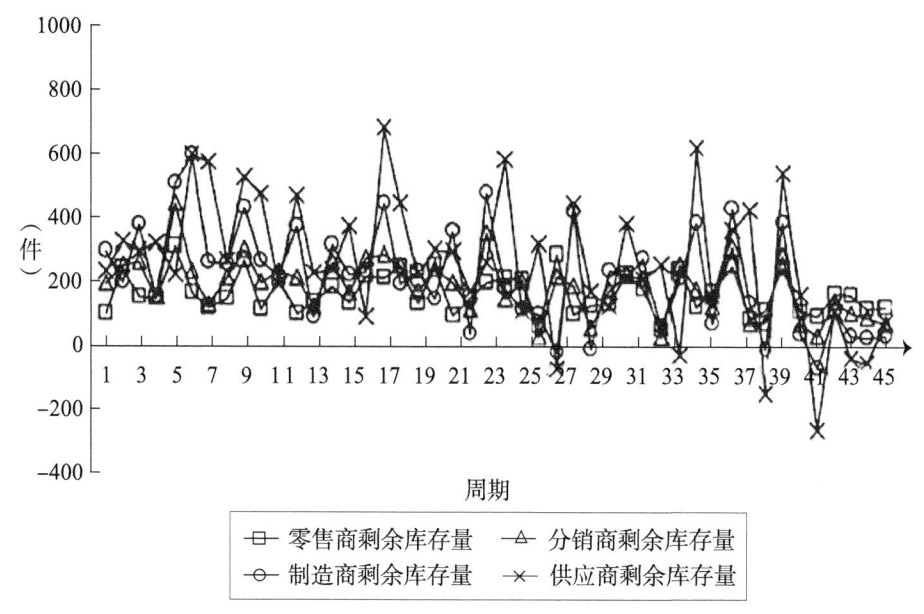

图 5-15 信息共享下多级库存系统剩余库存量仿真结果

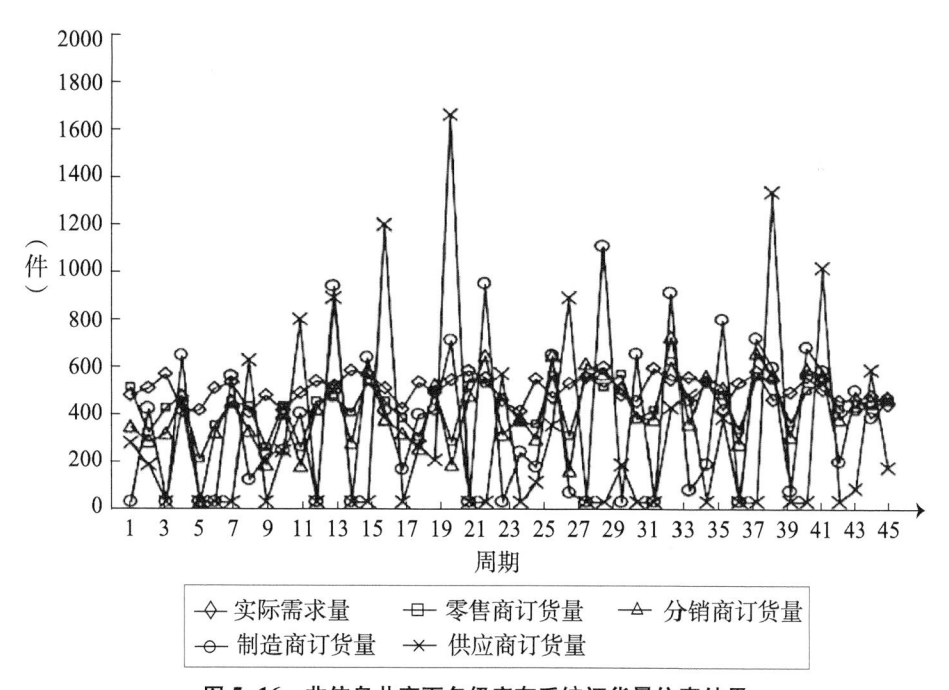

图 5-16 非信息共享下多级库存系统订货量仿真结果

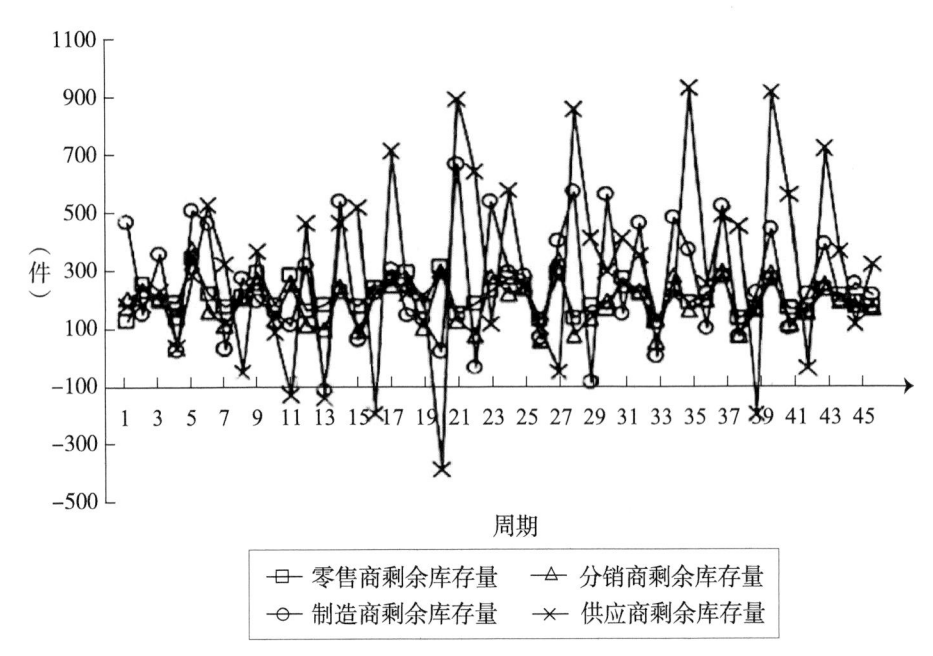

图 5-17 非信息共享下多级库存系统剩余库存量仿真结果

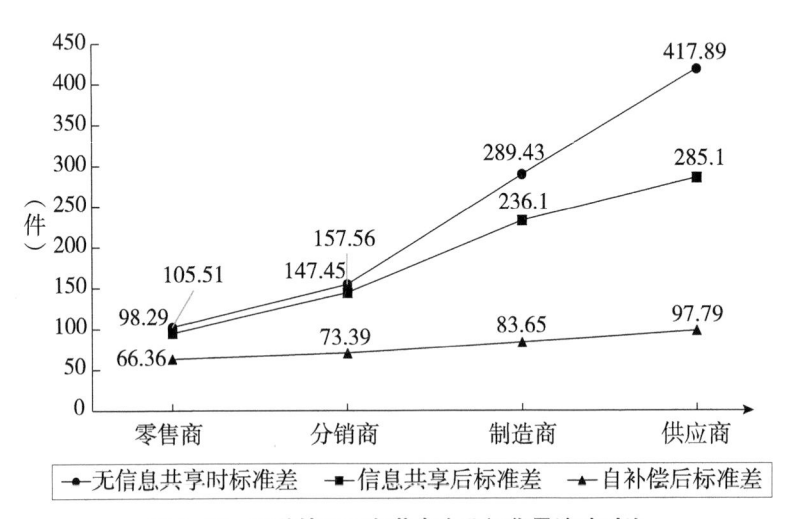

图 5-18 三种情况下各节点企业订货量波动对比

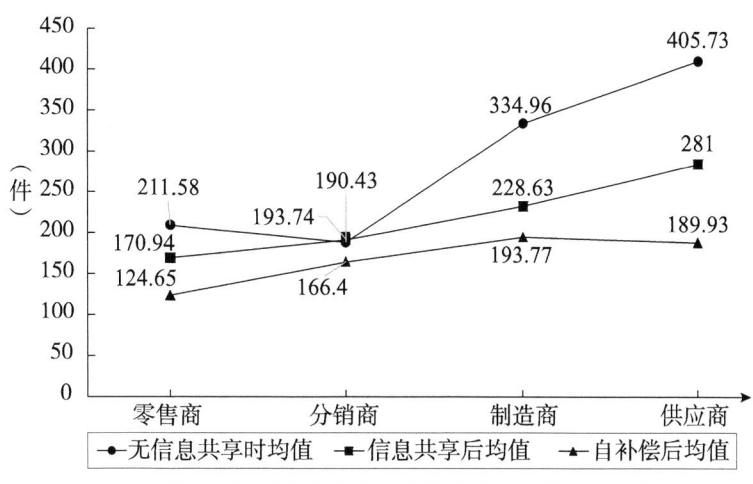

图 5-19 三种情况下各节点企业剩余库存量均值对比

5.6 牛鞭效应的应对策略

1. 实现信息共享

牛鞭效应大多是由于供应商在各时期根据订单而不是按客户实际需求做出预测产生的，而供应商的唯一要求就是满足最终客户的需求，一旦零售商和其他供应商成员之间共享了信息，就会促使各成员对实际客户需求的变化做出反应。所以，在供应链上实现销售时间点的数据信息共享，可以使供应商根据实际客户需求做出精确预测，进而减少牛鞭效应。同时，采用联合预测与协同规划，确保供应链中各个环节的协同发展。从供应链整体考虑，设计了零售商的库存补充控制策略。

2. 稳定价格

建立适当的价格政策，促使零售商进行小批量订购并尽量减少提前采购行为。例如，将基于批次的折扣策略变成基于数量的折扣策略，即在一定时间内（如一年内）按总的购买量来制定打折策略，它能够导致每次的批量下降。实行天天平价政策和控制促销时购买量等手段，使产品价格稳定，减少提前采购行为，进而降低牛鞭效应。

3. 战略伙伴关系

通过构建战略伙伴关系，双方彼此信任，进行信息资源共享。在供应链上各个阶段的诚信合作和良好伙伴关系有助于减少重复性工作，降低交易成本，从而减少牛鞭效应。

6 双渠道库存系统控制

随着互联网应用的普及与电子商务的发展，越来越多的企业采用传统线下分销式零售与线上网络式直销相结合的双渠道运营方式。双渠道供应链分别指由厂家直销的线上购买渠道和通过门店、实体店等进行产品销售的线下渠道。由电子直销渠道与传统零售渠道组成的双渠道供应链系统已经成为传统供应链新兴的发展方向之一，双渠道供应链的模式彻底改变了传统单一渠道中供应链成员的利益分配，在双渠道供应链中，制造商与零售商一方面在垂直方向即关于批发价格的制定上存在博弈，另一方面还在水平方向，即关于产品的渠道销售价格上存在博弈，同时还在渠道之间向消费者提供的服务水平上存在竞争。关于双渠道供应链的研究主要集中在定价策略、渠道间的竞争与合作以及渠道选择、博弈和协调等方面。

在双渠道定价决策中，直销渠道的加入使原有的渠道结构有所调整，同时供应链成员的权利、地位也发生了变化，因此如何面对可能会产生的渠道冲突，消除双重边际效应，协调好整个双渠道供应链成为双渠道供应链定价策略研究的热点。Park 等在不同的渠道权力结构下对双渠道供应链的定价决策问题进行了分析，结果表明双渠道供应链的最优定价决策与产品的成本和消费者对价格的敏感程度有关。Yan 指出企业在双渠道供应链中的最优定价策略，与直销渠道的边际成本和零售渠道的边际成本的大小有关，并提出企业通过在线及传统渠道销售产品时的定价策略。陈云等研究发现当消费者对直销渠道的产品满意度不低于零售渠道时，双渠道供应链中的零售商会倾向于制定较高的零售价格。Chen 等建立了双渠道供应链的 Nash 和 Stackelberg 博弈模型研究定价策略，结果指出零售渠道和直销渠道提高消费者忠诚度能够使渠道成员获得更多的利润，零售商在优势区间内提高服务质量可使零售价格提高，从而获得更高的利润。王虹等研究了信息不对称环境下的双渠道供应链的最优决策，通过理论分析和数值计算表明最优直销价格和最优零售价格都受到制造商掌握的零售商对风险规避度均值的影响。申成然等对消费者的比价行为进行了划分,并在此基础上分析了单双渠道供应链的定价差别,结果表明当网络消费者的比例提高时,产品的批发价格和在双渠道的销售价格均会提高。

随着电商市场的成熟,企业在市场中竞争的重点也逐渐向服务转移。这种双渠道销售模式也给消费者带来了不同的购买体验,消费者通过电子直销渠道更加方便全面地了解产品信息,并且可灵活选择购物时间;传统零售渠道则能提供对产品的实际体验,让消费者更加直观的感受产品,并且不需要物流配送等环节。在双渠道销售模式下,制造商和零售商的服务群体也发生了变化,除了向零售渠道的消费者提供服务,还包括直销渠道的消费者。对于供应链的各成员来讲,不仅可单独提供服务,还可以通过合作向消费者提供服务,包括消费者购买产品前贴心的咨询服务、交易订单确定之后快捷的物流服务、完善的售后及可靠的保修服务等。与此同时,关于双渠道供应链的研究逐渐深入,焦点主要集中在渠道协调、定价策略、库存配送、服务策略等方面,其中对双渠道供应链中服务水平的研究也颇受关注。Chen 等对双渠道环境下制造商和零售商的服务竞争进行了研究,通过产品的交付时间和产品的可用性来分别衡量制造商和零售商的服务水平,其结果表明双渠道的最优策略依赖于制造商运营直销渠道的成本、零售渠道的不便性、产品自身特点等因素。Hu 认为零售渠道相对于直销渠道的优势在于能提供更多的增值服务,通过建立不确定需求下的双渠道模型,发现需求的提高有利于零售商服务水平的改善和利润的增加,并得到了双渠道环境下企业的最优定价及服务决策。肖剑等研究了双渠道环境中制造商直销渠道服务由零售商完成情形下的定价策略,通过对 Bertrand 和 Stackelberg 博弈模型的分析发现,双渠道的定价策略受到制造商和零售商在直销渠道的边际服务成本影响。陈军等在信息不对称的条件下也做了类似研究,指出零售商服务质量的降低会对制造商的利润产生不利影响。

随机需求下的双渠道库存策略和库存控制也是近年来兴起的研究重点之一。传统零售和电子直销并存的双渠道供应链是当今企业运营模式的新特点,因此双渠道供应链库存控制已成为学术界研究的重点。赵菊等设计了一个基于 MTS 生产方式的制造商和一个销售多种物品的零售商构成的两层供应链,研究了由制造商原材料、产成品和零售商商品构成的三层库存系统的多物品生产和补货问题。

6.1 双渠道库存系统描述

考虑一个在随机需求下的线上线下双渠道供应链系统，假设线上需求函数服从均匀分布，线下需求函数服从正态分布。在动态库存系统优化的研究中，生产延迟、物流延迟等构成的交货延迟是影响库存管理的重要因素，延迟越大，提前期越长，库存水平越高，库存成本也越高。本书中零售企业采用"订至点"订货策略，即首先根据上期实际销售情况预测本期的期望库存量，进而与现有库存进行对比，决定是否进货。基本符号设计如下所示。

t ——订货周期；
$Q(t)$ ——在第 t 个订货周期内的销售量，即顾客需求量；
$D(t)$ ——在第 t 个订货周期内的订货量；
$S(t)$ ——第 t 个订货周期内的现有库存量；
s ——复频域算子；
$ES(t)$ ——第 t 个订货周期内的期望库存量；
μ ——企业的订货比例，是固定的；
P ——生产延迟时间；
α ——平滑系数；
L ——物流延迟时间。

现作出以下假设。

(1) 只考虑单级库存系统，即一个供应商和一个零售商。

(2) 存在生产延迟。即当企业向上级供应商发出订单后，上级供应商经过一定时间结束现在的生产任务后才会展开对新订单的生产任务。

(3) 存在物流延迟。即当上级供应商收到订单后，需要一定的运输时间。

(4) 客户需求是随机的，即 $F(x) = x$，x 为随机数。

(5) 渠道间存在交叉补货，即存在物流延迟。

(6) $0<P<1$，$0<L<1$，且 $0 < P + L < 1$，即物流延迟和生产延迟之和小于一个生产周期。

6.2 双渠道库存模型构建

6.2.1 基本库存系统建模

按"订至点"补货策略订货,并考虑生产延迟和物流延迟,订货量为库存偏差的一定比例:

$$D(t) = \begin{cases} \mu \cdot [ES(t-P-L) - S(t-P-L)], & ES(t) > S(t) \\ 0, & ES(t) < S(t) \end{cases} \quad (6\text{-}1)$$

经过一个周期的销售,库存的变化量为该周期的订货量和销售量之差:

$$\Delta S(t) = \begin{cases} \mu \cdot [ES(t-P-L) - S(t-P-L)] - Q(t), & ES(t) > S(t) \\ -Q(t), & ES(t) < S(t) \end{cases}$$
$$(6\text{-}2)$$

运用泰勒展开式并整理得

$$S'(t) = S(t) \approx \frac{S(t+h) - S(t)}{h} = \Delta S(t), \quad h = 1 \quad (6\text{-}3)$$

所以单级库存系统的微分方程为

$$S'(t) \approx \Delta S(t) = \begin{cases} \mu \cdot [ES(t-P-L) - S(t-P-L)] - Q(t), & ES(t) > S(t) \\ -Q(t), & ES(t) < S(t) \end{cases}$$
$$(6\text{-}4)$$

对该微分方程进行拉普拉斯变换,可将时域变换到复频域,整理得

$$S(s) = \frac{\mu \cdot e^{-(P+L)s} \cdot ES(s)}{s + \mu \cdot e^{-(P+L)s}} - \frac{Q(s)}{s + \mu \cdot e^{-(P+L)s}} \quad (6\text{-}5)$$

下面考虑利用指数平滑预测随机需求,即

$$\hat{Q}(t+1) = \hat{Q}(t) + a \cdot [Q(t) - \hat{Q}(t)] \quad (6\text{-}6)$$

其中,带"^"代表预测销售量。则有

$$\hat{Q}(t+1) - \hat{Q}(t) = a \cdot [Q(t) - \hat{Q}(t)] = \Delta \hat{Q}(t) \quad (6\text{-}7)$$

将式(6-7)进行整理,并进行拉普拉斯变换,得

$$ES(s) = \hat{Q}(s) = \frac{a}{s+a} \cdot Q(s) \quad (6\text{-}8)$$

那么单级库存系统的闭环传递函数可表示为

$$H(s) = \frac{\mu \cdot e^{-(P+L)s} - s - a}{(s+a) \cdot (s + \mu \cdot e^{-(P+L)s})} \cdot Q(s) \quad (6-9)$$

$$G(s) = \frac{H(s)}{Q(s)} = \frac{\mu \cdot e^{-(P+L)s} - s - a}{(s+a) \cdot (s + \mu \cdot e^{-(P+L)s})} \quad (6-10)$$

6.2.2 双渠道集中补货库存系统建模

集中补货库存控制是指两个渠道分别销售，共用同一库存，但分别根据共用库存的状态制定订货策略。基本符号设定如下所示。

$D_1(t)$——第 t 个订货周期内线下渠道的订货量；

$D_2(t)$——第 t 个订货周期内线上渠道的订货量；

$S(t)$——第 t 个订货周期内的总的剩余库存量；

$Q(t)$——第 t 个订货周期内的总的销售量；

$ES(t)$——第 t 个订货周期内的总的期望库存量。

对于线下渠道：

$$D_1(t) = \begin{cases} \mu_1 \cdot [ES_1(t-P-L) - S_1(t-P-L)], & ES_1(t) > S_1(t) \\ 0, & ES_1(t) < S_1(t) \end{cases} \quad (6-11)$$

对于线上渠道：

$$D_2(t) = \begin{cases} \mu_2 \cdot [ES_2(t-P-L) - S_2(t-P-L)], & ES_2(t) > S_2(t) \\ 0, & ES_2(t) < S_2(t) \end{cases} \quad (6-12)$$

经过一个周期的销售，库存的变化量为

$$\Delta S(t) = \begin{cases} D_1(t) + D_2(t) - Q(t), & ES(t) > S(t) \\ -Q(t), & ES(t) < S(t) \end{cases} \quad (6-13)$$

所以单级库存系统的微分方程为

$$S'(t) \approx \Delta S(t) = \begin{cases} D_1(t) + D_2(t) - Q(t), & ES(t) > S(t) \\ -Q(t), & ES(t) < S(t) \end{cases} \quad (6-14)$$

对该微分方程进行拉普拉斯变换，可将时域变换到复频域，整理得

$$S(s) = \frac{\mu \cdot e^{-(P+L)s} \cdot ES(s)}{s + \mu \cdot e^{-(P+L)s}} - \frac{Q(s)}{s + \mu \cdot e^{-(P+L)s}} \quad (6-15)$$

利用指数平滑预测随机需求，可得到集中补货库存系统的闭环传递函数与式（6-10）一致。

6.2.3 双渠道交叉补货库存系统建模

交叉补货库存控制是指两个渠道分别管理各自库存，但形成互相补货的同盟。以线下渠道向线上渠道补货为例，当线上渠道缺货时，由于生产时间和物流时间较长，不会向供应链上游申请补货，而会立即向附近的线下渠道仓库调货；线下渠道收到调货申请后会先满足自身市场需求，随后盘点剩余库存，若有剩余，则向其补货。若发生补货，货物不会经过生产延迟，只会经过少许运输时间到达线上渠道。此时，线上渠道的需求得到全部或部分满足，并制定下一周期的订货策略，线下渠道也会根据交叉补货后的剩余库存制定下一周期的订货策略。每一周期只会发生单向交叉补货，当双渠道同时缺货时，不发生交叉补货。基本符号设定如下所示。

$D_1(t)$——第 t 个订货周期内线下渠道的订货量；
$D_2(t)$——第 t 个订货周期内线上渠道的订货量；
$S_1(t)$——第 t 个订货周期内线下渠道的剩余库存量；
$S_2(t)$——第 t 个订货周期内线上渠道的剩余库存量；
$Q_1(t)$——第 t 个订货周期内线下渠道的销售量，即顾客需求；
$Q_2(t)$——第 t 个订货周期内线上渠道的销售量，即顾客需求；
$ES_1(t)$——第 t 个订货周期内线下渠道的期望库存量；
$ES_2(t)$——第 t 个订货周期内线上渠道的期望库存量。

(1) 线下渠道订货。

$$D_1(t) = \begin{cases} \mu_1 \cdot [ES_1(t-P-L) - S_1(t-P-L)], & ES_1(t) > S_1(t) \\ 0, & ES_1(t) < S_1(t) \end{cases}$$

(6-16)

(2) 线上渠道订货。

$$D_2(t) = \begin{cases} \mu_2 \cdot [ES_2(t-P-L) - S_2(t-P-L)], & ES_2(t) > S_2(t) \\ 0, & ES_2(t) < S_2(t) \end{cases}$$

(6-17)

(3) 线下渠道剩余库存。

$$S_1'(t) \approx \Delta S_1(t)$$
$$= \begin{cases} \mu_1 \cdot [ES_1(t-P-L) - S_1(t-P-L)] - Q_1(t), & ES_1(t) > S_1(t) \\ -Q_1(t), & ES_1(t) < S_1(t) \end{cases}$$

(6-18)

(4) 线上渠道剩余库存。

$$S_2'(t) \approx \Delta S_2(t)$$
$$= \begin{cases} \mu_2 \cdot [ES_2(t-P-L) - S_2(t-P-L)] - Q_2(t), & ES_2(t) > S_2(t) \\ -Q_2(t), & ES_2(t) < S_2(t) \end{cases}$$

(6-19)

当 $ES_1(t) > S_1(t)$ 时，假设

$$h_1(t) = \mu_1 \cdot [ES_1(t-P-L) - S_1(t-P-L)] - Q_1(t) \quad (6-20)$$

当 $ES_1(t) < S_1(t)$ 时，假设

$$h_2(t) = -Q_2(t) \quad (6-21)$$

同样，当 $ES_2(t) > S_2(t)$ 时，假设

$$h_3(t) = \mu_2 \cdot [ES_2(t-P-L) - S_2(t-P-L)] - Q_2(t) \quad (6-22)$$

当 $ES_2(t) < S_2(t)$ 时，假设

$$h_4(t) = -Q_2(t) \quad (6-23)$$

(5) 交叉补货。

当线上渠道缺货，线下渠道库存充足时，线下渠道给线上渠道补货，交叉补货后的线上渠道库存为

$$h^1(t) = h_1(t) + h_4(t) \quad (6-24)$$

当线下渠道缺货，线上渠道库存充足时，线上渠道给线下渠道补货，交叉补货后的线下渠道库存为

$$h^2(t) = h_2(t) + h_3(t) \quad (6-25)$$

对式 (6-24) 和式 (6-25) 做拉普拉斯变换，整理得

$$S^1(s) = \frac{\mu_1 \cdot e^{-(P+L)s} \cdot ES_1(s)}{s + \mu_1 \cdot e^{-(P+L)s}} - \frac{Q_1(s)}{s + \mu_1 \cdot e^{-(P+L)s}} - \frac{Q_2(s)}{s + \mu_2 \cdot e^{-(P+L)s}}$$

(6-26)

$$S^2(s) = \frac{\mu_2 \cdot e^{-(P+L)s} \cdot ES_2(s)}{s + \mu_2 \cdot e^{-(P+L)s}} - \frac{Q_2(s)}{s + \mu_2 \cdot e^{-(P+L)s}} - \frac{Q_1(s)}{s + \mu_1 \cdot e^{-(P+L)s}}$$

(6-27)

则交叉补货库存系统的闭环传递函数可表示为

$$G^1(s) = \frac{H(s)}{Q(s)} = \frac{\mu_1 \cdot e^{-(P+L)s} - (s+\alpha)(s+\mu_1 \cdot e^{-(P+L)s} + s + \mu_2 \cdot e^{-(P+L)s})}{(s+\alpha) \cdot (s+\mu_1 \cdot e^{-(P+L)s}) \cdot (s+\mu_2 \cdot e^{-(P+L)s})}$$

(6-28)

$$G^2(s) = \frac{H(s)}{Q(s)} = \frac{\mu_2 \cdot e^{-(P+L)s} - (s+\alpha)(s+\mu_2 \cdot e^{-(P+L)s} + s + \mu_1 \cdot e^{-(P+L)s})}{(s+\alpha) \cdot (s+\mu_2 \cdot e^{-(P+L)s}) \cdot (s+\mu_1 \cdot e^{-(P+L)s})}$$

(6-29)

为了达到更高的精度,采用将连续系统进行离散取样。当线上渠道与线下渠道为不同分布时,针对三种模型分别建模。

6.3 双渠道库存系统仿真

6.3.1 双渠道独立补货库存系统仿真

独立库存控制是指线上线下两个渠道分别控制库存,互相之间不进行沟通和调货补货。为了不失一般性,此处假设线上渠道的市场需求服从均匀分布,而线下渠道的需求服从正态分布,在 Simulink 仿真平台上建模并仿真。随机需求下线上渠道库存系统框图如图 6-1 所示。

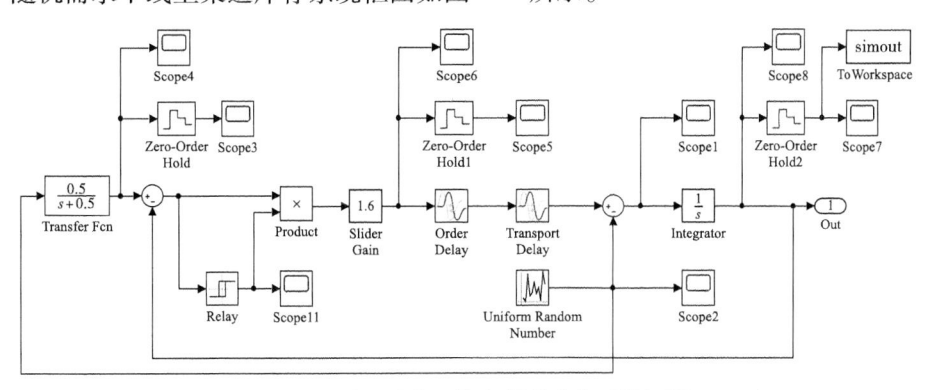

图 6-1 随机需求下线上渠道库存系统框图

1. 线上渠道库存控制

其中,图 6-1 中,"To Workspace" 为工作空间模块。

假设线上需求为一列 300~800 的服从均匀分布的随机数列,生产延迟为 0.2、物流延迟为 0.3 时,经过大量实验,取订货比例为 1.6、平滑系数为 0.5,对线上渠道库存系统的反馈控制模型进行仿真,仿真结果如图 6-2 和图 6-3 所示。

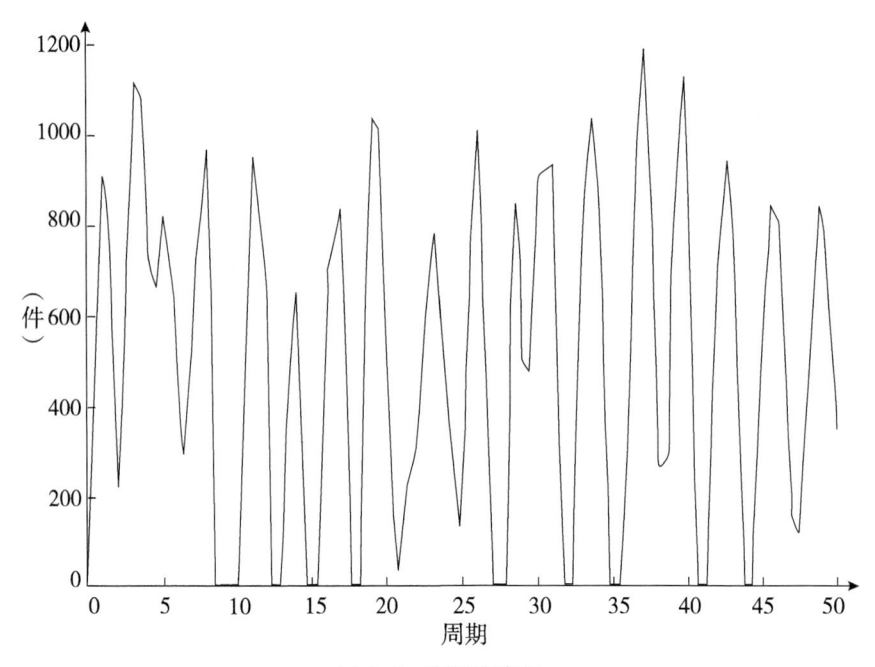

图 6-2 期望库存量

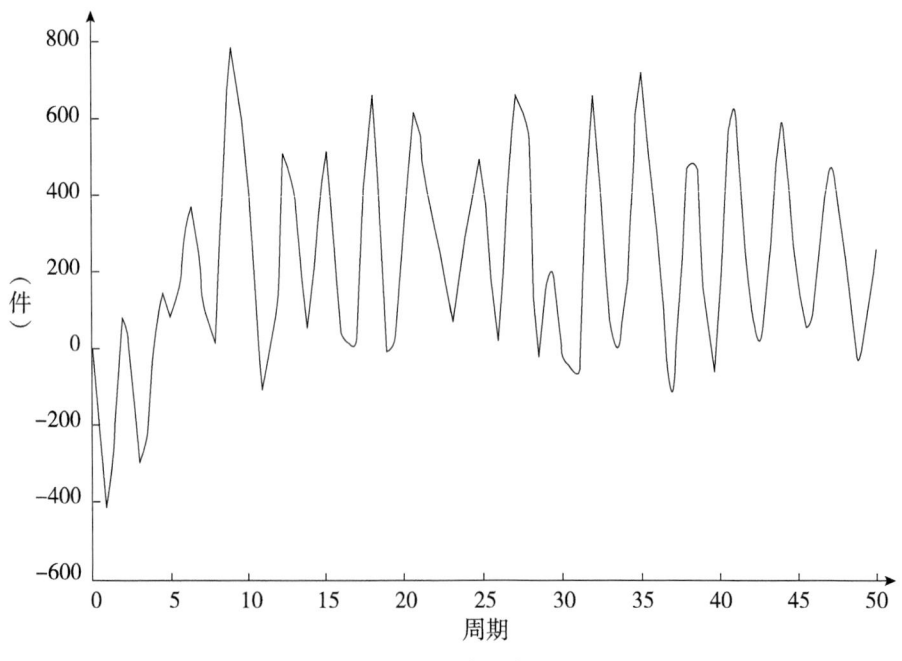

图 6-3 剩余库存量

结果显示，在这套参数下，库存系统受均匀分布的随机需求影响，在第 5 个订货周期达到稳态，从第 6 周期开始观测（下同），平均剩余库存量为 274，缺货 6 次，但缺货幅度较小。

2. 线下渠道库存控制

假设线下需求是一列均值为 600，方差为 12 的服从正态分布的随机数列，生产延迟为 0.2、物流延迟为 0.3，此时，取订货比例为 1.6、平滑系数为 0.7，对线下渠道库存系统的反馈控制模型进行仿真，系统框图如图 6-4 所示，仿真结果如图 6-5 和图 6-6 所示。结果显示，在这套参数下，库存系统受正态分布的随机需求影响，从第 5 个订货周期达到稳态，从第 6 周期开始观测，平均剩余库存量为 234，缺货 6 次，分别是第 10、第 19、第 28、第 40、第 45、第 48 周期。图 6-6 中可看到有明显的缺货，如第 19 周期，究其原因，是在第 19 周期需求大幅增加，导致缺货量较大。

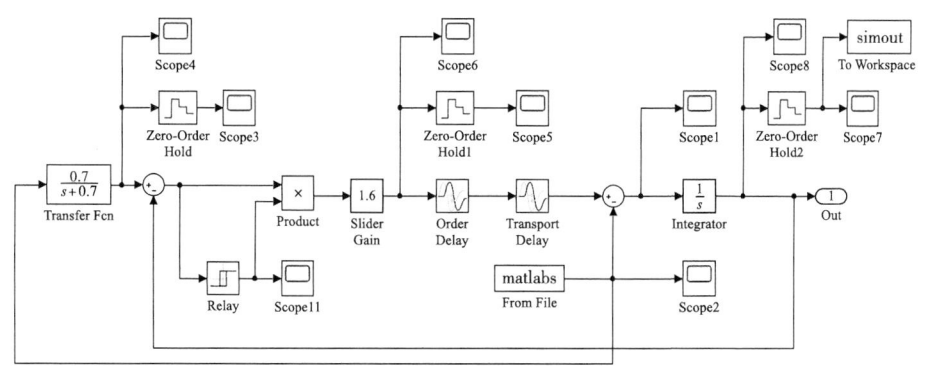

图 6-4 随机需求下线下渠道库存系统框图

6.3.2 双渠道集中补货库存系统仿真

集中补货库存控制与独立库存控制的初始条件与参数设定一致，经过实验，取订货比例均为 1.8，平滑系数分别为 0.6、0.7，对双渠道集中补货库存系统进行仿真。随机需求下集中补货库存系统框图如图 6-7 所示。

仿真结果如图 6-8 和图 6-9 所示。结果显示，在这套参数下，线上线下渠道共同的平均剩余库存量为 399，缺货次数为 6 次。虽有 6 次缺货，但缺货幅度均不大，说明集中补货库存控制虽无法明显降低缺货次数，但在降低平均剩余库存量方面的效果显著。在此需说明，集中补货库存控制如果出现缺货，则是两个渠道均缺货。

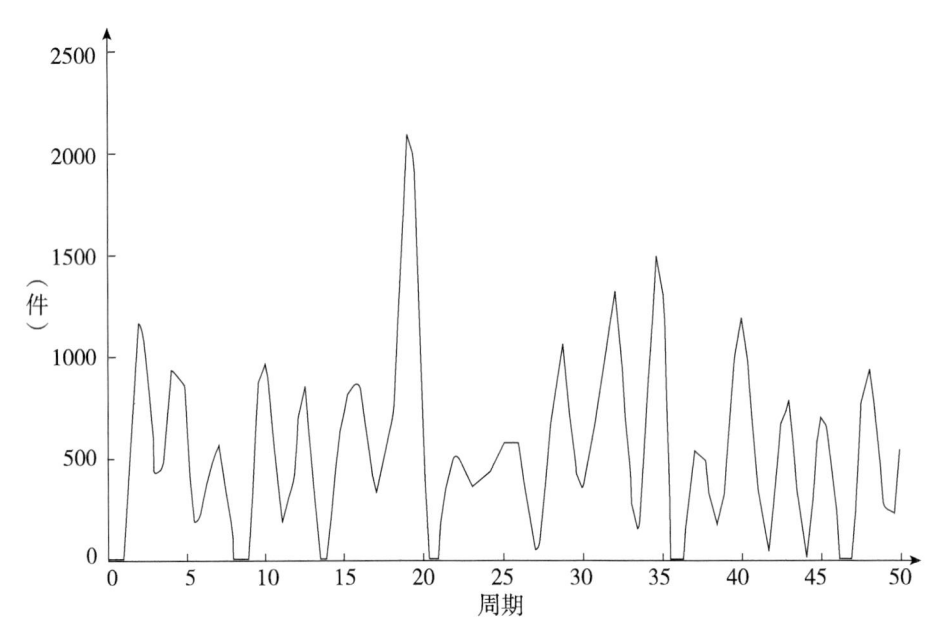

图 6-5 期望库存量

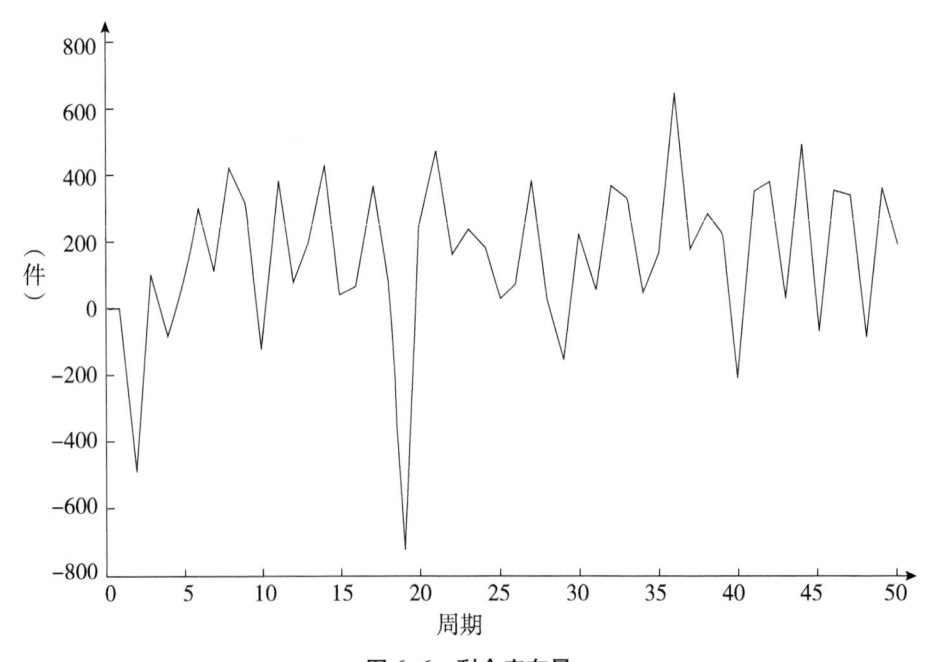

图 6-6 剩余库存量

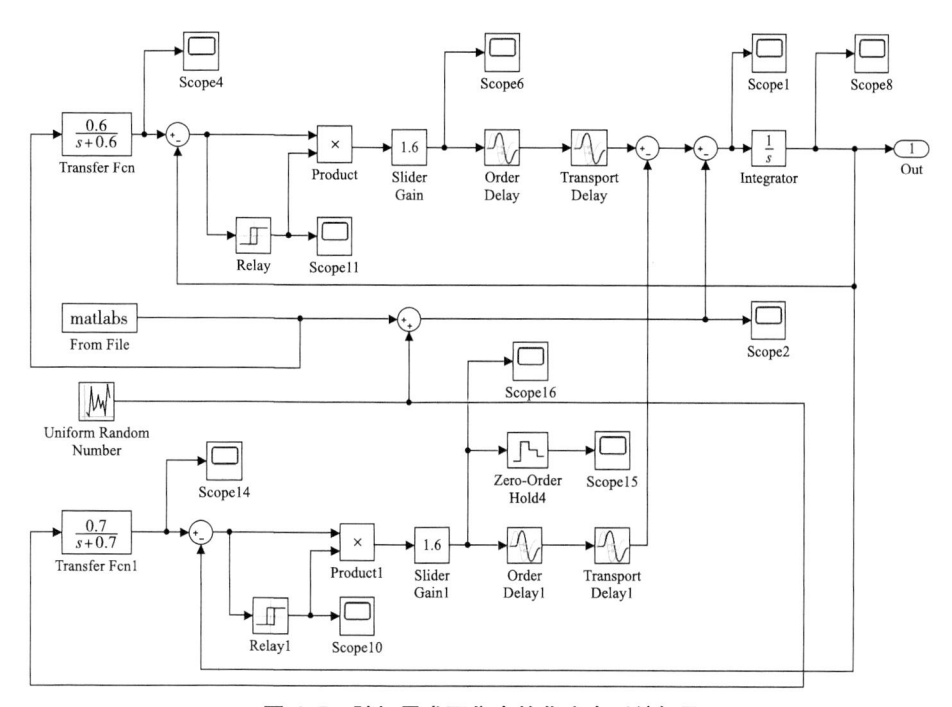

图 6-7 随机需求下集中补货库存系统框图

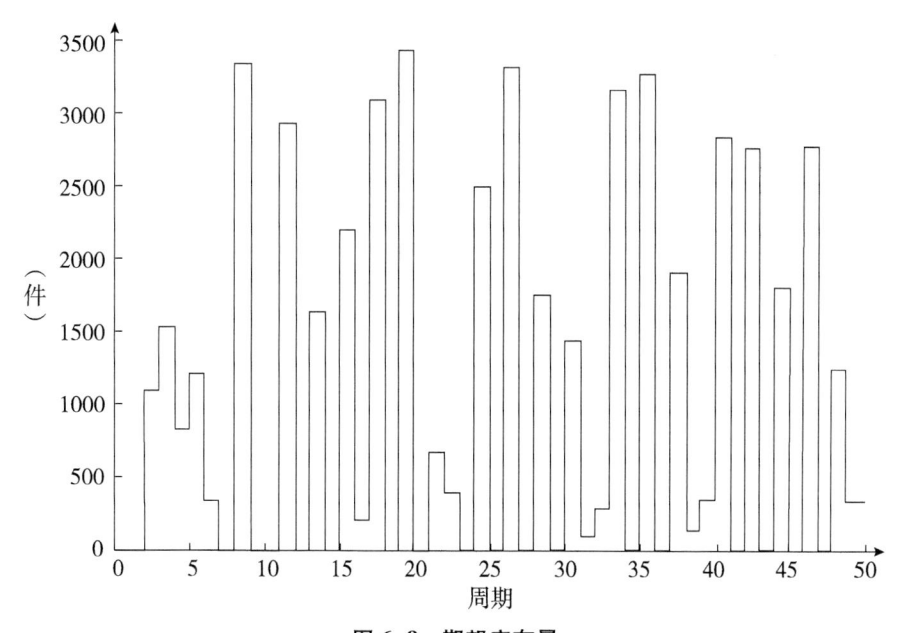

图 6-8 期望库存量

图 6-9 剩余库存量

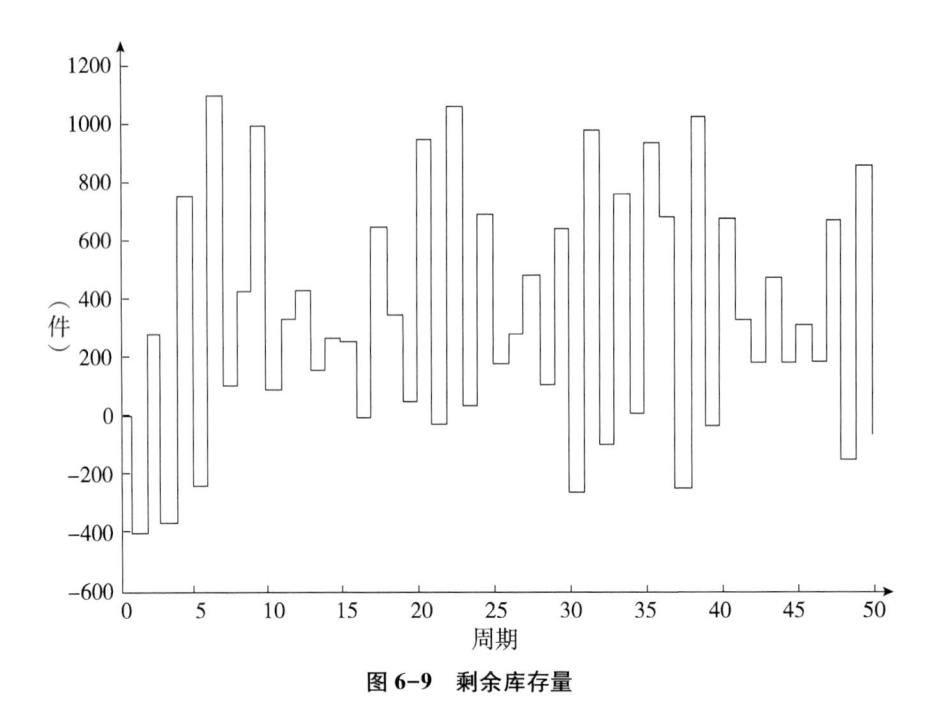

6.3.3 双渠道交叉补货库存系统仿真

交叉补货库存控制的初始条件和参数设定与独立库存控制的设定一致，不同的是，此处增加了渠道间交叉补货的物流延迟，设定为 0.1。经过实验，取两个渠道的订货比例分别为 1.78、1.79，平滑系数分别为 0.8、0.6，对双渠道交叉补货库存系统进行仿真。随机需求下交叉补货库存系统框图如图 6-10 所示。图 6-10 中，"Switch"为开关模块。

仿真结果如图 6-11 和图 6-12 所示。结果显示，在这套参数下，线下渠道缺货次数为 5 次，即需要补货的周期数为 5 个，平均剩余库存量为 231；线上渠道缺货次数为 6 次，即需要补货的周期数为 6 个，平均剩余库存量为 279。接下来将进行交叉补货，交叉补货后，双渠道交叉补货库存系统的仿真结果如图 6-13 和图 6-14 所示。

由图 6-13 和图 6-14 可知，线下渠道给线上渠道补足了 4 次货。其中，第 30 周期，线下渠道向线上渠道补货 476 单位，补货后剩余库存 353；第 33 周期，补货 211 单位，补货后剩余库存 66；第 37 周期，补货 242 单位，补货后剩余库存 39；第 43 周期，补货 209 单位，补货后剩余库存 74。补货完成后，线上渠道缺货从 6 次下降到 2 次，分别是第 26、第 46 周期，此时

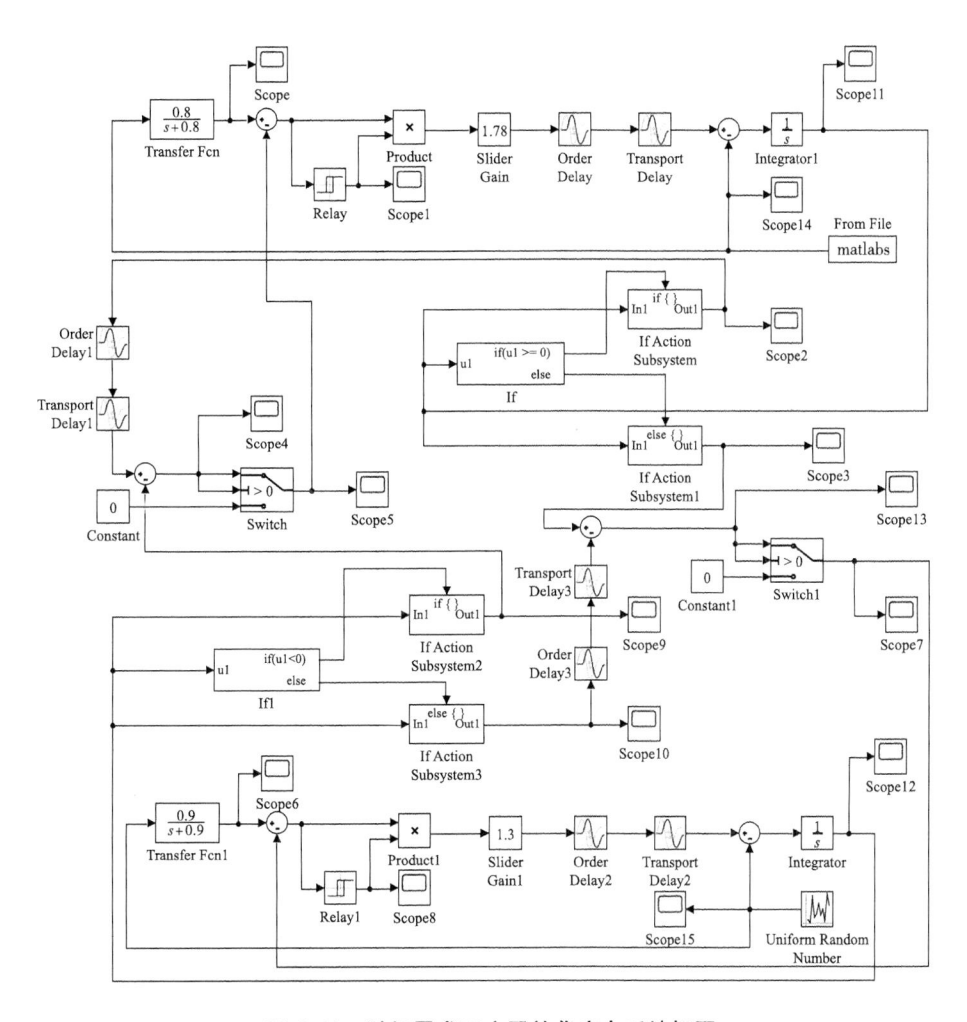

图 6-10 随机需求下交叉补货库存系统框图

平均剩余库存为 266。线下渠道给线上渠道补货后的反馈控制系统剩余库存量如表 6-1 所示。

线上渠道给线下渠道补足了 3 次货，分别补足的是第 10、第 19、第 40 周期。其中，第 10 周期，线上渠道给线下渠道补货 530 单位，补货后剩余库存 454；第 19 周期，补货 28 单位，补货后剩余库存 18；第 40 周期，补货 192 单位，补货后剩余库存 43。补货完成后线下渠道缺货 2 次，分别是第 16、第 28 周期，平均剩余库存为 217。线上渠道给线下渠道补货后的反馈控制系统剩余库存量如表 6-2 所示。

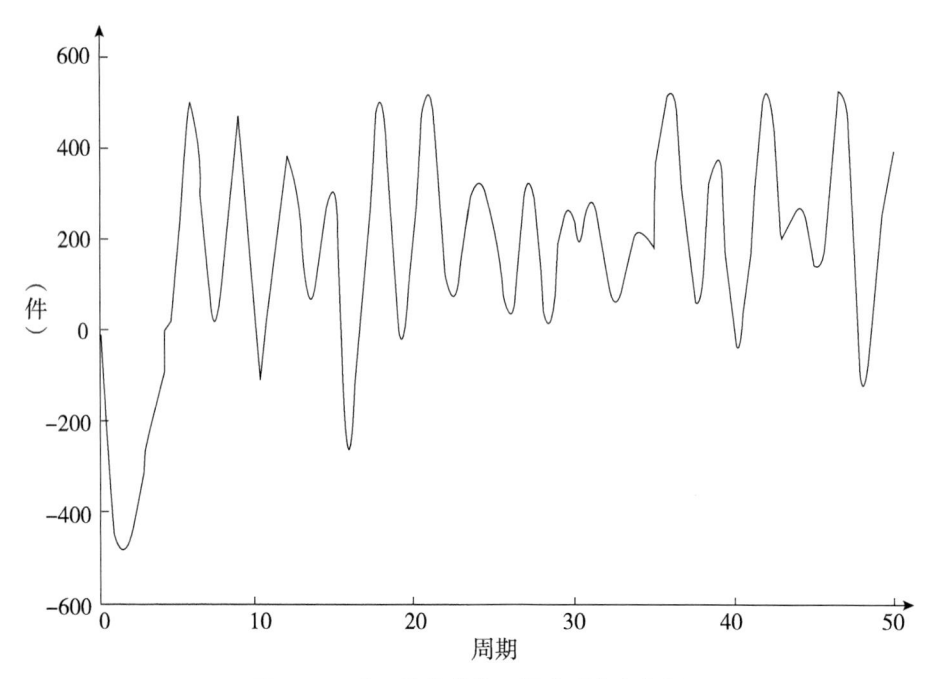

图 6-11 交叉补货前线下渠道剩余库存量

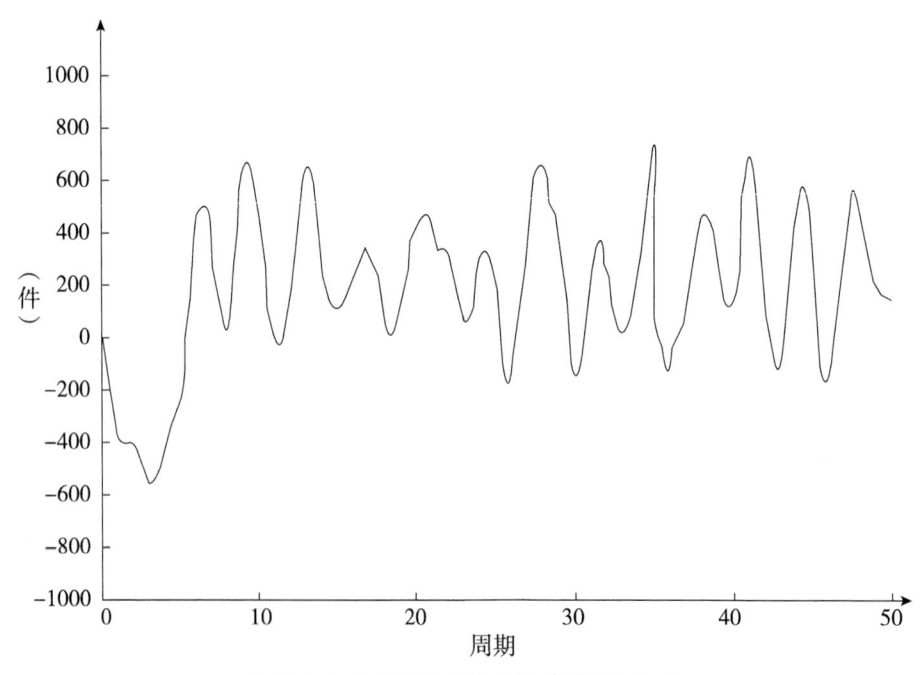

图 6-12 交叉补货前线上渠道剩余库存量

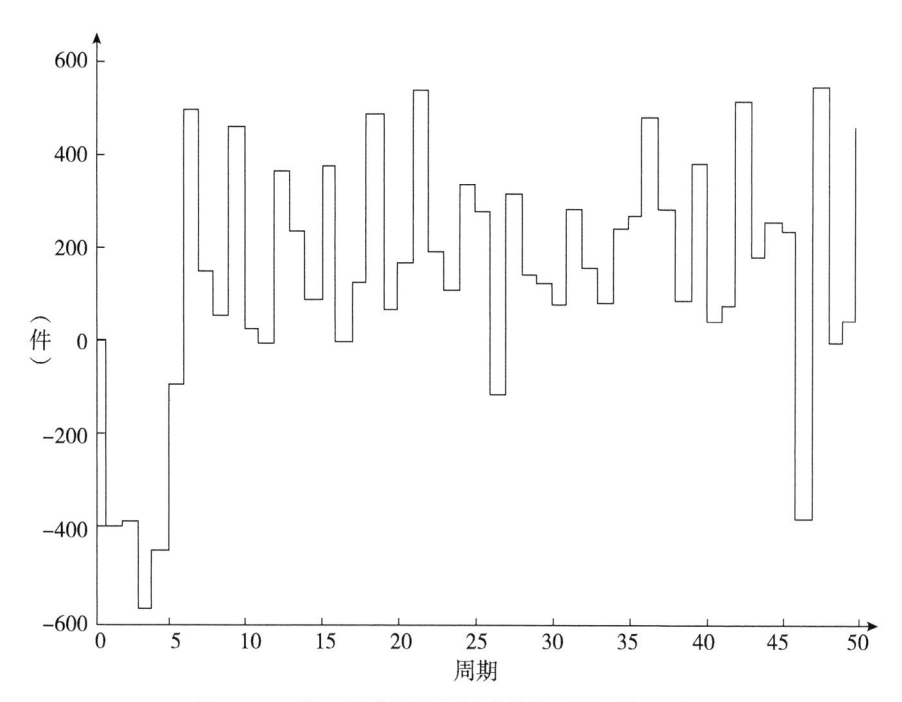

图 6-13 线下渠道给线上渠道补货后的剩余库存量

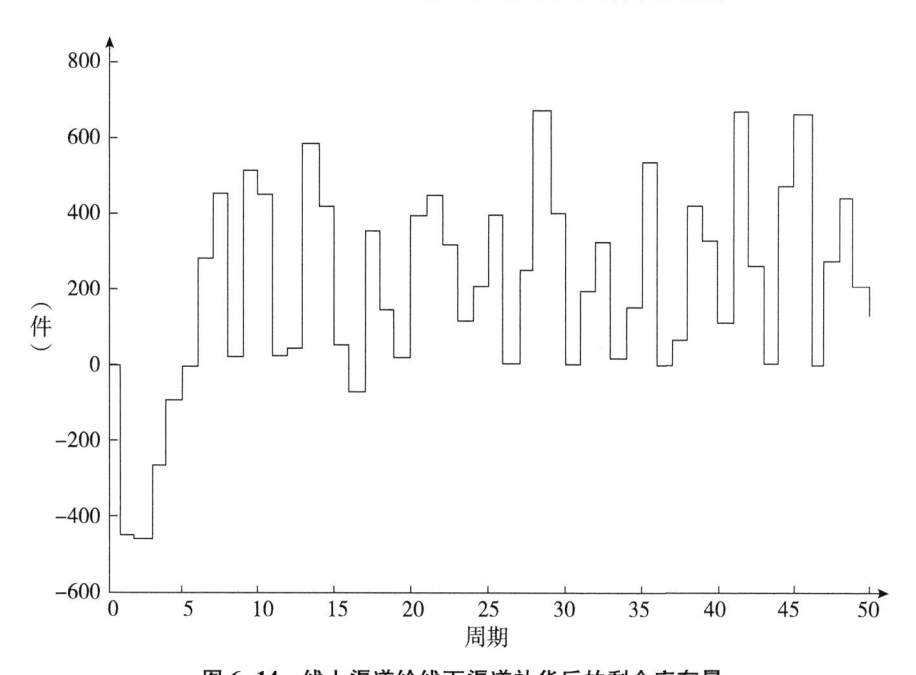

图 6-14 线上渠道给线下渠道补货后的剩余库存量

表 6-1　线下渠道给线上渠道补货后的反馈控制系统剩余库存量

周期	剩余库存量	周期	剩余库存量	周期	剩余库存量
6	495	21	532	36	233
7	151	22	190	37	39
8	60	23	109	38	450
9	462	24	330	39	314
10	30	25	276	40	0
11	0	26	−112	41	106
12	366	27	311	42	473
13	236	28	0	43	74
14	89	29	172	44	304
15	373	30	353	45	328
16	0	31	159	46	−339
17	123	32	162	47	411
18	488	33	66	48	153
19	67	34	239	49	0
20	167	35	518	50	376

表 6-2　线上渠道给线下渠道补货后的反馈控制系统剩余库存量

周期	剩余库存量	周期	剩余库存量	周期	剩余库存量
6	281	21	448	36	549
7	458	22	321	37	0
8	13	23	112	38	113
9	516	24	212	39	545
10	454	25	394	40	43
11	20	26	0	41	663
12	46	27	250	42	442
13	583	28	368	43	0
14	419	29	560	44	397
15	51	30	0	45	769
16	−75	31	−4	46	0
17	356	32	489	47	48
18	147	33	0	48	566
19	18	34	0	49	278
20	394	35	599	50	68

对仿真结果进行分析可得,当双渠道发生交叉补货后,除个别周期会有少量缺货发生外,一般情况下交叉补货均可满足双渠道的需求,说明交叉补货不仅可以满足双渠道不同的市场需求,获得利润,还可以降低双渠道的库存成本,同时在减少紧急补货成本方面也有很大的优势。

对双渠道独立库存控制、集中补货库存控制和交叉补货库存控制的库存情况作对比研究。三种情况平均剩余库存量及缺货次数对比如表 6-3 所示。

表 6-3　　三种情况平均剩余库存量及缺货次数对比

模型	渠道	平均剩余库存量	缺货次数
独立库存	线上渠道	274	6
	线下渠道	234	6
集中补货	缺货相同与独立库存比较	399	6
	库存相同与交叉补货比较	483	10
交叉补货（补货后）	线上渠道	266	2
	线下渠道	217	2
交叉补货（补货前）	线上渠道	279	6
	线下渠道	231	5

根据对比结果分析,可得出以下结论。

(1) 随机需求下,集中补货库存控制优于独立库存控制。在缺货次数相同的情况下,集中补货库存控制平均剩余库存 (399) 比独立库存控制 (274+234) 少 109 个单位,说明集中补货库存控制可以降低双渠道库存成本。

(2) 随机需求下,交叉补货库存控制优于独立库存控制。交叉补货库存控制的平均剩余库存 (483) 比独立库存控制 (274+234) 少 25 个单位,且缺货次数大幅减少,说明交叉补货库存控制可以大幅降低双渠道缺货成本。

(3) 随机需求下,交叉补货库存控制优于集中补货库存控制。为了便于将交叉补货库存控制和集中补货库存控制相比较,本章调整了集中补货库存控制的参数,使集中补货库存控制的平均剩余库存量达到了 483。故在平均剩余库存量相等的情况下 (483),交叉补货的缺货次数远低于集中补货库存控制,说明交叉补货库存控制可以有效降低双渠道缺货成本。

为考虑实验完整性,本章在相同背景下假设线上线下渠道为同种分布,得到以下结果 (见表 6-4)。

表 6-4　　　　　三种情况平均剩余库存量及缺货次数对比

库存指标	独立库存	集中补货	交叉补货（补货后）	
			线上渠道	线下渠道
平均剩余库存量	234	371	187	189
缺货次数	6	6	6	6

由表 6-4 可得，当线上线下渠道为同种分布时，与不同分布的结论有所不同。

（1）随机需求下，集中补货库存控制优于独立库存控制。在缺货次数相同的情况下，集中补货库存控制的平均剩余库存量（371）比独立库存控制（234+234）少 97 个单位。因为集中补货控制相较独立库存控制来说，在应对需求波动较大时有优势。

（2）随机需求下，交叉补货库存控制优于独立库存控制。交叉补货库存控制的平均剩余库存量（376）比独立库存控制（234+234）少 92 个单位，且缺货次数大幅减少。因为交叉补货库存控制相互之间的补货可以动态地调节库存，相较独立库存控制，在减少缺货次数和剩余库存量方面都有显著改善。

（3）随机需求下，集中补货库存控制略优于交叉补货库存控制。集中补货库存控制的平均剩余库存量（371）比交叉补货库存控制（187+189）少 5 个单位。在线上线下渠道为同种分布时，面临的市场需求差别不大，同时有剩余库存或产生缺货的概率较大，故交叉补货库存控制并不能发挥其优势。

从供应链管理的角度来看，将控制理论与库存模型相结合，可以为企业的库存优化提供参考。随着市场竞争的日益激烈，在满足市场需求的同时降低运营成本成为企业迫切需要解决的问题，而利用交叉补货策略动态优化双渠道库存系统不失为一种有效的办法。对比三种双渠道库存控制策略得出，在线上线下渠道为不同分布的随机需求下，使用双渠道交叉补货库存系统能很好地降低剩余库存量，从而为企业优化库存运营提供策略，为企业的实际生产运营提供理论借鉴。

7 现代库存系统控制方法

7.1 基于模型预测控制算法的库存系统优化

供应链企业处于一个极度复杂的需求环境中,经常要面临各种不确定性的随机需求,这给企业的需求预测带来了极大的困难和挑战,很多企业需求预测往往出现偏差,导致库存水平和缺货次数高居不下,从而降低了企业的服务水平,提高了企业的库存成本。随着供应链竞争的逐渐加剧,客户服务水平、缺货率对企业尤其是制造企业运营起着至关重要的作用。据了解,在某汽车零配件企业与客户签订的合同条款中规定,由于企业供应缺货而导致客户流水线停产的,企业将会受到每分钟高达2万元的罚单。因此,如何有效减少预测误差、降低库存成本、提高企业市场反应能力是目前众多学者和企业所面临的共同难题。目前在这方面的研究主要集中在从数理统计的角度分析利润与成本的关系,而利用控制理论方法从系统性的角度研究还相对缺乏。

近年来,控制理论在生产调度、库存管理等领域得到了广泛应用,为企业库存系统控制提供了有效的解决办法。基于控制理论算法的库存系统是指通过将企业进销存中主要动态变量转换成控制信号,将基本动态微分方程转换为传递函数、状态空间等控制对象,合理设计自主反馈控制算法,从而指导企业进行需求预测、订货、库存等环节,使企业库存系统达到持续动态优化状态的管理方法。首次将控制系统思想应用于库存控制的是美国学者Simon,他将库存系统优化问题简化成反馈控制系统,通过拉普拉斯变换将微分方程变换成系统传递函数,讨论了库存系统的优化方法,验证了控制理论算法能够很好地应用到生产和库存控制中。Towill等将生产—库存分解成三个子系统:生产延迟时间、库存调整时间和需求调整时间。他在模型中建立了库存水平与消耗率的关系,证明了反馈控制和前馈控制在库存管理中的重要性。John等在确定型需求下从控制理论角度研究了一个二级供应链企业的订货和库存策略对企业及供应链运营的影响，通过拉普拉斯和 Z 变换讨论了需求、订货提前期等因素与库存系统稳定性的关系，并给出确定型需求下的企业最优库存和订货策略。随着控制理论的发展，一些学者将现代控制理论应用于库存管理的研究中，其中，John 在现代控制理论的基础上提出了一种 APIOB-PCS 模型（Automatic Pipeline, Inventory and Order Based Production Control System），他认为订货量的多少可以根据需求预测量、实际库存量和理想库存量等参数来控制。Li 等将其扩展到包含制造商、供应商和零售商的三级闭环库存系统，并研究了供应链系统的整体动态性、库存系统的波动性以及牛鞭效应等问题。Zhao 等通过建立库存系统的状态空间方程，利用极点配置状态反馈的方式构建了库存系统，并通过实证研究证明了该系统的可行性与有效性。任庆忠等基于随机动态优化理论和自抗扰控制技术对比研究了经典的随机生产库存模型，研究结果表明自抗扰控制技术在不确定性的随机库存控制中有更好的控制效果。以上研究都从不同的控制技术研究了库存系统的稳定性及优化方法，然而大部分研究都是基于指数平滑等预测方法处理模型的需求预测，与以上研究不同的是，本章采用的模型预测控制是从模型预测的角度对需求预测进行把握，能够更好地减少预测的偏差，为随机库存动态优化问题提供了一种新的分析思路。

模型预测控制（MPC）对模型的精度要求不高，算法鲁棒性好；采用预测模型、滚动优化、在线辨识以及反馈校正的策略，能及时弥补由于模型失配、畸变、干扰等因素引起的不确定性，动态性能较好；并能有效处理多变量、有约束问题，非常适用于复杂系统的优化控制与决策。相比于经典控制、自适应等控制方法高度依赖于精确数学模型的要求，MPC 的预测模型对于模型结构没有过多的限制，并且由于预测模型具有呈现系统未来动态行为的功能，能够为动态系统优化提供更好的先验知识。随着工业的发展，模型预测控制在算法上有了很大发展，Maciejowski 给出了一种带有带状目标的预测控制算法，将系统带状目标转化为约束条件，并使用带状目标约束条件代替原有的约束条件；张广立等将传统反馈控制方法和灰色预测控制相结合，提出一种新型自调节灰色预测控制器。近年来，有学者将 MPC 引用到供应链动态决策中，董海等针对网络化制造环境中的供应链系统决策引入了一种分布式的 MPC 控制技术，给出了分布式模型预测控制算法，并构建了优化控制序列模型，仿真实验表明，分布式模型预测控制算法可以预测企业各阶段的理性库存，从而有效控制供应链管理中的不确定性。Subramania 运用分布式 MPC

研究了一个由制造商和零售商组成的二级闭环供应链库存系统,通过实验得出 MPC 能够有效控制供应链企业的订货、生产及库存等环节。雷蓓蓓等通过模型预测控制算法对供应链中决策问题部分进行了相关研究,并提出了一套供应链优化的决策方案。

本章在上述研究的基础上,针对企业库存运营管理的内在逻辑和随机需求的特点,结合模型预测控制算法的控制机理和适用条件,进一步对企业库存系统的控制优化问题展开研究,主要包括以下几方面内容。①建立了库存系统的传递函数,进一步推导出系统的状态空间模型。②设计了一种具有模型预测、滚动优化以及反馈校正的 MPC 库存系统控制模型。③通过对 MPC 库存系统进行参数整定和优化,提高了系统的控制效果和控制精度,并利用模型预测控制多变量有约束的特点,进一步改进了 MPC 库存系统,使其控制效果更加完善。④同时针对随机需求和季节性波动需求情况下的 MPC 库存系统进行了仿真,并同无 MPC 情况进行了对比。

7.1.1 库存系统建模

在一个常见的制造企业中,企业通常采用"订至点"补货策略。因此,在一个订货周期内,企业内部形成的库存量受到企业的实际需求量、订货量的影响。为了便于研究,本章根据实际情况进行抽象,并进行如下假设。

(1) 企业实行"订至点"补货策略。
(2) 存在订单、生产和物流延迟时间。
(3) 企业订货决策发生在每个订货周期末。
(4) 在运输和仓储过程中不考虑货损现象。
(5) 终端客户需求是随机的。
(6) 供应商的生产能力足够大,不考虑缺货和短缺博弈。

本章的符号设计如下所示。

t ——订货周期;

$D(t)$ ——第 t 个订货周期内的销售量,即市场需求;

$O(t)$ ——第 t 个订货周期内的订货量;

$U(t)$ ——第 t 个订货周期内的现有库存量;

$EU(t)$ ——第 t 个订货周期内的期望库存量;

μ ——企业的订货比例;

B ——上级节点企业对订单的延迟时间;

L——物流延迟时间；

s——复频域算子；

$H(s)$——系统传递函数；

$G(s)$——前向通道函数。

企业按"订至点"的补货策略订货，建立模型：

$$O(t) = \begin{cases} \mu \cdot [EU(t) - U(t)], & EU(t) > U(t) \\ 0, & EU(t) < U(t) \end{cases} \quad (7\text{-}1)$$

考虑企业发出订单后存在一系列交货延迟：

$$O(t) = \begin{cases} \mu \cdot [EU(t-B-L) - I(t-B-L)], & EU(t) > U(t) \\ 0, & EU(t) < U(t) \end{cases} \quad (7\text{-}2)$$

由于库存变换量可以用订货量与需求量之差表示，即

$$\Delta S(t) = \begin{cases} \mu \cdot [EU(t-B-L) - U(t-B-L)] - D(t), & EU(t) > U(t) \\ -D(t), & EU(t) < U(t) \end{cases} \quad (7\text{-}3)$$

又有

$$U(t+h) = U(t) + \frac{U'(t)}{1!} \cdot h + \frac{U''(t)}{2!} \cdot h^2 + \cdots + \frac{U^{(n)}(t)}{n!} \cdot h^n + R_n(t) \quad (7\text{-}4)$$

$$U(t+h) = U(t) + \frac{U'(t)}{1!} \cdot h + R_1(t) \quad (7\text{-}5)$$

$$U'(t) = \frac{U(t+h) - U(t)}{h} - \frac{R_1(t)}{h} \approx \frac{U(t+h) - U(t)}{h} \quad (7\text{-}6)$$

得到企业库存系统的微分方程为

$$\dot{U}(t) \approx \Delta U(t) = \begin{cases} \mu \cdot [EU(t-B-L) - U(t-B-L)] - D(t), & EU(t) > U(t) \\ -D(t), & EU(t) < U(t) \end{cases} \quad (7\text{-}7)$$

对库存系统的微分方程做拉普拉斯变换，将式（7-7）由时域变换到复频域，并整理得

$$s \cdot U(s) = \mu \cdot e^{-(B+L)s} \cdot EU(s) - \mu \cdot e^{-(B+L)s} \cdot U(s) - S(s) \quad (7\text{-}8)$$

$$U(s) = \frac{\mu \cdot e^{-(B+L)s} \cdot EU(s)}{s + \mu \cdot e^{-(B+L)s}} - \frac{D(s)}{s + \mu \cdot e^{-(B+L)s}} \quad (7\text{-}9)$$

7 现代库存系统控制方法

为了得到库存系统的关键控制环节,我们做出如下分解。

当只考虑期望库存量作为输入时,得到系统传递函数:

$$H^{out}(s) = \frac{U(s)}{EU(s)}\bigg|_{S(s)=0} = \frac{\mu \cdot e^{-(B+L)s}}{s + \mu \cdot e^{-(B+L)s}} \quad (7-10)$$

由反馈等效运算关系得到前向通道函数:

$$\frac{G^{out}(t)}{1 + G^{out}(t)} = \frac{\mu \cdot e^{-(B+L)s}}{s + \mu \cdot e^{-(B+L)s}} \quad (7-11)$$

$$G^{out}(s) = \frac{\mu \cdot e^{-(B+L)s}}{s} = \mu \cdot e^{-(B+L)s} \cdot \frac{1}{s} = g_1(s) \cdot g_2(s) \cdot g_3(s) \quad (7-12)$$

当只考虑随机需求下的实际销售量作为扰动输入时,得到系统传递函数:

$$H^{noise}(s) = \frac{U(s)}{S(s)}\bigg|_{EI(s)=0} = \frac{1}{s + \mu \cdot e^{-(B+L)s}} \quad (7-13)$$

由反馈等效运算关系得到前向通道函数:

$$\frac{G^{noise}(s)}{1 + G^{noise}(s) \cdot g_1(s) \cdot g_2(s)} = \frac{1}{s + \mu \cdot e^{-(B+L)s}} \quad (7-14)$$

$$G^{noise}(s) = \frac{1}{s} \quad (7-15)$$

由以上推导,可得到企业库存系统中的几个关键控制环节。

(1) 非线性控制环节("订至点"补货策略)。

(2) 比例控制环节: $g_1(s) = \mu$。

(3) 延迟控制环节: $g_2(s) = e^{-(B+L)s}$。

(4) 积分控制环节: $g_3(s) = \dfrac{1}{s}$。

单个节点库存系统的传递函数可推导为

$$G(s) = \frac{\mu \cdot e^{-(B+L)s} \cdot EU(s) - D(s)}{EU(s) \cdot (s + \mu \cdot e^{-(B+L)s})} \quad (7-16)$$

本章采用模型预测控制,对库存系统进行模型需求预测、滚动优化,MPC 流程如图 7-1 所示,针对上述库存系统模型,传递函数可写成以下的状态空间模型:

$$\begin{cases} \dot{x}(t) = \begin{bmatrix} 0 & 1 & 0 \\ 0 & 0 & 1 \\ \alpha & -(\varphi+\alpha) & -1 \end{bmatrix} x(t) + \begin{bmatrix} 0 \\ 0 \\ \alpha\varphi \end{bmatrix} u(t) \\ y(t) = \begin{bmatrix} -1 & (\varphi+\alpha) & 0 \end{bmatrix} x(t) \end{cases} \quad (7-17)$$

令 $A = \begin{bmatrix} 0 & 1 & 0 \\ 0 & 0 & 1 \\ \alpha & -(\varphi+\alpha) & -1 \end{bmatrix}, B = \begin{bmatrix} 0 \\ 0 \\ \alpha\varphi \end{bmatrix}$ 其中，$x(t)$ 为系统状态变量，$u(t)$，$y(t)$ 分别为系统输入和输出。

则上述状态空间模型可写成如下离散形式：

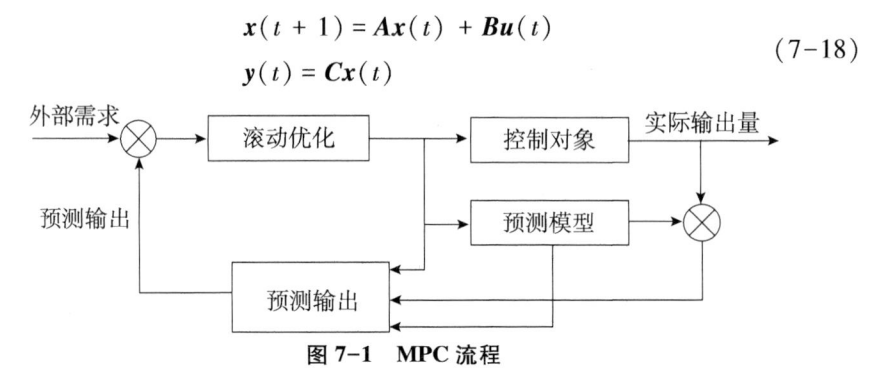

$$x(t+1) = Ax(t) + Bu(t)$$
$$y(t) = Cx(t) \tag{7-18}$$

图 7-1　MPC 流程

首先，控制器通过对状态变量进行估计，并预测下一时刻的值，具体来说，在预测模型部分：

$$\hat{x}(t|t) = \hat{x}(t|t-1) + L'[y(t) - \hat{y}(t|t-1)] \tag{7-19}$$
$$\hat{x}(t+1|t) = A\hat{x}(t|t) + Bu(t) \tag{7-20}$$
$$\hat{y}(t|t-1) = C\hat{x}(t|t-1) \tag{7-21}$$

其中，$\hat{x}$ 为 x 的估计，L' 为线性增益。

令 $L = AL$ 及状态估计误差 $e(t) = x(t) - \hat{x}(t|t-1)$，则式（7-21）可改写成

$$\hat{x}(t+1|t) = (A-LC)\hat{x}(t|t-1) + Bu(t) + Ly(t) \tag{7-22}$$
$$e(t+1) = (A-LC)e(t) \tag{7-23}$$

在模型的滚动优化部分，未来时刻的动态特性可以通过递归迭代所得

$$\hat{x}(t+1|t) = A\hat{x}(t|t) + Bu(t|t)$$
$$\begin{aligned}\hat{x}(t+2|t) &= A\hat{x}(t|t) + Bu(t|t) \\ &= A[A\hat{x}(t|t) + Bu(t|t)] + Bu(t+1|t) \\ &= A^2\hat{x}(t|t) + ABu(t|t) + Bu(t+1|t)\end{aligned}$$
$$\vdots$$
$$\hat{x}(t+Hu+1|t) = A^{Hu+1}\hat{x}(t|t) + A^{Hu}Bu(t|t) + \cdots + A^2Bu(t+Hu-2|t) + ABu(t+Hu-1|t)$$
$$\vdots$$

$$\hat{x}(t+Hp\mid t) = A^{Hp}\hat{x}(t\mid t) + A^{Hp-1}Bu(t\mid t) + \cdots +$$
$$A^{Hp-Hu}Bu(t+Hu-1\mid t) \tag{7-24}$$

结合状态空间模型，便可通过模型当中的预测输出部分得出未来时刻的预测输出：

$$\hat{y}(t+1\mid t) = C\hat{x}(t+1\mid t) = CA\hat{x}(t\mid t) + CBu(t\mid t)$$
$$\vdots$$
$$\hat{y}(t+Hu\mid t) = C\hat{x}(t+Hu\mid t) = CA^{Hu}\hat{x}(t\mid t) + [CA^{Hu-1}Bu(t\mid t) + \cdots +$$
$$CBu(t+Hu-2\mid t) + CBu(t+Hu-1\mid t)]$$
$$\hat{y}(t+Hu+1\mid t) = CA^{Hu+1}\hat{x}(t\mid t) + [CA^{Hu}Bu(t\mid t) + \cdots +$$
$$CA^2Bu(t+Hu-2\mid t) + CABu(t+Hu-1\mid t)]$$
$$\vdots$$
$$\hat{y}(t+Hp\mid t) = CA^{Hp}\hat{x}(t\mid t) + [CA^{Hp-1}Bu(t\mid t) + \cdots +$$
$$CA^{Hp-Hu}Bu(t+Hu-1\mid t)]$$
$$\tag{7-25}$$

上式可简写成如下形式：
$$Y(t) = F\hat{x}(t) + GU(t) \tag{7-26}$$

其中，$u(t\mid t) = u(t)$，$\hat{x}(t) = \hat{x}(t\mid t)$，而

$$\hat{y}(t) = \begin{bmatrix} \hat{y}(t+1\mid t) \\ \hat{y}(t+1\mid t) \\ \vdots \\ \hat{y}(t+Hp\mid t) \end{bmatrix}, U(t) = \begin{bmatrix} u(t) \\ u(t+1) \\ \vdots \\ u(t+Hu-1\mid t) \end{bmatrix}$$

$$F = \begin{bmatrix} CA \\ CA^2 \\ \vdots \\ CA^{Hp} \end{bmatrix}$$

$$G = \begin{bmatrix} CB & 0 & \cdots & 0 \\ CAB & CB & \cdots & 0 \\ \vdots & \vdots & \ddots & \vdots \\ CA^{Hu-1}B & \cdots & \cdots & CB \\ \vdots & \vdots & \ddots & \vdots \\ CA^{Hp-1}B & \cdots & \cdots & CA^{Hp-Hu}B \end{bmatrix}_{Hp \times Hu}$$

其中，H_p，H_u 分别为预测时域长度和控制时域长度，得到控制输入

$$\Delta \boldsymbol{u}(t) = \boldsymbol{\eta} \cdot [\boldsymbol{G}^{\mathrm{T}}(t) \cdot \boldsymbol{G}(t) + \lambda \cdot \boldsymbol{I}_{Hu}]^{-1} \cdot \boldsymbol{G}^{\mathrm{T}}(t) \cdot [\boldsymbol{W}(t) - \boldsymbol{F}\hat{\boldsymbol{x}}(t)]$$

(7-27)

则控制量为

$$\boldsymbol{u}(t) = \boldsymbol{u}(t-1) + \Delta \boldsymbol{u}(t) \qquad (7-28)$$

MPC 库存系统 Simulink 仿真如图 7-2 所示。

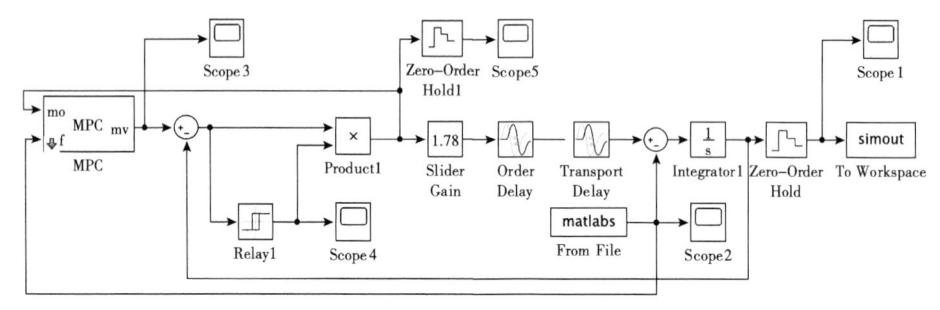

图 7-2　MPC 库存系统 Simulink 仿真

图 7-2 中，"MPC"为模型预测控制模块。

7.1.2　仿真对比研究

（1）参数整定与优化。

本章利用 MATLAB/Simulink 平台对系统进行仿真，并对平台自带的模型预测工具箱进行相关求解和优化。对于 MPC 库存系统的仿真而言，参数整定是首先要解决的问题。一组好的参数才能够使系统达到理想的控制效果和精度。仿真中设置周期为 50 个单位，MPC 控制环节涉及的主要参数为预测时域长度 H_p，控制时域长度 H_u，以及在线辨识权重因子 λ、η。MPC 控制环节在初始状态下各参数为：$H_p = 30$，$H_u = 20$，$\eta = 2.4$，$\lambda = 0.2$。初始状态下，通过在第 5 个周期加了一个幅值为 500 的脉冲信号对 MPC 库存系统进行响应实验，得到 MPC 库存系统初始状态下的脉冲响应。通过实验可以看出，在脉冲响应中，初始参数状态下的 MPC 库存系统的超调量达到 100%，最大偏差高达 1072 个单位。同时，在 50 个仿真周期内，初始参数状态下的 MPC 库存系统的脉冲响应非常不稳定，波动很大，控制状态稳定的只有 15 个周期。为了使库存系统达到准确、快速、稳定、超调小的原则，本章对系统各环节不同参数进行整定，经过大量实验后最后确定一组较好的参数，分别为：$H_p = 40$，

$Hu = 10$, $\eta = 0.1$, $\lambda = 1.0$。经过参数整定后，MPC 库存系统参数整定后的脉冲响应如图 7-3 所示。

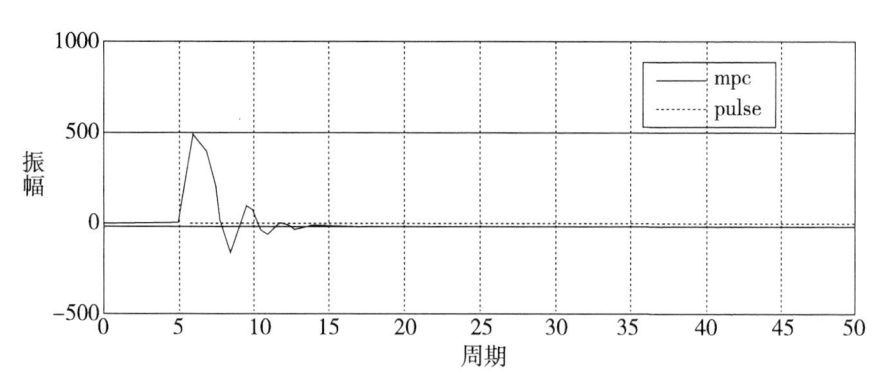

图 7-3　MPC 库存系统参数整定后的脉冲响应

参数整定和优化后的脉冲响应实验中，系统基本无超调，只有在短短的几个周期内出现了一些正常的微小波动，整个系统响应也趋于稳定，并且达到了快速、准确的控制效果。

（2）仿真对比试验。

在得到参数组 $Hp = 40$, $Hu = 10$, $\eta = 0.1$, $\lambda = 1$ 的基础上，本章进行了 MPC 库存系统的仿真对比研究。假定企业外部需求是随机的，并采用 400~600 的随机数模拟企业的市场需求。MPC 在每个阶段的优化中都以当前状态作为初始状态在线求解有限预测时域内的最优控制问题，是动态的在线优化。相较于一般反馈控制优化，MPC 控制优化能够更及时地根据市场需求变化，指导企业的订货策略。

首先，本章根据 MPC 具有限制的特性，在维持预测输出均值不变的情况下，对 MPC 进行了一定的预测输出限制，这样可以使 MPC 预测输出规避掉一些输出异常值，促进库存系统更加稳定。本章分别选取了 400~600，405~595，410~590，420~580 等 7 个区间进行实验，通过对比可以得出，在 420~580 限制区间内，MPC 效果相对较好，库存系统也相对稳定（见图 7-4）。

从图 7-4 中可以看出，相对于其他预测输出限制区间，420~580 内的库存表现令人满意，50 个周期内只有 4 次缺货，且平均库存量只有 93，而其他预测输出限制区间中，库存表现最好的 450~550 也有 7 次缺货，并且平均库存量为 136。因此，本章采用预测输出限制区间为 420~580 的 MPC 库存系统进行仿真研究。

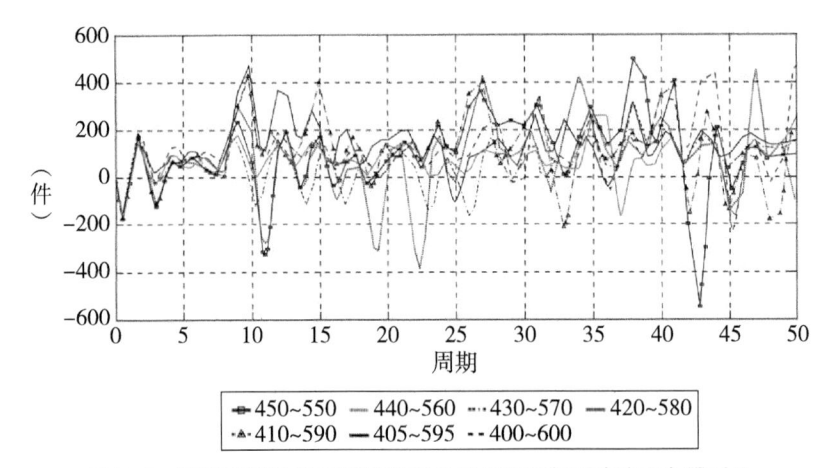

图 7-4　不同预测输出限制区间下的 MPC 库存系统的库存量对比

同样在市场需求为 400~600 的随机数条件下，本章对比了 MPC 库存系统与指数平滑预测的一般反馈库存控制系统的库存表现（见图 7-5）。

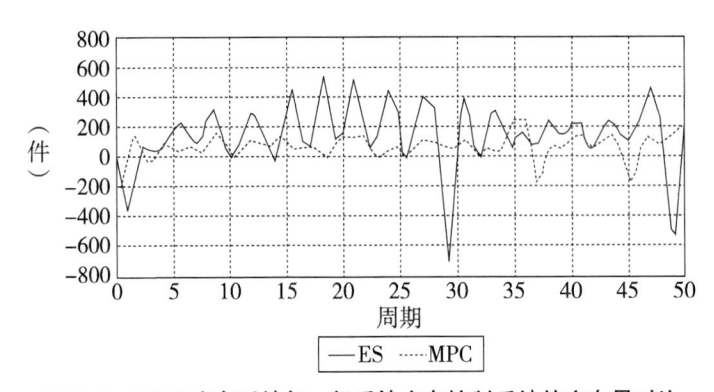

图 7-5　MPC 库存系统与一般反馈库存控制系统的库存量对比

通过 50 个周期的仿真模拟，在 MPC 控制下库存系统平均库存量为 93，而在指数平滑预测的一般反馈控制下，系统平均库存量为 182。相比于指数平滑预测的一般反馈控制，MPC 库存系统平均库存量下降了 49%。同时，50 个仿真周期内 MPC 库存系统的库存量方差为 63，而在指数平滑预测的一般反馈控制下，系统的库存量方差达到 136。由此可以看出，MPC 库存系统下的库存更为稳定。同时，在缺货方面，MPC 库存系统的缺货只有 4 次，缺货率为 8%；一般反馈库存控制系统的缺货次数为 7 次，缺货率为 14%，缺货方面也有较大改善。

7 现代库存系统控制方法

因此，对比指数平滑预测的一般反馈库存控制系统（ES），和本章所设计采用的具有优化预测输出限制的 MPC 库存系统（MPC1），以及其他限制区间下的 MPC 库存系统（MPC2）的平均库存量、库存量方差及缺货次数（见图7-6），可以看出，MPC 库存系统在以上三个方面都有较大的优化改进。

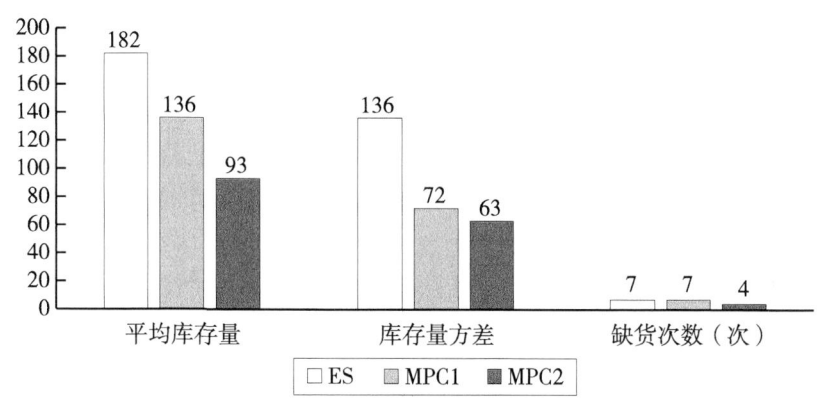

图 7-6　三种不同库存系统下的库存相关数据对比

除此之外，在现实生活中，有些产品的需求在一定时间内会发生季节性的波动，具有一定的上升或下降的趋势，通常情况下，我们以 Sin 函数作为季节性需求波动产品（例如：空调，服装等）的需求函数，下面以 Sin 函数作为需求函数，利用本章设计的 MPC 库存系统进行库存仿真，并对比指数平滑预测下的一般反馈库存系统。仿真对比如图7-7所示。

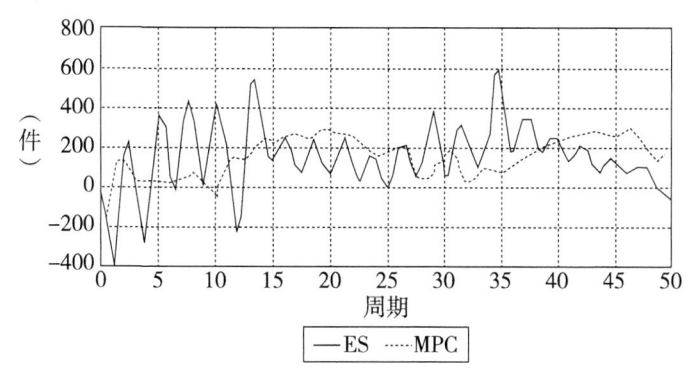

图 7-7　针对季节性波动产品的 MPC 库存系统库存仿真对比

通过对比可以看出，对于该需求函数，相比于指数平滑预测的一般控制，MPC 控制效果较好，企业的库存仍然处于较低且稳定的水平，这反映出 MPC 库存系统具有很强的鲁棒性和适应性。

7.2 基于自抗扰控制的库存系统优化

在外部需求不确定的环境下，特别是在面对突发事件导致的临时性撤销订单、追加订单等情况时，如何实现对库存系统的有效控制，使其保持动态稳定，是众多企业和学者共同面临的难题。库存系统的稳定在企业运营和供应链管理中都具有至关重要的作用。本章旨在对扰动下具有不确定需求的企业库存系统进行优化，指导企业合理制定订货策略、降低库存波动、弱化市场扰动对企业库存的影响，从动态系统的角度提高库存系统的稳定性，为企业的实际生产运营提供科学的理论借鉴和应对方法。

很多学者尝试从不同角度，使用不同的控制方法研究库存控制问题，取得了一定成果。

自抗扰控制（Active Disturbance Rejection Control，ADRC）采用直接观测未知扰动，补偿扰动的方式来抑制其对系统产生的影响。一方面，该算法继承了经典 PID 中"利用误差反馈消除误差"的优点，使控制系统不依赖于具体模型，仅仅利用误差进行反馈控制；另一方面，该算法又借助现代控制理论，通过建立扩张状态观测器（Extended State Observer，ESO）将系统外部扰动及系统内部动态不确定性合并为总扰动，在其对系统造成严重影响之前被估计出来，并通过控制规律和补偿机制将其抵消，以此弥补经典 PID 的缺陷。自抗扰控制以其较好的抗扰动性能和高精度的控制效果，在众多工程领域都有应用。Zhao 等通过加入具有时变增益的动态函数的非线性自抗扰控制系统，验证了其收敛性。Li 等设计了一种卫星自抗扰控制算法，用于分析天线系统的动态稳定性，通过仿真验证了该模型在实现高指向精度和转速等方面具有很好的效果。段慧达等针对类似板球系统的一类高阶、强耦合、不确定非线性系统，提出以多个低阶自抗扰控制器实现控制的方法。从目前研究现状来看，自抗扰控制技术非常适用于系统的抗扰研究，尤其是在无法对突发扰动进行数学描述的情况下，可以强有力地补偿扰动对系统造成的影响，维持系统的动态稳定。但自抗扰控制主要应用于工程控制领域，在企业库存管理及库存控制方面还未见涉及。

本章在上述研究的基础上，针对企业库存运营管理的内在逻辑和随机市场需求特点，将临时追加和撤销订单视为扰动。结合自抗扰算法的控制机理和适用条件，削弱短时扰动对库存系统的影响，进一步对企业库存系统的控制优化问题展开研究。

7.2.1 扰动下库存系统状态空间建模

本章采用"订至点"订货策略,具体而言,在一个订货周期内,企业首先向供应链上级供应商进行订货,到货后形成本周期库存,并根据市场需求销售货物;其次,到本周期期末,企业一方面对现有库存量即销售后的剩余库存量进行盘点,另一方面,根据本周期的实际销售情况,对下一周期市场需求进行预测;最后,企业根据本周期现有库存量与下一周期预测需求量的偏差,制定具体的订货策略。为方便本章建立企业库存系统的动态数学模型,本章参数设置如表7-1所示。

表 7-1　　　　　　　　参数设置

参数	释义
t	订货周期
S	复频域算子
α	平滑系数
$G(S)$	传递函数
$\omega(t)$	外部扰动
$x(t)$	状态空间变量
$y(t)$	系统输出
$I(t)$	t 时期期初的库存量
$D_f(t)$	t 时期内预测需求量
$D(t)$	t 时期内实际需求量
$O(t)$	t 时期内订货量
f_n	系统不确定内部动态,$n=1,2$

本章假设:

$I(t)$ 和 $D_f(t)$ 为系统的状态变量;$D(t)$ 为系统的输入;$O(t)$ 为系统的输出;研究期间企业订货周期不变,配送期间不存在货损和延迟送货等情况。

根据企业库存管理基本逻辑,$(t+1)$ 时的期初库存量等于 t 时的期初库存量加上 t 时段内企业向上游的订货量,减去 t 时段内实际需求量,即

$$I(t+1) = I(t) + O(t) - D(t) \tag{7-29}$$

根据泰勒展开式,对于库存函数有

$$I(t+h) = I(t) + \frac{I'(t)}{1!}h + \frac{I''(t)}{2!}h^2 + \cdots + \frac{I^{(n)}(t)}{n!}h^n + R_n(t) \quad (7-30)$$

其中，$n!$ 表示阶乘，$R_n(t)$ 表示泰勒展开式和实际值之间的余数，由此可以得到库存函数的一阶导数的近似值：

$$I(t+h) = I(t) + \frac{I'(t)}{1!}h + R_1(t) \quad (7-31)$$

假设 $R_1(t)$ 足够小，求解得到 t 时的边际库存量为

$$I'(t) = \dot{I}(t) \approx \frac{I(t+1) - I(t)}{(t+1) - t} = I(t+1) - I(t) \quad (7-32)$$
$$= O(t) - D(t)$$

t 时段内的订货量为 t 时段的需求预测量减去 t 时段的现有库存量：

$$O(t) = D_f(t) - I(t) \quad (7-33)$$

代入式（7-32）得

$$\dot{I}(t) = -I(t) + D_f(t) - D(t) \quad (7-34)$$

根据指数平滑法预测模型，得到 t 时期内平滑系数为 α 的需求预测模型：

$$D_f(t+1) = \alpha \cdot D(t) + (1-\alpha) \cdot D_f(t) \quad (7-35)$$

同样根据泰勒展开式得到边际需求预测量：

$$\dot{D}_f(t) \approx \alpha \cdot D(t) - \alpha \cdot D_f(t) \quad (7-36)$$

变换式（7-33）得

$$O(t) = \dot{I}(t) + D(t) \quad (7-37)$$

根据状态空间描述式：

$$\dot{x}(t) = \boldsymbol{A} \cdot x(t) + \boldsymbol{B} \cdot u(t) \quad (7-38)$$
$$y(t) = \boldsymbol{C} \cdot x(t) \quad (7-39)$$

结合企业库存系统的数学模型（7-35）~（7-38），得到无扰动时的企业库存系统状态空间基本描述式：

$$\begin{bmatrix} \dot{I}(t) \\ \dot{D}_f(t) \end{bmatrix} = \begin{bmatrix} -1 & 1 \\ 0 & \alpha \end{bmatrix} \cdot \begin{bmatrix} I(t) \\ D_f(t) \end{bmatrix} + \begin{bmatrix} -1 \\ \alpha \end{bmatrix} \cdot D(t) \quad (7-40)$$

$$O(t) = -I(t) + D_f(t) \quad (7-41)$$

其中，$\dot{x}(t)$ 为系统状态变量，不妨设 $\dot{I}(t) = \dot{x}_1(t)$，$\dot{D}_f(t) = \dot{x}_2(t)$ 为系统的两个状态变量，$\boldsymbol{A} = \begin{bmatrix} -1 & 1 \\ 0 & -\alpha \end{bmatrix}$ 为系数矩阵，$\boldsymbol{B} = \begin{bmatrix} -1 \\ \alpha \end{bmatrix}$ 为控制矩阵，$y(t) = O(t)$ 为输出，$\boldsymbol{C} = [-1 \quad 1]$ 为观测矩阵，将状态空间式（7-41）和式

(7-42）展开分析，得到企业库存状态空间模型的信息流向、反馈回路和反馈增益（见图7-8）。其中，从左至右分别为实际需求量通过库存量和预测需求量两个状态变量的分支及其微分量，经过系数矩阵和控制矩阵对其进行反馈后，对订货量进行控制和修正。

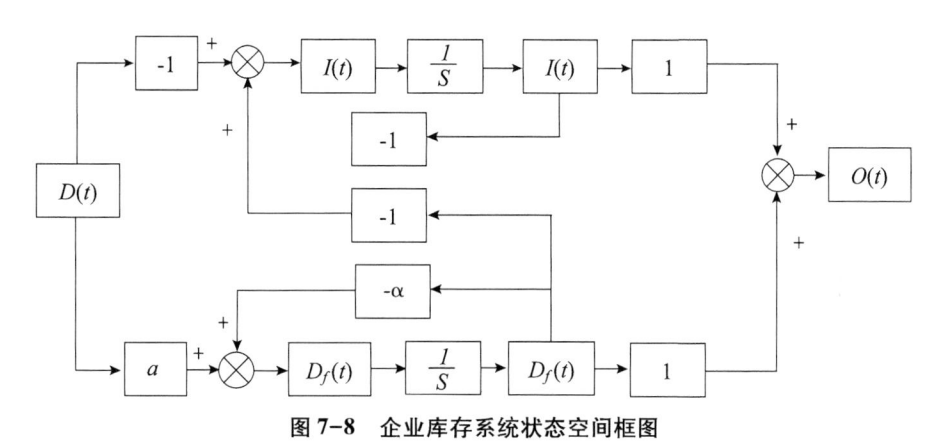

图 7-8 企业库存系统状态空间框图

为建立含有扰动的库存系统状态空间，需将库存状态空间转化成复频域传递函数后，再加入动态扰动。将企业库存系统的状态空间转换为传递函数后得：

$$G(S) = C \cdot (S \cdot E - A)^{-1} \cdot B \qquad (7\text{-}42)$$

其中，E 为单位矩阵，S 为复频域算子，进一步可得该状态方程的等效传递函数为

$$G(S) = \frac{S(1+\alpha)+\alpha}{S^2 + S(1+\alpha)+\alpha} \qquad (7\text{-}43)$$

现考虑由自然灾害、重大突发公共卫生事件等大规模突发事件引起的系统外部扰动 $\omega(t)$，并对其进行拉氏变换为 $L[\omega(t)] = \dfrac{\omega(S)}{S}$，令 $\omega_1(S) = \dfrac{\omega(S)}{S}$ 代表复频域状态下的外部扰动，加入式（7-43）后传递函数为

$$G(S) = \frac{S(1+\alpha)+\alpha}{S^2 + S(1+\alpha)+\alpha} + \omega_1(S) \qquad (7\text{-}44)$$

得到考虑扰动的库存状态空间标准式：

$$\begin{cases} \dot{x}(t) = \begin{bmatrix} 0 & 1 & 0 \\ 0 & 0 & 1 \\ -\alpha & -(1+\alpha) & -1 \end{bmatrix} \cdot x(t) + \begin{bmatrix} 0 \\ 0 \\ 1 \end{bmatrix} \cdot u(t) \\ y(t) = \begin{bmatrix} \alpha & (1+\alpha) & 0 \end{bmatrix} \cdot x(t) + \omega(t) \end{cases} \qquad (7\text{-}45)$$

将此标准式转化为适用于抗扰控制算法的多级串联标准型：

$$\begin{cases} \dot{x}_1 = f_1 + x_2 \\ \dot{x}_2 = f_2 + x_3 \\ \quad \vdots \\ \dot{x}_{n-1} = f_{n-1} + x_n \\ \dot{x}_n = f_n + bu \\ y = x_1 \end{cases} \tag{7-46}$$

为得到 f_1、f_2 及 b，需令 $y = x_1$，将 $y(t)$ 的输入输出关系转化为状态变量的控制关系。由式 (7-45) 可知 $\dot{x}_1 = x_2$，得到 $f_1 = 0$。

对 $y(t)$ 求导，可得

$$\dot{y}(t) = \alpha \dot{x}_1(t) + (1+\alpha) \dot{x}_2(t) + \dot{\omega}(t) \tag{7-47}$$

$$\begin{aligned} \ddot{y}(t) &= \alpha \ddot{x}_1(t) + (1+\alpha) \ddot{x}_2(t) + \ddot{\omega}(t) \\ &= \alpha \dot{x}_2(t) + (1+\alpha) \dot{x}_3(t) + \ddot{\omega}(t) \end{aligned} \tag{7-48}$$

由式 (7-46) 可知存在如下关系：

$$\dot{x}_3(t) = -\alpha x_1(t) - (1+\alpha) x_2(t) - x_3(t) + u(t) \tag{7-49}$$

将式 (7-49) 代入式 (7-48) 可得

$$\begin{aligned} \ddot{y}(t) = {} & \alpha \dot{x}_2(t) - \alpha(1+\alpha) x_1(t) - (1+\alpha)^2 x_2(t) - \\ & (1+\alpha) x_3(t) + (1+\alpha) u(t) + \ddot{\omega}(t) \end{aligned} \tag{7-50}$$

由于 $y = x_1$，$\dot{x}_1 = x_2$，则 $\dot{x}_2 = \ddot{x}_1 = \ddot{y}$。故可得

$$\begin{aligned} f_2 = f(x_1, x_2, t) = {} & \alpha \dot{x}_2(t) - \alpha(1+\alpha) x_1(t) - (1+\alpha)^2 \cdot \\ & x_2(t) - (1+\alpha) x_3(t) + \ddot{\omega}(t) \end{aligned} \tag{7-51}$$

$$b = 1 + \alpha \tag{7-52}$$

综上所述，式 (7-45) 的库存状态空间标准式可转化为一类标准的二阶状态空间系统：

$$\begin{cases} \dot{x}_1 = x_2 \\ \dot{x}_2 = f(x_1, x_2, t) + bu \\ y = x_1 \end{cases} \tag{7-53}$$

7.2.2 参数整定与优化

本章在 Simulink 平台中对优化模型进行仿真，采用阶跃信号和波动相

对平稳的正弦信号进行参数整定测试,由于平滑系数取值取决于数据源的波动程度,即波动较大时,α 相对较大($\alpha \geq 1$);波动平稳时,α 取值较小($0 < \alpha < 1$)。针对采用阶跃信号的参数实验阶段,取平滑系数 $\alpha = 0.8$。

对于基于自抗扰控制的扰动库存系统优化模型而言,参数整定是首要问题。在本章设计的基于自抗扰控制的扰动库存系统优化模型中,跟踪微分环节的参数 r、h 的调整能够有效解决系统超调问题,即当市场需求受扰动干扰发生巨大变化时,期望库存的超调量不会过大。扩张状态观测器中,参数 β_{01}、β_{02} 及 β_{03} 的具体选择由系统的采样步长决定,它们主要解决系统滞后性和振荡问题,在具体的调节过程中可先调节 β_{03} 观测效果,直到系统跟踪效果较好时,再对 β_{01}、β_{02} 进行调节以提升控制系统性能,使需求预测能快速、稳定地跟随市场实际需求的变化而变化。非线性状态误差反馈控制律中,k_1、k_2 为非线性函数 $fal(\cdot)$ 前的系数,b 为补偿因子,主要用于补偿外部扰动,使期望库存量的设定在抗干扰环境下能跟随市场需求波动。

首先对基于自抗扰控制的扰动库存系统优化模型进行参数整定,自抗扰控制各环节初始状态下的参数如下所示。

跟踪微分环节:$r = 120$,$h = 0.8$。

状态观测环节:$\beta_{01} = 80$,$\beta_{02} = 55$,$\beta_{03} = 70$。

非线性反馈率:$k_1 = 25$,$k_2 = 30$。

初始状态下,优化模型的跟踪曲线如图 7-9 所示,由图可见,系统振幅较大,且响应速度较慢。

初始状态下,基于自抗扰控制的扰动库存系统优化模型的阶跃响应如图 7-10 所示。

通过实验可以看出,在阶跃响应中,初始状态的基于自抗扰控制的扰动库存系统优化模型的超调量达到 60%,调节时间为 70s。

为使库存系统对扰动下需求的响应达到准确、快速、稳定、超调小的原则,对系统各环节不同参数进行整定,经过大量实验后最终确定最优参数组合,结果如下。

跟踪微分环节:$r = 150$,$h = 1$。

状态观测环节:$\beta_{01} = 10$,$\beta_{02} = 100$,$\beta_{03} = 10$。

非线性反馈率:$k_1 = 95$,$k_2 = 20$。

参数整定后,对应的跟踪曲线如图 7-11 所示。与图 7-9 相比,在系统的上升与下降沿部分,响应速度均有相对提高,响应振幅明显减少,自抗扰控

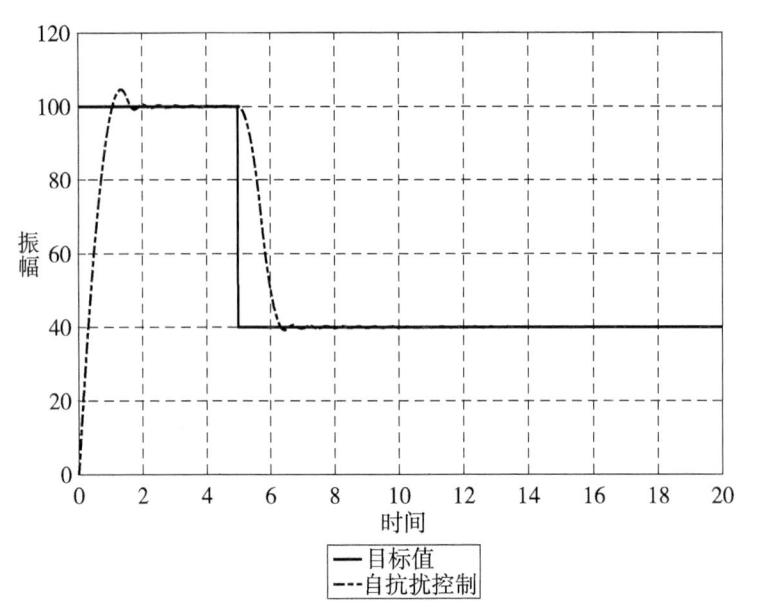

图7-9 基于自抗扰控制的扰动库存系统优化模型初始状态下的跟踪曲线

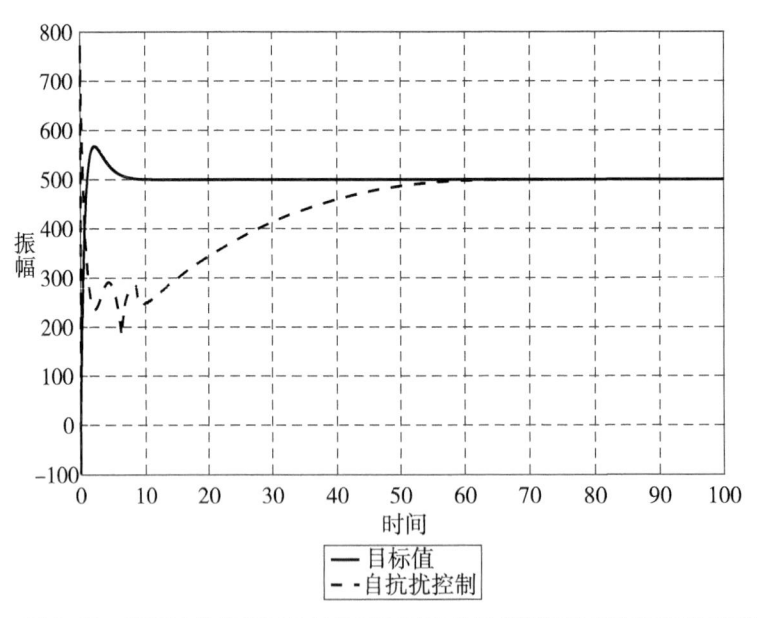

图7-10 基于自抗扰控制的扰动库存系统优化模型初始状态下的阶跃响应

制器跟踪精度有较大提高。

参数整定后，基于自抗扰控制的扰动库存系统优化模型的阶跃实验结果如图7-12所示。

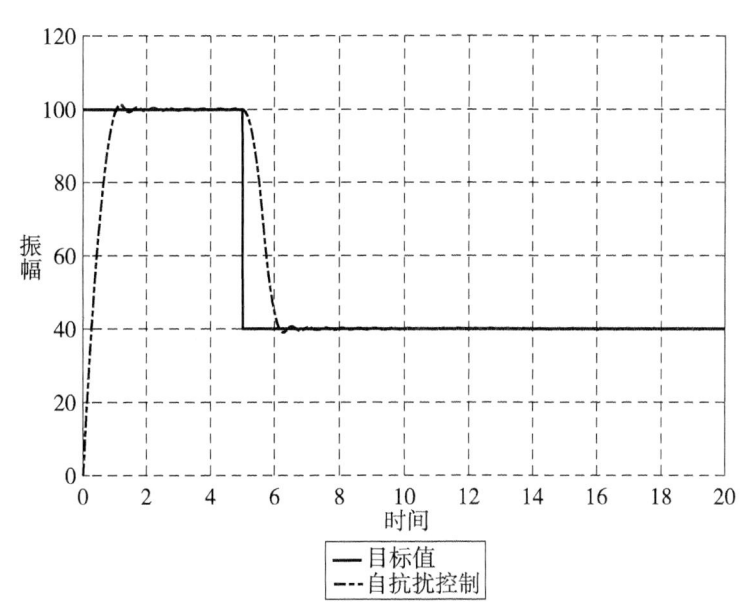

图 7-11　基于自抗扰控制的扰动库存系统优化模型参数整定后的跟踪曲线

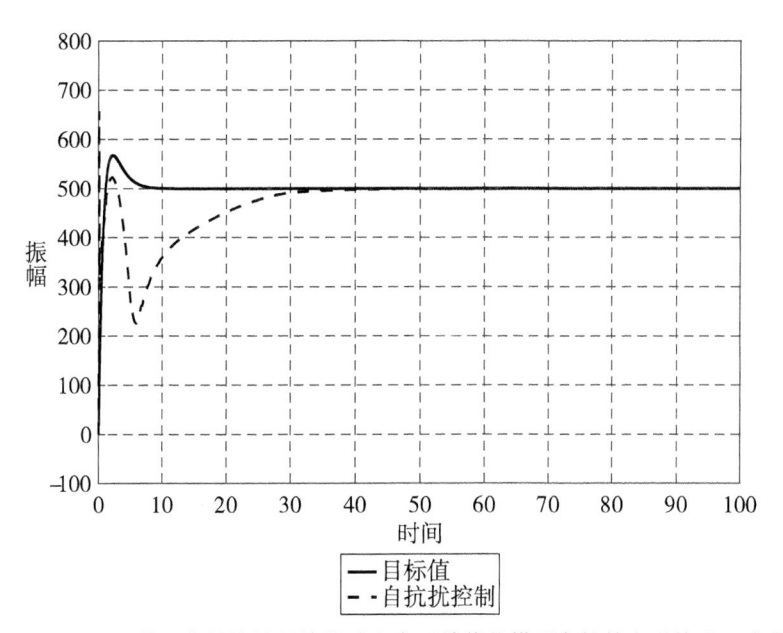

图 7-12　基于自抗扰控制的扰动库存系统优化模型参数整定后的阶跃响应

通过实验结果可以看出，参数整定后的阶跃实验中，优化模型的超调量由 60% 下降到 50%，达到稳定状态的调节时间也下降为 40s，系统的控制效果较好。因此，通过对优化模型的跟踪精度、超调量和调节时间进行观测，可知该组参数组合适用于本章所提出的基于自抗扰控制的扰动库存系统优化模型。

7.2.3 仿真对比研究

在基于自抗扰控制的扰动库存系统优化模型中，企业每一周期对需求的预测要根据历史实际需求信息制定，而实际需求除正常波动外还会受诸多不确定扰动影响，如临时加单、撤单，这增强了其不确定性，加大了库存系统的控制难度。当需求波动伴随扰动信号输入基于自抗扰控制的扰动库存系统优化模型时，自抗扰控制器会对其进行观测并模拟，通过状态反馈控制输出，指导企业订货决策，保证库存系统在扰动下仍能稳定运行，降低库存成本。本章收集了某大型批发市场自2018年1月至2019年12月中50个周期米醋的实际销售量进行实证研究，如表7-2所示，其平均值为347，标准差为202；除此之外，在第15、第30、第35周期增加持续时间为1s的3个振幅分别为500、500和-400的不定时正负脉冲信号作为扰动量，即在实际市场需求的基础上增加瞬时扰动，采用上述参数整定优化后的基于自抗扰控制的扰动库存系统优化模型进行仿真对比。

表7-2　　某批发市场米醋实际销售量数据

周期	销售量	周期	销售量	周期	销售量	周期	销售量	周期	销售量
1	140	11	312	21	116	31	481	41	525
2	182	12	401	22	168	32	394	42	649
3	238	13	328	23	41	33	176	43	750
4	549	14	370	24	48	34	281	44	774
5	586	15	433	25	38	35	292	45	504
6	536	16	563	26	80	36	420	46	441
7	0	17	662	27	137	37	457	47	439
8	14	18	316	28	39	38	387	48	445
9	472	19	247	29	168	39	354	49	649
10	497	20	409	30	71	40	344	50	454

为验证基于自抗扰控制的扰动库存系统优化模型的有效性，本章对库存系统进行三个仿真实验，分别为：无扰动库存系统仿真、扰动库存系统仿真

和基于自抗扰控制的扰动库存系统优化模型仿真。

三种库存系统的订货量仿真结果如表 7-3 所示。

表 7-3　　　　　　　　库存系统订货量仿真结果

周期	无扰动	扰动	自抗扰	周期	无扰动	扰动	自抗扰
1	119	119	128	26	47	46	96
2	181	181	165	27	107	107	139
3	235	235	208	28	83	83	110
4	443	443	354	29	117	117	176
5	611	611	401	30	114	114	172
6	610	610	356	31	318	797	601
7	254	254	240	32	456	697	687
8	−15	0	69	33	307	319	674
9	226	226	269	34	246	217	593
10	477	477	359	35	280	254	457
11	422	422	345	36	368	0	242
12	382	382	287	37	454	375	388
13	361	361	254	38	437	439	355
14	353	353	305	39	380	395	329
15	405	405	363	40	348	359	331
16	516	995	657	41	446	453	447
17	641	727	675	42	607	611	552
18	488	479	622	43	738	740	629
19	278	257	516	44	803	804	640
20	312	296	355	45	649	650	561
21	217	207	169	46	471	471	428
22	126	121	101	47	414	414	385
23	63	60	44	48	417	417	414
24	18	17	60	49	549	549	547
25	17	16	56	50	540	540	573

三种库存系统的订货量仿真对比如图 7-13 所示。结果表明，在扰动的影响下，企业订货量波动明显增大；而基于自抗扰控制的扰动库存系统优化模型能够弱化扰动对企业库存系统的影响，保证其稳定运行，指导企业进行合理订货。图 7-14 为库存系统订货量移动标准差对比情况，基于自抗扰控制的

· 173 ·

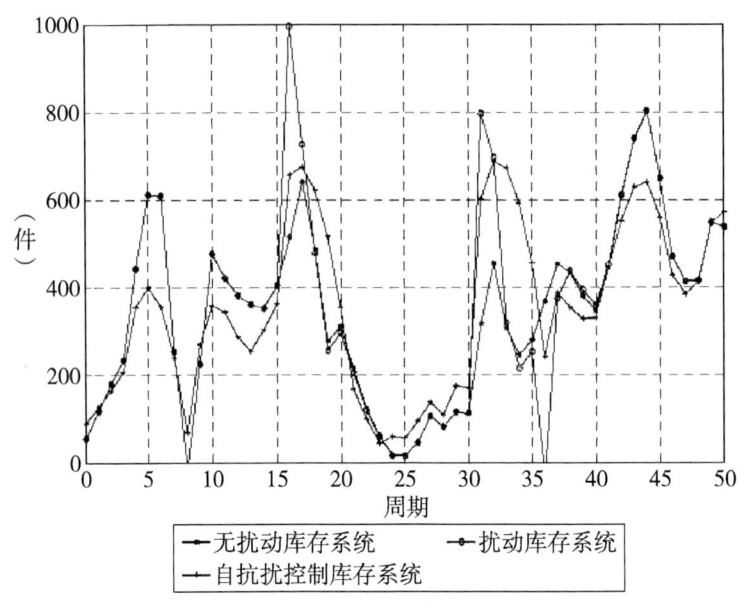

图 7-13　库存系统订货量仿真对比

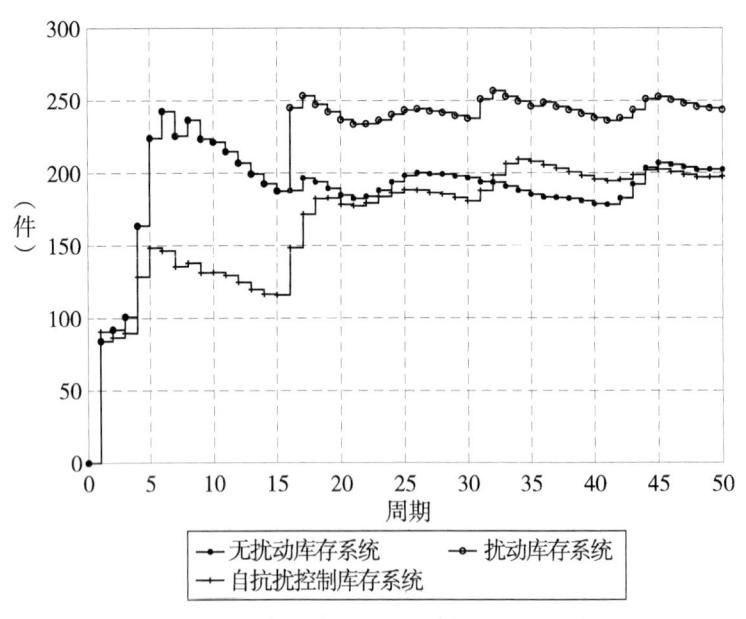

图 7-14　库存系统订货量移动标准差仿真对比

扰动库存系统优化模型的订货量移动标准差，略优于无扰动库存系统，明显优于扰动库存系统。结果表明，自抗扰控制系统不仅能够削弱扰动对企业订货决策的影响,还能够进一步修正市场实际需求,使库存系统对需求响应能够达到抗扰、准确、快速、稳定的效果,降低企业订货波动。图 7-15 为库存系统订货量移动均值对比情况,无扰动库存系统的企业订货量均值为 349;扰动库存系统的企业订货量均值为 364;而基于自抗扰控制的扰动库存系统优化模型的企业订货量均值为 358。实验结果证明,基于自抗扰控制的扰动库存系统优化模型能够有效减小企业订货量,合理利用资源,降低库存成本。

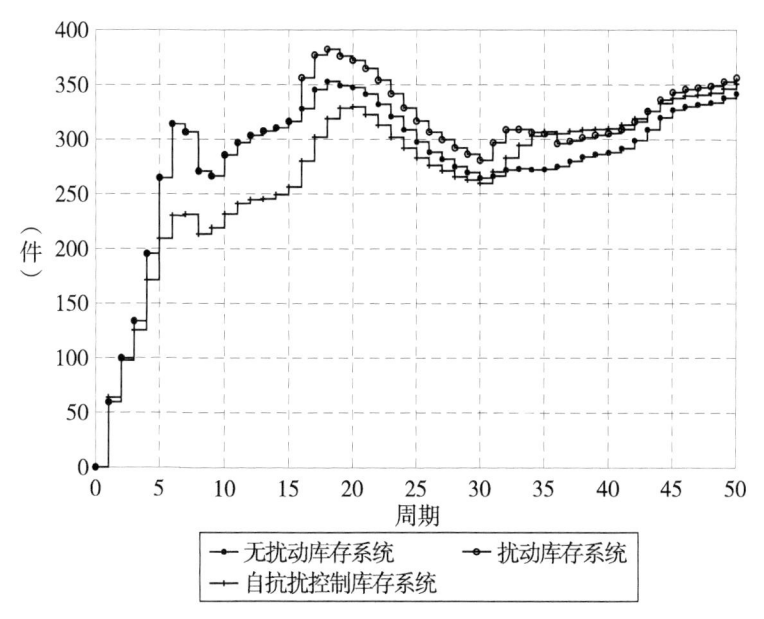

图 7-15 库存系统订货量移动均值对比

三种库存系统的剩余库存量仿真结果如表 7-4 所示。

表 7-4 库存系统剩余库存量仿真结果

周期	无扰动	扰动	自抗扰	周期	无扰动	扰动	自抗扰
1	0	0	0	8	353	353	164
2	−21	−21	0	9	324	339	191
3	−1	−1	2	10	78	93	80
4	−3	−3	0	11	58	73	74
5	−106	−106	−44	12	168	182	120
6	25	25	25	13	149	164	79
7	99	99	86	14	182	196	88

续表

周期	无扰动	扰动	自抗扰	周期	无扰动	扰动	自抗扰
15	165	179	67	33	74	303	239
16	137	−349	53	34	206	447	308
17	90	432	49	35	171	382	377
18	68	497	101	36	159	744	452
19	240	660	158	37	108	324	546
20	271	670	221	38	104	243	488
21	174	556	293	39	154	294	506
22	274	648	360	40	180	335	483
23	232	600	301	41	184	350	453
24	254	620	276	42	105	278	396
25	224	589	202	43	62	240	370
26	203	567	187	44	51	230	363
27	170	533	163	45	79	259	380
28	140	503	147	46	224	405	449
29	184	547	196	47	254	435	481
30	133	496	168	48	229	410	454
31	175	39	222	49	201	382	442
32	12	−145	194	50	101	282	384

三种库存系统的剩余库存量仿真对比如图7-16所示，扰动扰乱企业库存系统，分别在第16周期和第32周期出现2次缺货现象；而自抗扰控制能够优化库存系统，稳定企业库存，完全改善缺货现象。图7-17为库存系统剩余库存量移动标准差的仿真对比情况。由图可知，自抗扰控制能够弱化扰动对企业库存系统的影响，减小库存波动，使其处于相对稳定运行的状态。图7-18为库存系统剩余库存量移动均值的仿真对比情况，无扰动库存系统的企业平均剩余库存量为145，扰动库存系统的企业平均剩余库存量为320，而基于自抗扰控制的扰动库存系统优化模型的企业平均剩余库存量为237。结果表明，基于自抗扰控制的扰动库存系统优化模型能够有效改善由外部扰动引起的库存大量积压现象，减少资源浪费。

为了更加直观地体现基于自抗扰控制的扰动库存系统优化模型的优化效果，现将无扰动、扰动和基于自抗扰控制的扰动库存系统优化模型仿真结果量化成对比表，如表7-5所示。

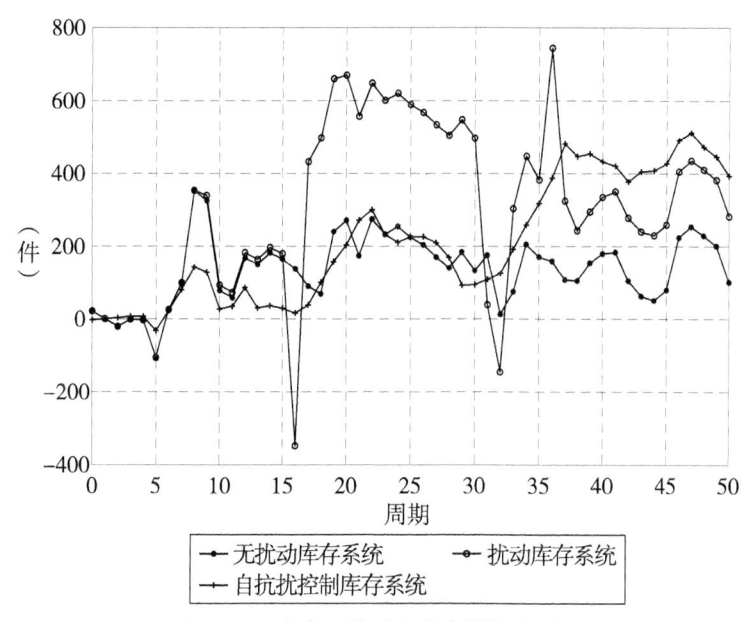

图 7-16　库存系统剩余库存量仿真对比

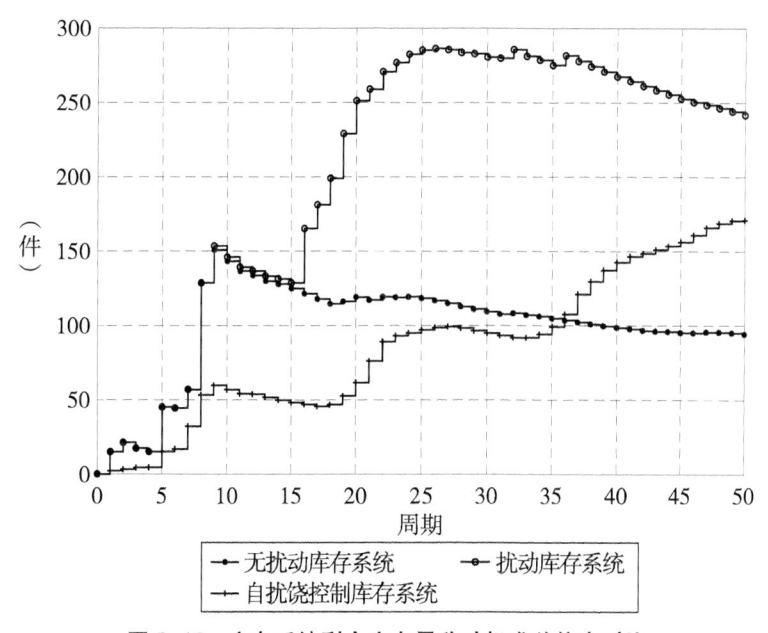

图 7-17　库存系统剩余库存量移动标准差仿真对比

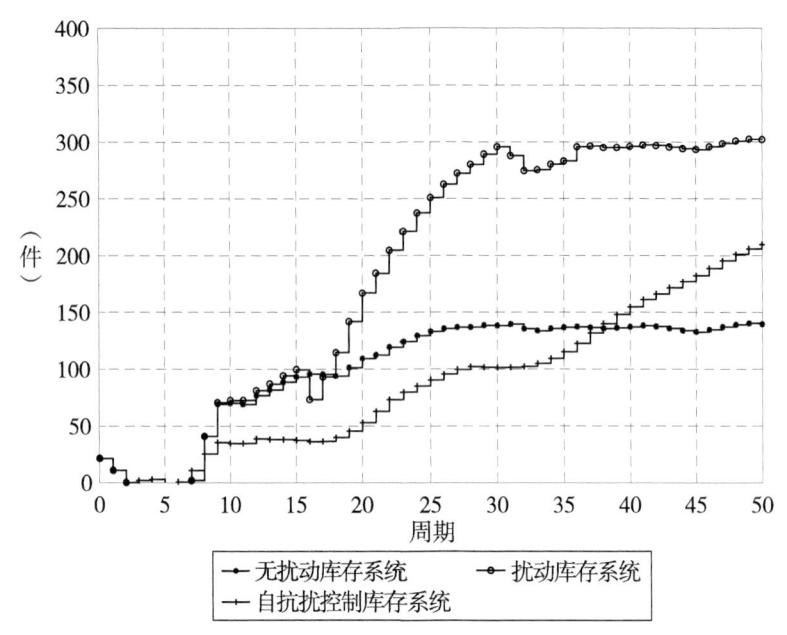

图 7-18　库存系统剩余库存量移动均值仿真对比

表 7-5　　　　　　　　　　三种模型仿真结果对比

模型	缺货次数	剩余库存量均值	剩余库存量标准差	订货量均值	订货量标准差
无扰动	0	349	197	145	87
扰动	2	364	237	320	214
自抗扰	0	358	191	237	164

7.3　基于自适应控制的库存系统优化

7.3.1　供应链多级动态库存模型设计

交货延迟是导致供应链多级库存系统不稳定、加剧供应链牛鞭效应的主要原因之一，而稳定多级库存系统、削弱牛鞭效应的主要理论方法是完全共享供应链终端市场信息，但由于供应链各节点企业目标不一致、企业信任机制不完善、商业机密等现实原因，在企业实际运营中，供应链不具有完全信息共享机制。且以增加成本的方式缩短交货延迟并不能达到从整体上减少成本的目的。为优化交货延迟影响下的供应链多级库存，一些企业尝试从抵消交货延迟的角度出发，确定订货提前期且相对增加订货量，然而无法精确地把握订货提前期及订货增量会产生一定程度的库存积压，进而增加库存成本；一些企业则尝试从减小交货延迟的角度出发，用升级运输方式、增大投入、增加供应商数量等方法来降低交货延迟，但增加了企业生产运营成本。本研究基于APIOBPCS策略，不增加额外投入，在无信息共享机制的供应链多级库存系统中设计了自适应控制器，调节自适应系统的线性补偿器及控制率，确保自适应控制系统渐进稳定，以减小参考库存模型与实际库存模型间的输出误差，进而动态优化交货延迟影响下的多级库存系统。

本章基于APIOBPCS实行"订至点"补货策略，作出以下五项假设。

（1）研究对象只包括单一零售商、制造商和原材料供应商。
（2）所有节点企业均采用"订至点"补货策略。
（3）交货延迟包括订单延迟、生产延迟和物流延迟。
（4）生产制造和仓储运输均不存在货损现象。
（5）市场需求是随机的。

本章的符号设计如表7-6所示。

表7-6　　　　　　　　　　　符号说明

参数	含义
t	订货周期
s	复频域算子
μ	企业的订货比例
D	交货延迟 $0 < D < 1$
α	平滑系数 $0 < \alpha < 1$
T_i	库位量偏差调整系数
T_w	在途库存量偏差调整系数
$Q(t)$	第 t 个订货周期内的销售量
$\hat{Q}(t)$	第 t 个订货周期内的预测销量
$Eh(t)$	第 t 个订货周期内的期望库位量
$Ih(t)$	第 t 个订货周期内的实际库位量
$Ew(t)$	第 t 个订货周期内的期望在途库存量
$Iw(t)$	第 t 个订货周期内的实际在途库存量
$P(t)$	第 t 个订货周期内的订货量
$C(t)$	第 t 个订货周期内的库存量
$EC(t)$	第 t 个订货周期内的期望库存量
$H_s(s)$	系统闭环传递函数

续表

参数	含义
$G_s(s)$	前向通道函数
$u_s(s)$	实际库存模型控制输入
$r(s)$	系统连续输入函数
$e_G(s)$	输出误差
$D(s)$	线性补偿器函数

APIOBPCS 策略如图 7-19 所示，该策略可以描述为："生产目标（或订货目标）等于需求预测，实际库位量与期望库位量间平均差额（偏差调整时间 T_i），实际在途库存量与期望在途库存量间平均差额（偏差调整时间 T_w）三者之和"：

$$P(t) = \hat{Q}(t) + \frac{1}{T_i}[Eh(t) - Ih(t)] + \frac{1}{T_w}[Ew(t) - Iw(t)] \quad (7\text{-}54)$$

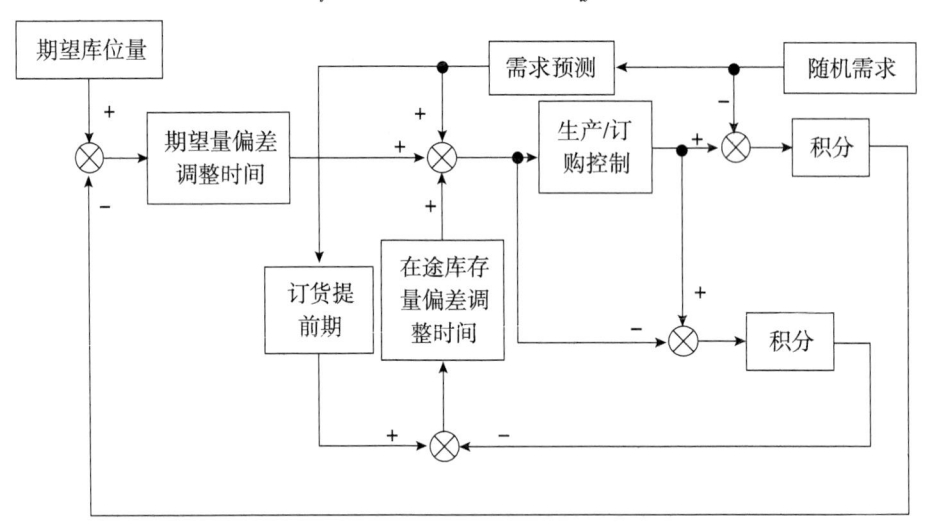

图 7-19 APIOBPCS 策略

式 (7-54) 可变形为

$$P(t) = \hat{Q}(t) + \left[\frac{1}{T_i}Eh(t) + \frac{1}{T_w}Ew(t)\right] - \left[\frac{1}{T_i}Ih(t) + \frac{1}{T_w}Iw(t)\right]$$

$$= \hat{Q}(t)\left[1 + \frac{1}{T_i}\frac{Eh(t)}{\hat{Q}(t)} + \frac{1}{T_w}\frac{Ew(t)}{\hat{Q}(t)}\right] - \left[\frac{1}{T_i}Ih(t) + \frac{1}{T_w}Iw(t)\right]$$

$$(7\text{-}55)$$

$\dfrac{Eh(t)}{\hat{Q}(t)}$ 为安全库位量比例，$\dfrac{Ew(t)}{\hat{Q}(t)}$ 为安全在途库存量比例，则期望库存量

$EC(t) = \hat{Q}(t)\left[1 + \dfrac{1}{T_i}\dfrac{Eh(t)}{\hat{Q}(t)} + \dfrac{1}{T_w}\dfrac{Ew(t)}{\hat{Q}(t)}\right]$，库存量 $C(t) = \dfrac{1}{T_i}Ih(t) +$

$\dfrac{1}{T_w}Iw(t)$，则第 t 个周期内的订货量可简写为

$$P(t) = EC(t) - C(t) \tag{7-56}$$

本章考虑交货延迟，且为应对随机需求波动，则供应链单级库存订货量为

$$P(t) = \mu[EC(t-D) - C(t-D)] \tag{7-57}$$

本章考虑一个由单一零售商、制造商和原材料供应商所组成的三级库存系统。在库存系统的动态进销存过程中，零售商订货量即为制造商的销售量，制造商的订货量为原材料供应商的销售量。则节点企业订货量为

$$P_i(t) = Q_{i+1}(t) = \begin{cases} \mu \cdot [EC_i(t-D) - C_i(t-D)], & EC_i(t) > C_i(t) \\ 0, & EC_i(t) < C_i(t) \end{cases}$$
$$i = 1, 2, 3 \tag{7-58}$$

经过一个周期的销售，库存的变化量为该周期的订货量和销售量之差：

$$\Delta C_i(t) = \begin{cases} \mu \cdot [EC_i(t-D) - C_i(t-D)] - Q_i(t), & EC_i(t) > C_i(t) \\ -Q_i(t), & EC_i(t) < C_i(t) \end{cases}$$
$$\tag{7-59}$$

假设库存总量的导数为 $\dot{C}_i(t)$，利用差分近似微分，可将式（7-59）做泰勒展开：

$$C(t+h) = C(t) + \dfrac{\dot{C}(t)}{1!}\cdot h + \dfrac{\ddot{C}(t)}{2!}\cdot h^2 + \cdots + \dfrac{C^n}{n!}\cdot h^n + R_n(t) \tag{7-60}$$

经整理得到库存系统的微分方程为

$$\dot{C}_i(t) = \begin{cases} \mu \cdot [EC_i(t-D) - C_i(t-D)] - Q_i(t), & EC_i(t) > C_i(t) \\ -Q_i(t), & EC_i(t) < C_i(t) \end{cases}$$
$$\tag{7-61}$$

根据拉普拉斯变换 $L[f(t-T)1(t-T)] = e^{-Ts}F(s)$，可将微分方程由时域变换到复频域：

$$s \cdot C_i(s) = \mu \cdot e^{-Ds} \cdot EC_i(s) - \mu \cdot e^{-Ds} \cdot C_i(s) - Q_i(s) \tag{7-62}$$

$$(s + \mu \cdot e^{-Ds}) \cdot C_i(s) = \mu \cdot e^{-Ds} \cdot EC_i(s) - Q_i(s) \tag{7-63}$$

整理得

$$C_i(s) = \frac{\mu \cdot e^{-Ds} \cdot EC_i(s)}{s + \mu \cdot e^{-Ds}} - \frac{Q_i(s)}{s + \mu \cdot e^{-Ds}} \tag{7-64}$$

当期望库存量作为输入时，则系统传递函数为

$$H_i^{out}(s) = \frac{C_i(s)}{EC_i(s)}\bigg|_{Q_i(s)=0} = \frac{\mu \cdot e^{-Ds}}{s + \mu \cdot e^{-Ds}} \tag{7-65}$$

由反馈等效运算关系可得前向通道函数：

$$H_i^{out}(s) = \frac{G_i^{out}(s)}{1 + G_i^{out}(s)} = \frac{\mu \cdot e^{-Ds}}{s + \mu \cdot e^{-Ds}} \tag{7-66}$$

$$G_i^{out}(s) = \frac{\mu \cdot e^{-Ds}}{s} = \mu \cdot e^{-Ds} \cdot \frac{1}{s} = g_1(s) \cdot g_2(s) \cdot g_3(s) \tag{7-67}$$

由此，可得供应链多级库存系统中的四个关键控制环节。其中，比例控制环节 $g_1(s) = \mu$；延迟控制环节 $g_2(s) = e^{-Ds}$；积分控制环节 $g_3(s) = \frac{1}{s}$。

利用指数平滑预测随机需求，进行拉普拉斯变换并整理得

$$\hat{Q}_i(s) = \frac{\alpha}{s + \alpha} \cdot Q_i(s) \tag{7-68}$$

又因为

$$EC_i(s) = A\hat{Q}_i(s) = A\frac{\alpha}{s + \alpha}Q_i(s) \tag{7-69}$$

其中，$A = 1 + \frac{1}{T_i} \cdot \frac{Eh(t)}{\hat{Q}(t)} + \frac{1}{T_w} \cdot \frac{Ew(t)}{\hat{Q}(t)}$。

则多级库存系统的前向通道函数为

$$G_{si}(s) = \frac{\alpha A \cdot \mu e^{-Ds} - s - \alpha}{(s + \alpha) \cdot (s + \mu e^{-Ds})} \cdot Q_i(s) \tag{7-70}$$

将前向通道函数表示为输出比输入，则可得到闭环传递函数：

$$H_{si}(s) = \frac{G_{si}(s)}{Q_i(s)} = \frac{\alpha A \cdot \mu e^{-Ds} - s - \alpha}{(s + \alpha) \cdot (s + \mu e^{-Ds})} \tag{7-71}$$

又可知，无交货延迟下的多级库存系统的前向通道函数为

$$G_{si}'(s) = \frac{\alpha A \cdot \mu - s - \alpha}{(s + \alpha) \cdot (s + \mu)} \cdot Q_i(s) \tag{7-72}$$

则交货延迟对多级库存系统输出的影响可表示为

$$G_{si}{}'(s) - G_{si}(s) = \frac{\mu(1 - e^{-Ds})(s\alpha A + s + \alpha)}{(s + \alpha)^2 \cdot (s + \mu e^{-Ds}) \cdot (s + \mu)} \cdot Q_i(s) > 0$$

(7-73)

为削弱交货延迟对供应链动态多级库存系统的影响，本章应用自适应控制对动态库存模型进行优化。

7.3.2 自适应控制系统设计

在自适应建模过程中，本章将参考基于 Lyapunov 渐进稳定性的"模型参考自适应"控制器（Model Reference Adaptive Control，MRAC）进行建模。模型参考自适应控制是调节参考系统与实际系统之间的输出误差，促使实际系统向参考系统优化的控制算法，因此适用于交货延迟影响下的多级库存系统。具体来说，将一个交货延迟较小的动态库存模型作为参考库存模型，与之相对应的，将交货延迟较大的动态库存模型作为实际库存模型。以参考库存模型作为控制目标，同样的市场需求作为输入，设计自适应控制算法，调节自适应控制系统内部的线性补偿器，确保系统线性部分传递函数正实，满足 Lyapunov 渐进稳定性定理，不断减小实际库存与参考库存之间的输出误差，达到优化实际库存模型的目的。自适应控制系统框图如图 7-20 所示。

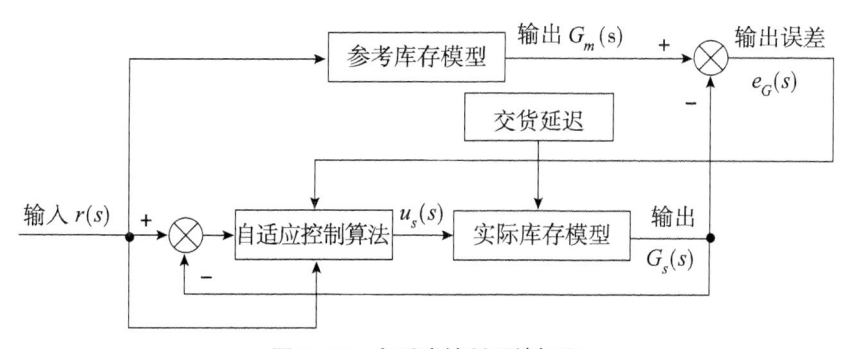

图 7-20 自适应控制系统框图

7.3.3 构造实际与参考库存模型

采用从模型取状态的方法，将实际库存模型抽象表征为以下标准形式：

$$A_s(s) \cdot G_s(s) = \lambda H_s(s) \cdot u_s(s) \quad (7\text{-}74)$$

其中，$u_s(s)$ 为式（7-70）中的输入，$G_s(s)$ 可表征为输出，$H_s(s)$ 为实际

库存模型闭环传递函数，与稳定多项式 $A_s(s)$ 可化简为以下标准形式：

$$A_s(s) = s^n + \sum_{j=0}^{n-1} \alpha_j s^j, \quad H_s(s) = \sum_{j=0}^{m_1} \beta_j s^j \tag{7-75}$$

m_1 为 $H_s(s)$ 的阶数，$m_1 \leq n-1$，α_j 和 β_j 是未知定常或慢时变参数，且在一定时间内的变化范围已知。

同样，参考库存模型可以表示为

$$A_m(s) \cdot G_m(s) = H_m(s) \cdot r(s) \tag{7-76}$$

其中，$H_m(s)$ 和 $A_m(s)$ 分别为

$$A_m(s) = s^n + \sum_{j=0}^{n-1} a_j s^j, \quad H_m(s) = \sum_{j=0}^{m_2} b_j s^j \tag{7-77}$$

m_2 为 $H_m(s)$ 的阶数，$m_2 \leq n-1$，a_j 和 b_j 是由参考库存模型确定的已知定常参数。

模型参考自适应控制系统旨在促使实际库存模型与参考库存模型间的输出误差无限趋于 0。本章为减小交货延迟对供应链多级库存系统造成的影响，优化库存系统输出即订货量，设计了渐进稳定的模型参考自适应控制系统。

由 Lyapunov 渐进稳定性定理可知：给定有界分段连续 μ 维函数 $\xi(t)$，有下列方程式：

$$e(t) = \frac{G(p)}{H(p)} \cdot \boldsymbol{\beta} \boldsymbol{\theta}(t)^{\mathrm{T}} \cdot \xi(t) \tag{7-78}$$

$$\dot{\boldsymbol{\theta}}(t) = -\boldsymbol{\tau} \xi(t) \cdot e(t) \tag{7-79}$$

其中，若线性部分传递函数 $\dfrac{G(p)}{H(p)}$ 为严格正实，则这个系统在平衡点 $\bar{e}(t) = 0$，$\dot{\boldsymbol{\theta}}(t) = 0$，其中 $\bar{e}^{\mathrm{T}} = [e, \dot{e}, \ddot{e}, \cdots, e^{(n-1)}]$ 是渐进稳定的，并且有

$$\begin{cases} \lim\limits_{t \to \infty} \bar{e}(t) = 0 \\ \lim\limits_{t \to \infty} \boldsymbol{\theta}(t) = \theta^* \end{cases} \tag{7-80}$$

其中，θ^* 和 β 为常数，τ 为正定对称矩阵。$\bar{e}(t) = G_s(t) - G_m(t)$，$e(t) = B^{\mathrm{T}} \bar{e}(t)$，$B$ 为常数矩阵。

下面构造各阶导数可测时的 MRAC 系统统一格式，并将其转化为与 Lyapunov 渐进稳定性定理方程相同的形式。

实际库存模型与参考库存模型的输出误差为

$$e_G(s) = G_s(s) - G_m(s) \tag{7-81}$$

因为 $A_s(s)$ 和 $A_m(s)$ 为 n 阶多项式,则必存在 $P(s)$,且满足:

$$A_m(s) = A_s(s) + P(s) \tag{7-82}$$

将式 (7-81) 两边同时乘 $A_s(s)$,并将式 (7-74)、式 (7-76) 及式 (7-82) 带入其中,经整理可得

$$e_G(s) = \frac{1}{A_s(s)}\lambda\left[H_s(s) \cdot u_s(s) + \frac{1}{\lambda}P(s) \cdot G_m(s) - \frac{1}{\lambda}H_m(s) \cdot r(s)\right] \tag{7-83}$$

引入阶数为 m_1 的稳定多项式 $F(s)$,将 $u_s(s)$ 化为滤波形式,则式 (7-83) 可变为

$$e_G(s) = \frac{F(s)}{A_s(s)} \cdot \lambda\left[u_s(s) + \frac{H_s(s) - F(s)}{F(s)} \cdot u_s(s) + \frac{1}{\lambda} \cdot \frac{P(s)}{F(s)} \cdot G_m(s) - \frac{1}{\lambda} \cdot \frac{H_m(s)}{F(s)} \cdot r(s)\right] \tag{7-84}$$

其中,$H_s(s)$ 和 $F(s)$ 均为首项为 1 的 m_1 阶多项式。根据 Lyapunov 渐进稳定性定理要求,为把线性部分配成严格正实的传递函数,引入满足 $\dfrac{F(s)D(s)}{A_s(s)}$ 为严格正实数且阶数为 $n - m_1 - 1$ 的线性补偿函数 $D(s)$。式 (7-84) 两边同时乘 $D(s)$ 得

$$D(s) \cdot e_G(s) = \frac{F(s) \cdot D(s)}{A_s(s)}\lambda\left[u_s(s) + \frac{H_s(s) - F(s)}{F(s)} \cdot u_s(s) + \frac{1}{\lambda} \cdot \frac{P(s)}{F(s)} \cdot G_m(s) - \frac{1}{\lambda} \cdot \frac{H_m(s)}{F(s)} \cdot r(s)\right] \tag{7-85}$$

令 $E(s) = F(s)D(s)$,且满足阶数 $\partial C(s) = n - 1$,$e_d(t) = D(s)e_G(t)$,将式 (7-85) 进行化简得

$$e_d(s) = \frac{E(s)}{A_s(s)} \cdot \lambda\left[u_s(s) + \frac{H_s(s) - F(s)}{F(s)} \cdot u_s(s) + \frac{1}{\lambda} \cdot \frac{P(s)}{F(s)} \cdot G_m(s) - \frac{1}{\lambda} \cdot \frac{H_m(s)}{F(s)} \cdot r(s)\right] \tag{7-86}$$

将输入输出状态表征为信号矢量 $\boldsymbol{\xi}(s)$:

$$\begin{cases} \dfrac{1}{F(s)} u_s(s) = \xi_1(s) \\ \dfrac{1}{F(s)} G_m(s) = \xi_2(s) \\ \dfrac{H_m(s)}{F(s)} r(s) = \xi_3(s) \end{cases} \quad (7\text{-}87)$$

其次，将式（7-86）中未知参数表征为

$$\begin{cases} H_s(s) - F(s) = \psi_1 \\ \dfrac{1}{\lambda} P(s) = \psi_2 \\ -\dfrac{1}{\lambda} = \psi_3 \end{cases} \quad (7\text{-}88)$$

则 $\boldsymbol{\xi}(s) = [\xi_1(s), \xi_2(s), \xi_3(s)]^T$，$\boldsymbol{\psi} = [\psi_1, \psi_2, \psi_3]^T$，式（7-86）可变形为

$$e_d(s) = \dfrac{E(s)}{A_s(s)} \lambda [u_s(s) + \boldsymbol{\psi}^T \boldsymbol{\xi}(s)] \quad (7\text{-}89)$$

如果取控制率为

$$u_s(s) = \boldsymbol{K}(s)^T \cdot \boldsymbol{\xi}(s) \quad (7\text{-}90)$$

则式（7-89）可变形为

$$e_d(s) = \dfrac{E(s)}{A_s(s)} \lambda [\boldsymbol{K}(s) + \boldsymbol{\psi}]^T \boldsymbol{\xi}(s) \quad (7\text{-}91)$$

令 $\boldsymbol{\theta}(s) = \boldsymbol{K}(s) + \boldsymbol{\psi}$，得

$$e_d(s) = \dfrac{E(s)}{A_s(s)} \lambda \cdot \boldsymbol{\theta}(s)^T \cdot \boldsymbol{\xi}(s) \quad (7\text{-}92)$$

式中，$\dfrac{E(s)}{A_s(s)}$ 为严格正实，应用渐进稳定性定理可得，当控制率为

$$\dot{\boldsymbol{\theta}}(s) = -\tau \cdot \boldsymbol{\xi}(s) \cdot e_d(s), \ \tau > 0 \quad (7\text{-}93)$$

根据 $\boldsymbol{\theta}(s) = \boldsymbol{K}(s) + \boldsymbol{\psi}$，可得参数调整律：

$$\boldsymbol{K}(s) = -\tau \cdot \boldsymbol{\xi}(s) \cdot e_d(s), \ \tau > 0 \quad (7\text{-}94)$$

此时系统渐进稳定，则有

$$\lim_{t \to \infty} e_d(t) = 0 \quad (7\text{-}95)$$

又因为 $D(s)$ 是稳定多项式，由 $e_d(t) = D(s) \cdot e_G(t)$ 及式（7-95）可得

$$\lim_{t \to \infty} e_C(t) = 0 \tag{7-96}$$

至此,完成对渐进稳定的模型参考自适应控制系统的构建。

7.3.4 数值仿真研究

本章在 Simulink/MATLAB 平台上对自适应控制器进行设计,并对动态多级 APIOBPCS 库存系统延迟问题进行优化。第一,本章收集了 2017 年 1 月至 2018 年 1 月某大型连锁超市中 50 个周期同品牌日用品的销售量进行实证研究,如表 7-7 所示,其平均值为 947,标准差为 286。第二,建立基于 Lyapunov 渐进稳定性的 MRAC 多级 APIOBPCS 库存系统,包括参考库存模型、实际库存模型、自适应控制算法和控制器。第三,通过对 MRAC 多级 APIOBPCS 库存系统进行参数整定和优化,进一步提高系统的控制效果和控制精度。第四,为满足 Lyapunov 渐进稳定性定理,使自适应控制系统达到较好的控制效果,本章根据公式 $\dfrac{F(s)D(s)}{A_s(s)}$ 为严格正实设计了线性补偿器函数 $D(s) = 20s + 300$。通过对多级 APIOBPCS 库存系统的仿真,验证该模型的有效性。

表 7-7　　某大型连锁超市实际销售量数据

周期	销售量	周期	销售量	周期	销售量	周期	销售量	周期	销售量
1	270	11	426	21	774	31	1116	41	312
2	312	12	366	22	312	32	756	42	300
3	330	13	450	23	384	33	300	43	204
4	318	14	480	24	390	34	246	44	300
5	438	15	408	25	294	35	348	45	768
6	324	16	900	26	372	36	294	46	642
7	246	17	252	27	594	37	618	47	306
8	684	18	678	28	846	38	462	48	822
9	810	19	270	29	990	39	716	49	852
10	228	20	390	30	1164	40	728	50	792

1. 时域响应分析

首先研究该模型的时域特性,并证明自适应控制可以减小延迟问题对库存的影响。当市场需求为阶跃函数时，应用Simulink软件对系统进行仿真，结果如图7-21所示。

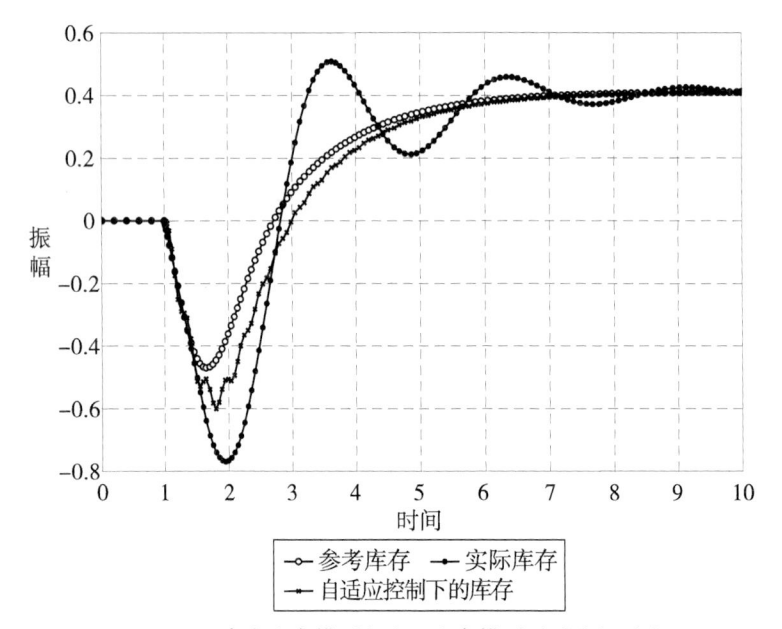

图7-21 参考库存模型和实际库存模型时域分析对比

由图7-23可知，实际库存模型相对于参考库存模型而言，超调量较大，说明延迟问题对实际库存造成了较为明显的影响。为减少延迟问题对实际库存造成的影响，将自适应控制器引入实际库存模型中，以参考库存模型为目标，不断减小实际库存模型与参考库存模型之间的差距，达到动态优化实际库存模型的目的。由图7-21可知，自适应控制下的库存模型超调量介于实际库存模型与参考库存模型之间，且达到稳定状态的速度相对于实际库存模型来说更快。由此，可初步得出结论：自适应控制可以减小交货延迟对库存模型造成的影响。

2. 多级APIOBPCS库存系统仿真

本章描述的多级库存系统中，只有下游零售商直接掌握市场需求信息，而制造商和原材料供应商的需求信息则为上级节点企业的订货信息。对多级APIOBPCS库存系统进行Simulink仿真，如图7-22所示。在理想情况下，供应链企业都渴望获得完全信息共享，在本章中描述为供应链各节点企业均能完全获得市场需求信息，如图7-23所示。

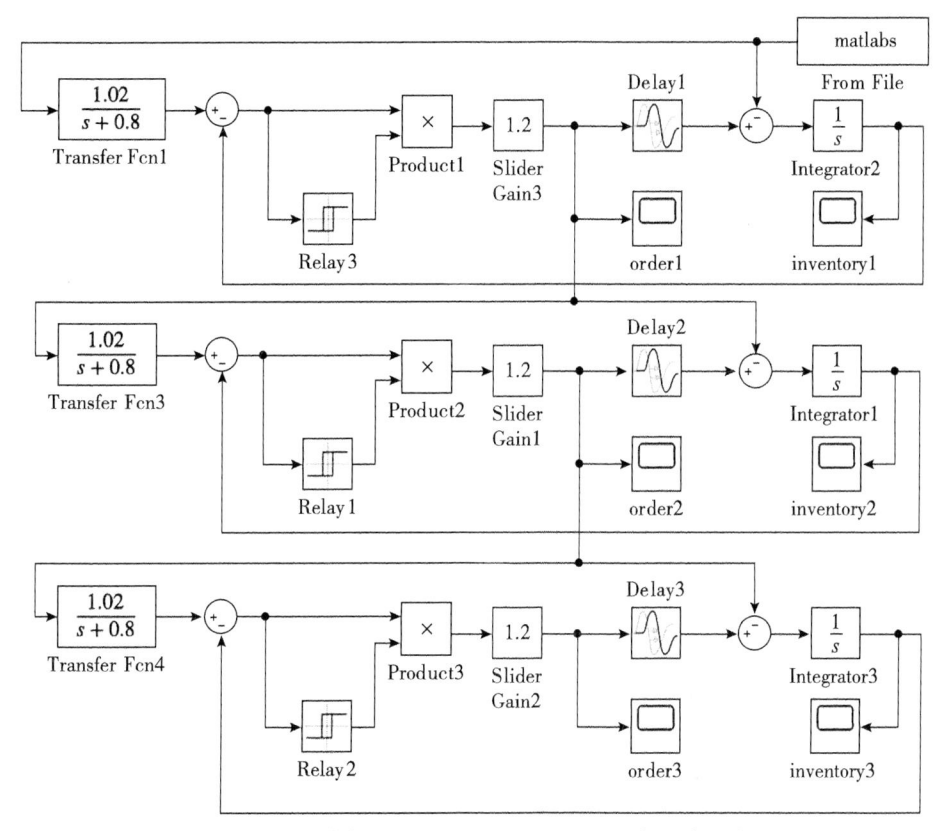

图 7-22　无信息共享的多级 APIOBPCS 库存系统仿真

本章考虑对无信息共享的多级 APIOBPCS 库存系统进行自适应控制，如图 7-24 所示，供应链各级节点企业库存系统内部均包含三个子系统，从上至下依次为：参考库存系统、实际库存系统和自适应控制器。参考库存系统是无交货延迟的控制目标，实际库存系统具有交货延迟且与自适应控制器相连，自适应控制器不断缩小实际库存系统与参考库存系统之间的输出误差，达到优化实际库存系统的目的。

3. 仿真参数分析

为提高系统的控制效果和控制精度，对 MRAC 多级 APIOBPCS 库存系统进行参数整定和优化，其结果如表 7-8 所示，其中 R 代表零售商，M 代表制造商，S 代表原材料供应商。将企业订货量与销售量的标准差之比视为牛鞭效应指数。若指数大于 1，则说明存在牛鞭效应，指数越大，说明牛鞭效应越大。平滑系数取 0.7~0.9，当平滑系数低于 0.7 时，企业订货量过大，导致

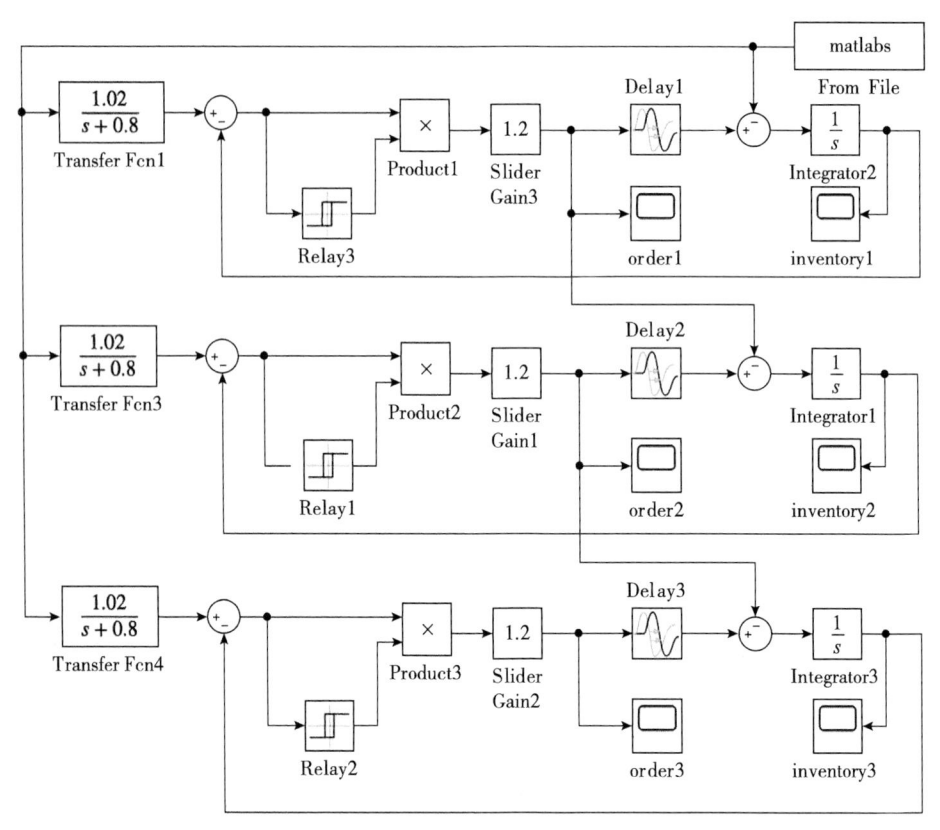

图 7-23 完全信息共享的多级 APIOBPCS 库存系统仿真

平均剩余库存量大于市场需求,故不予考虑。企业在同一订货比例水平下,随着平滑系数 α 的逐渐增大,供应链多级库存系统平均剩余库存量、剩余库存波动情况、订货量移动方差和牛鞭效应都逐渐减小,但是供应链各节点企业也逐渐出现缺货现象。企业订货比例取 1.1~1.3,在同一平滑系数水平下,随着企业订货比例 μ 逐渐增大,供应链多级库存系统平均剩余库存量、剩余库存波动情况、订货量移动方差和牛鞭效应都逐渐增大,而各节点企业的缺货情况有所改善。

本章在进行系统仿真实验时,选取一组择优参数,即平滑系数 α 为 0.8,企业订货比例 μ 为 1.2,库位量偏差调整系数 T_i 为 10,安全库位量为 10%,在途库存量偏差调整系数 T_w 为 10,安全在途库存量为 10%,参考库存模型无交货延迟,实际库存模型交货延迟为 0.3。为保证结果的无偏性,供应链各节点企业统一采用同一组择优参数。

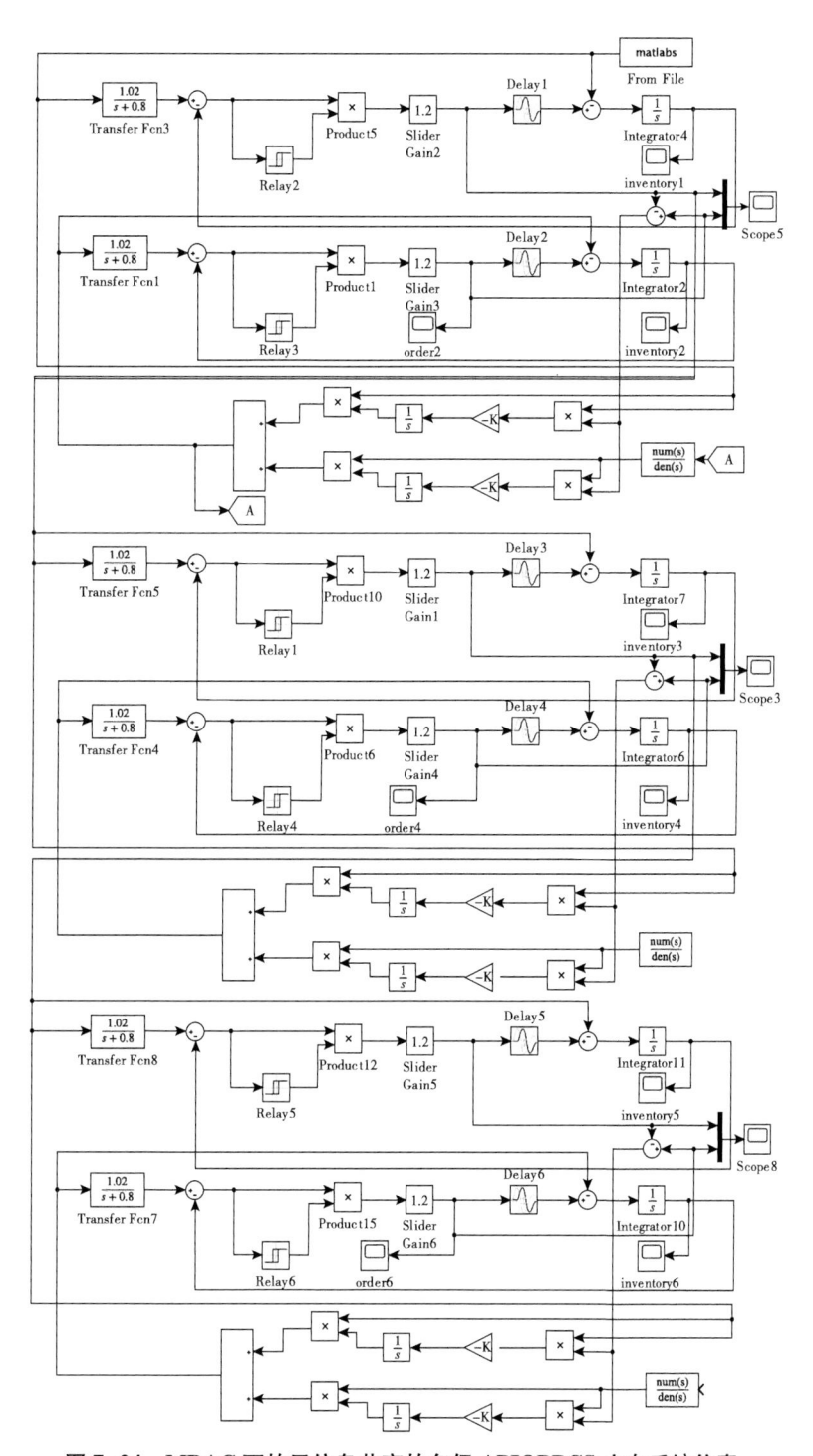

图 7-24　MRAC 下的无信息共享的多级 APIOBPCS 库存系统仿真

表 7-8　　　　　　　平滑系数 α 与订货比例 μ 择优结果

α	μ	缺货数 R	缺货数 M	缺货数 S	平均剩余库存 R	平均剩余库存 M	平均剩余库存 S	剩余库存标准差 R	剩余库存标准差 M	剩余库存标准差 S	订货量标准差 R	订货量标准差 M	订货量标准差 S	牛鞭效应
0.7	1.1	0	0	0	470	477	484	219	222	235	314	303	343	1.2
	1.15	0	0	0	506	514	522	224	231	247	319	312	355	1.24
	1.2	0	0	0	540	549	558	230	239	258	325	321	367	1.28
	1.25	0	0	0	570	581	591	235	247	267	330	330	379	1.32
	1.3	0	0	0	599	610	621	240	254	276	335	340	393	1.37
0.75	1.1	0	0	0	385	391	396	197	196	206	311	296	329	1.15
	1.15	0	0	0	422	428	434	202	206	217	317	305	340	1.19
	1.2	0	0	0	455	462	469	207	214	227	322	314	351	1.23
	1.25	0	0	0	486	494	501	212	221	238	327	323	363	1.27
	1.3	0	0	0	514	523	532	216	228	246	332	332	375	1.31
0.8	1.1	1	1	1	312	317	320	178	174	181	309	290	316	1.10
	1.15	0	0	1	348	352	357	184	184	192	314	299	326	1.14
	1.2	0	0	0	381	386	392	188	193	202	319	308	337	1.18
	1.25	0	0	0	412	418	423	192	200	212	324	317	348	1.22
	1.3	0	0	0	440	447	453	196	207	220	329	326	360	1.26
0.85	1.1	2	2	2	249	252	254	160	153	158	306	285	305	1.07
	1.15	1	2	2	283	287	290	168	164	169	312	293	315	1.10
	1.2	0	1	1	316	320	324	172	174	179	317	302	325	1.14
	1.25	0	0	1	346	351	356	176	182	189	322	311	336	1.17
	1.3	0	0	0	375	380	384	180	188	199	327	320	347	1.21
0.9	1.1	4	3	4	194	196	196	144	134	137	304	281	296	1.03
	1.15	3	3	2	227	230	232	152	145	147	309	289	305	1.07
	1.2	2	2	2	258	262	266	158	155	158	314	297	315	1.10
	1.25	0	1	2	288	292	296	163	165	168	319	306	325	1.13
	1.3	0	0	1	316	320	325	166	173	178	324	315	335	1.17

4. 仿真结果分析

对 APIOBPCS 库存系统做四个仿真实验，分别为无交货延迟、无信息共享多级库存系统仿真；有交货延迟、无信息共享多级库存系统仿真；MRAC、有交货延迟、无信息共享多级库存系统仿真；有交货延迟、完全信息共享多

7 现代库存系统控制方法

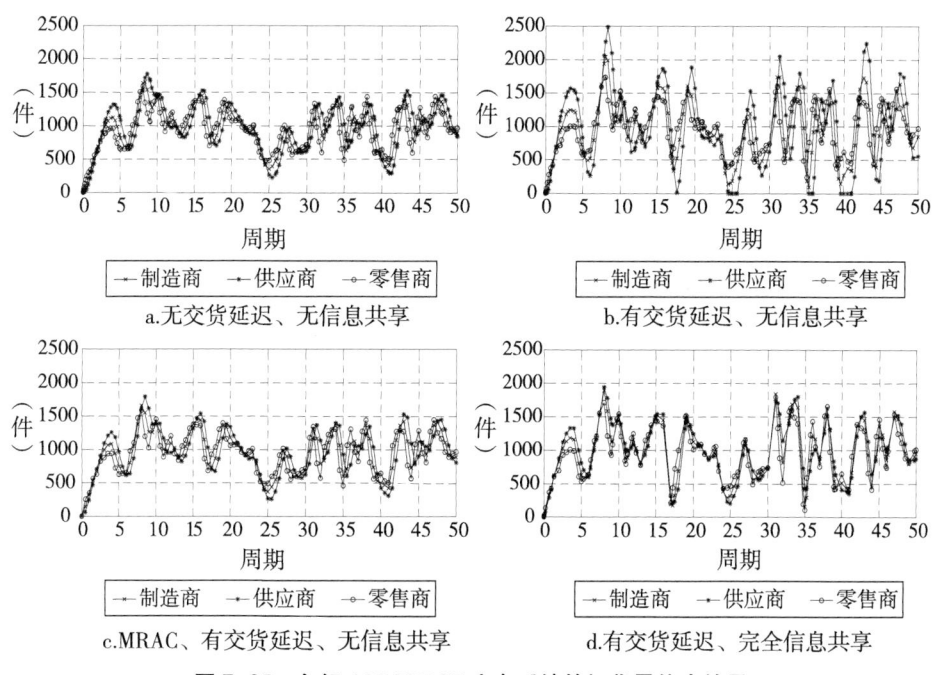

级库存系统仿真。

多级 APIOBPCS 库存系统的订货量仿真结果如图 7-25 所示。结果表明，交货延迟扩大供应链多级库存系统的牛鞭效应，增大订货量波动；自适应控制可修正交货延迟对供应链多级库存系统订货量的影响，效果优于理想状态下的完全信息共享的供应链多级库存系统。图 7-26 为多级 APIOBPCS 库存系统的订货量移动标准差对比情况，无信息共享多级 APIOBPCS 库存系统订货量移动标准差明显低于完全信息共享系统，进一步验证了自适应控制对交货延迟影响的供应链多级库存系统订货量波动具有明显优化作用。图 7-27 为多级 APIOBPCS 库存系统订货量移动均值对比情况，由图可知，自适应控制有效减小供应链节点企业订货差异。

图 7-25 多级 APIOBPCS 库存系统的订货量仿真结果

多级 APIOBPCS 库存系统的剩余库存量仿真结果如图 7-28 所示。交货延迟扰乱供应链多级库存系统，增大剩余库存量波动，使零售商、制造商和供应商分别缺货 1、3、5 次，同时出现较大的剩余库存量。自适应控制优化供应链多级库存系统，稳定剩余库存量波动，完全改善缺货现象，最大限度地减小剩余库存量。图 7-29 为多级 APIOBPCS 库存系统剩余库存量移动标准差对

图 7-26 多级 APIOBPCS 库存系统订货量移动标准差对比

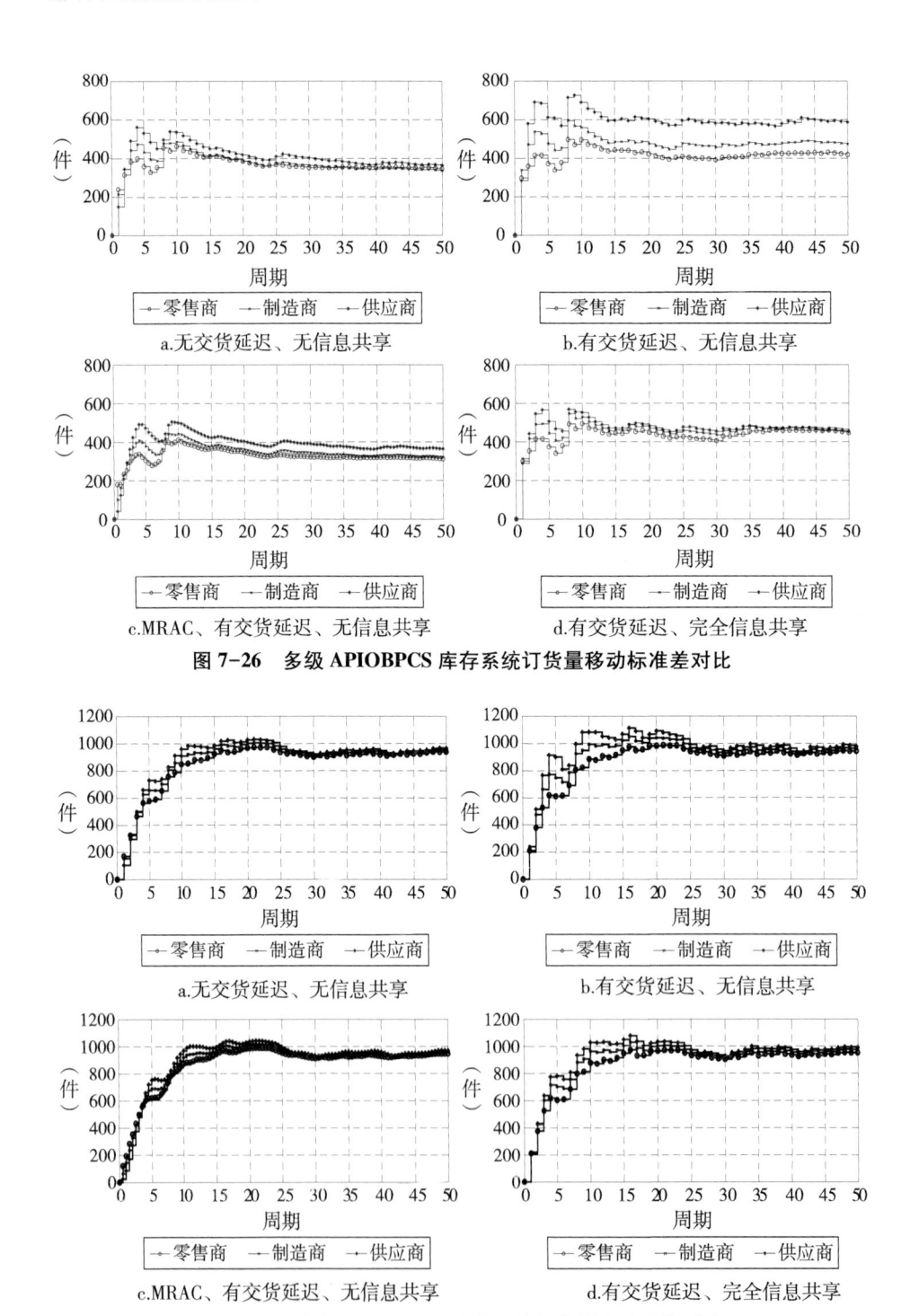

图 7-27 多级 APIOBPCS 库存系统订货量移动均值对比

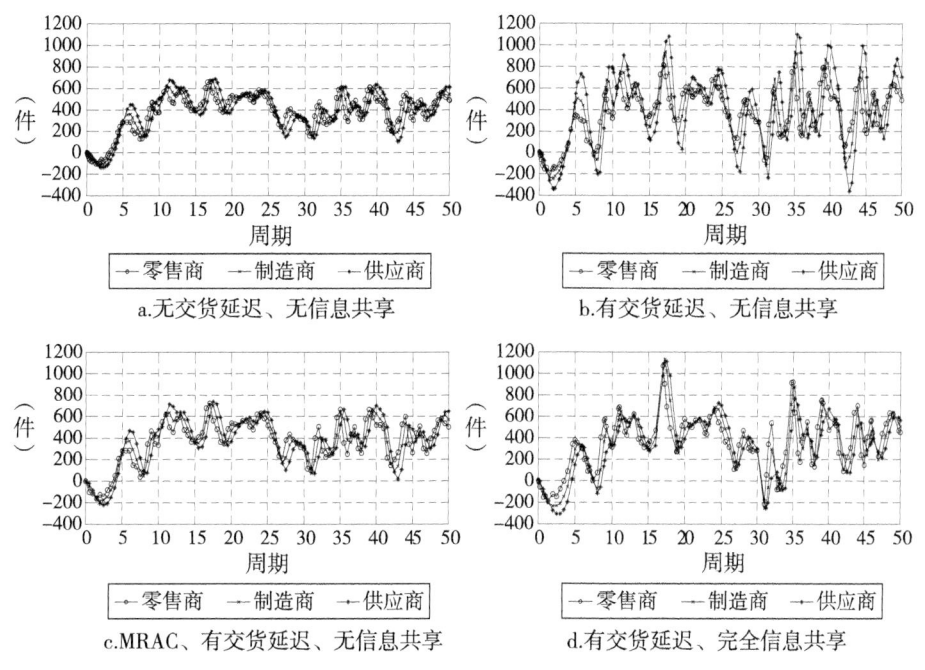

图 7-28 多级 APIOBPCS 库存系统剩余库存量对比

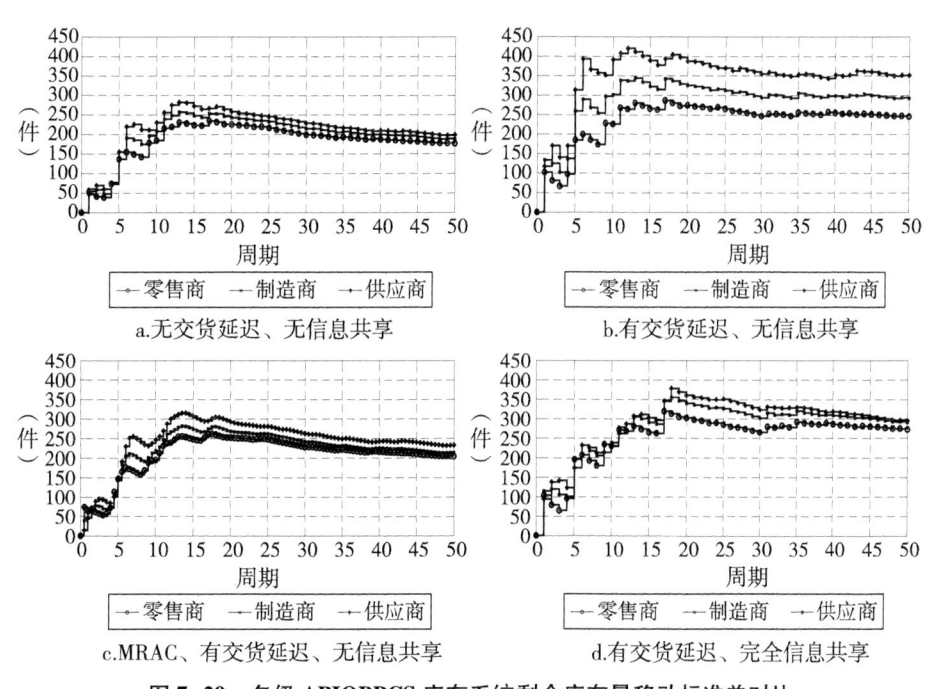

图 7-29 多级 APIOBPCS 库存系统剩余库存量移动标准差对比

比情况，交货延迟影响下的无信息共享系统整体移动标准差较大，各节点企业剩余库存量的差异较大。完全信息共享可有效减小各节点企业剩余库存量的差异，但在减小整体移动方差的表现中不理想。自适应控制修正交货延迟影响的供应链多级库存量系统，使系统剩余库存量与无交货延迟影响相较无异，整体处于较为平稳的变化状态直至趋于稳定。图7-30为多级APIOBPCS库存系统剩余库存量移动均值对比情况，自适应控制明显优化多级库存系统剩余库存量情况，以使整体平均剩余库存量缩小。

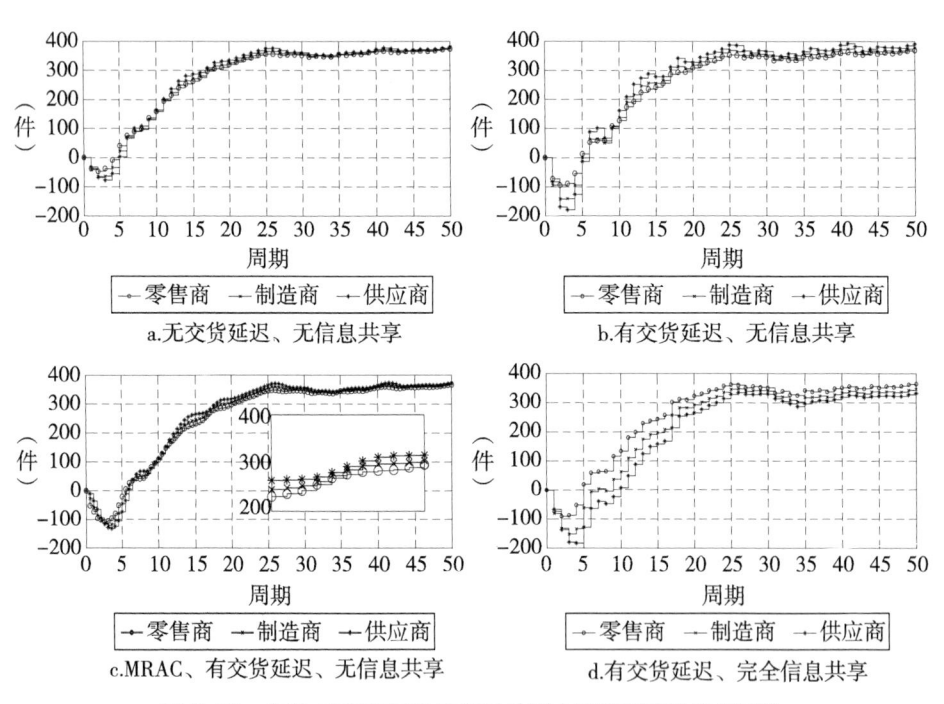

图7-30 多级APIOBPCS库存系统剩余库存量移动均值对比

图7-31为分别采用订货量和平均剩余库存量计算的移动牛鞭效应对比图。交货延迟导致企业订货具有时滞性，对企业订货提前期及订货增量造成影响，扩大牛鞭效应。而自适应控制可修正企业需求信息，抵消交货延迟对供应链的影响，有效削弱牛鞭效应。

将自适应控制和非自适应控制下的无信息共享多级APIOBPCS库存系统进行比较研究，结果如表7-9所示。在以上实验中，非自适应控制下的无信息共享多级APIOBPCS库存系统订货量的牛鞭效应达到1.99，而在自适应控制下，供应链牛鞭效应降低至1.18。由此可见，自适应控制通过修正实际库

7 现代库存系统控制方法

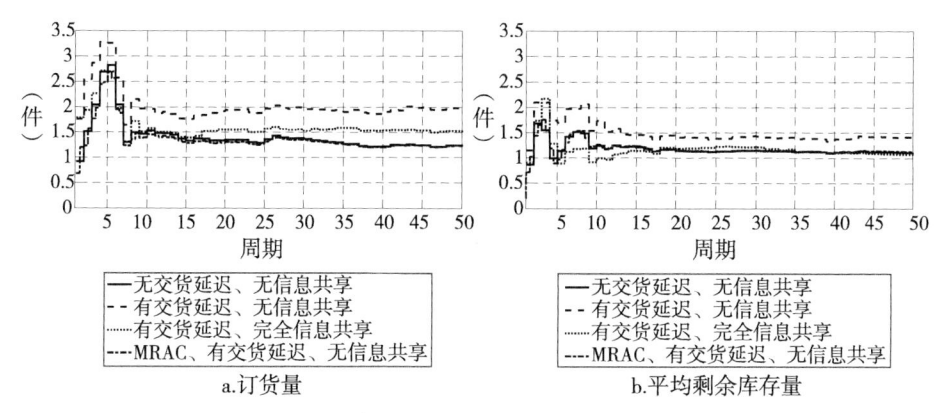

图 7-31 供应链多级库存系统移动牛鞭效应对比

存模型的市场需求输入,优化库存系统缺货和剩余库存量情况,减小库存量和订货量的波动情况,实现多级库存的稳定运行。

表 7-9 自适应控制对供应链无信息共享多级 APIOBPCS 库存系统各节点企业作用结果

库存指标	自适应控制			无自适应控制		
	R	M	S	R	M	S
缺货次数	0	0	0	1	3	5
平均剩余库存量	381	386	392	387	395	424
剩余库存量标准差	188	193	202	223	255	294
订货量标准差	319	308	337	397	453	570

8 库存系统仿真工具
——MATLAB/Simulink

Simulink 是 MATLAB 中的一种可视化仿真工具，是一种基于 MATLAB 的框图设计环境，是实现动态系统建模、仿真和分析的软件包，被广泛应用于线性系统、非线性系统、数字控制及数字信号处理的建模和仿真中。Simulink 提供了动态系统建模、仿真和综合分析的集成环境。在该环境中，无须大量书写程序，只需通过简单直观的鼠标操作，就可构造出复杂的系统。

Simulink 具有适应面广、结构和流程清晰、仿真精细、贴近实际、效率高、灵活等优点。基于以上优点，Simulink 已被广泛应用于控制理论和数字信号处理的复杂仿真和设计。同时，有大量的第三方软件和硬件可应用于或被要求应用于 Simulink。

8.1 Simulink 的功能

（1）Simulink 可以用连续采样时间、离散采样时间或两种混合的采样时间进行建模，它也支持多速率系统，也就是系统中的不同部分具有不同的采样速率。为了创建动态系统模型，Simulink 提供了一个建立模型方块图的图形用户接口，这个创建过程只需单击和拖动鼠标操作就能完成，它提供了一种更快捷、更直接的方式，而且用户可以立即看到系统的仿真结果。

（2）Simulink 是用于动态系统和嵌入式系统的多领域仿真和基于模型的设计工具。对各种时变系统，包括通信、控制、信号处理、视频处理和图像处理系统，Simulink 提供了交互式图形化环境和可定制模块库来对其进行设计、仿真、执行和测试。

（3）构架在 Simulink 基础之上的其他产品扩展了 Simulink 多领域建模功能，也提供了用于设计、执行、验证和确认任务的相应工具。Simulink 与 MATLAB 紧密集成，可以直接访问 MATLAB 的大量工具来进行算法研发、仿真的分析和可视化、批处理脚本的创建、建模环境的定制以及信号参数和测试数据的定义。

8.2 Simulink 的特点

（1）丰富的可扩充的预定义模块库。

（2）交互式的图形编辑器可组合和管理直观的模块图。

（3）以设计功能的层次性来分割模型，实现对复杂设计的管理。

（4）通过 Model Explorer 导航、创建、配置、搜索模型中的任意信号、参数、属性，生成模型代码。

（5）提供 API。

（6）使用 Embedded MATLAB 模块在 Simulink 和嵌入式系统执行中调用 MATLAB 算法。

（7）使用定步长或变步长运行仿真，根据仿真模式（Normal，Accelerator，Rapid Accelerator）来决定以解释性的方式运行或以编译 C 代码的形式来运行模型。

（8）图形化的调试器和剖析器来检查仿真结果，诊断设计的性能和异常行为。

（9）可访问 MATLAB 从而对结果进行分析与可视化，定制建模环境，定义信号参数和测试数据。

8.3 Simulink 的启动

（1）在 MATLAB 命令窗口中输入 Simulink，结果是在桌面上出现一个被称为 Simulink Library Browser 的窗口，在这个窗口中列出了按功能分类的各种模块的名称。当然用户也可以通过 MATLAB 主窗口的快捷按钮来打开 Simulink Library Browser 窗口。

（2）在 MATLAB 命令窗口中输入 Simulink3，结果是在桌面上出现一个用图标形式显示的"Library：Simulink3"的 Simulink 模块库窗口。两种模块库窗口界面只是不同的显示形式，用户可以根据各人喜好进行选用，一般来说第二种窗口直观、形象，易于初学者使用，但使用时会打开太多子窗口。

8.4 Simulink 的模块

（1）Source 模块组中的常用模块如表 8-1 所示。

表 8-1　　　　　　　　Source 模块组中的常用模块

模块	含义	模块	含义
Band-Limited White	有限带宽的白噪声	Random number	产生正态分布的随机数
Clock	输出当前仿真时间	Signal Generator	普通信号源发生器
Constant	输出常数	Sine wave	产生正弦信号
Digital clock	以数字形式显示当前仿真时间	Step	产生阶跃信号
From file	从 mat 文件中读取数据	Uniform random number	产生均匀分布随机数
From workspace	从 MATLAB 工作空间读取数据	Pulse generator	产生方波脉冲信号

（2）Continuous 模块组中的常用模块如表 8-2 所示。

表 8-2　　　　　　　　Continuous 模块组中的常用模块

模块	含义	模块	含义
Derivative	连续信号的数值微分	Integrator	连续信号的连续时间积分
State-space	线性连续系统的状态空间（状态方程）描述	Transfer-fcn	线性连续系统的传递函数描述
Transport delay	对输入信号延迟固定时间	Variable time/transport delay	对输入信号延迟可变时间
Zero-pole	线性连续系统的零极点模型描述		

（3）Discrete 模块组中的常用模块如表 8-3 所示。

表 8-3　　　　　　　　　　Discrete 模块组中的常用模块

模块	含义	模块	含义
Difference	离散差分，输出当前值减去前一时刻的值	Discrete filter	离散滤波器
Discrete derivative	离散偏微分	Discrete state-space	离散系统的状态空间（状态方程）描述
Discrete transferfcn	离散系统传递函数描述	Discrete zero-pole	离散系统的零极点模型描述
Discrete-Time Integrator	离散积分器	Firstorder Hold	一阶保持器
Memory	存储单元，当前输出是前一时刻的输入	Unity delay	单位延迟（将信号延迟一个采样周期）
Zero-order Hold	零阶保持器		

（4）Math Operations 数学运算模块如表 8-4 所示。

表 8-4　　　　　　　　　　Math Operations 数学运算模块

模块	含义	模块	含义
Abs	求绝对值	Add	加法运算
Algebraic constraint	将输入约束为 0，主要用于代数等式的建模	Assignment	选择输入信号中的某些元素值进行输出
Complex to Magnitude-Angle	将输入的复数转换为幅度和幅角	Complex to Real-Imag	将输入的复数转换为实部和虚部
Divide	实现除法或乘法	Gain	增益
Math function	实现数学函数运算	Product	实现乘法或除法
Sign	判断输入的符号，为正则输出 1，为负则输出 -1，为 0 则输出 0	Sine wave function	产生一个正弦函数
Slider gain	可变增益	Subtract	实现减法或加法
Sum	实现加法或减法	Sum of elements	实现输入信号所有元素的和

（5）Sinks 输出池模块如表 8-5 所示。

表 8-5　　　　　　　　　　　Sinks 输出池模块

模块	含义	模块	含义
Display	显示输入数值的模块	Scope	示波器
Stop simulation	当输入不为零时，停止仿真	To file	将输入数据写入 mat 文件
To workspace	将输入数据写入 MATLAB 工作空间中的数组或结构体中	XY graph	将输入分别当成 x、y 轴数据，绘制成二维图形

参考文献

［1］胡寿松．自动控制原理［M］．6版．北京：科学出版社，2013．

［2］钱学森．工程控制论（新世纪版）［M］．上海：上海交通大学出版社，2007．

［3］刘豹．现代控制理论［M］．2版．北京：机械工业出版社，2000．

［4］董宁．自适应控制［M］．北京：北京理工大学出版社，2009．

［5］刘金琨．先进PID控制MATLAB仿真［M］．2版．北京：电子工业出版社，2004．

［6］韩京清．一类不确定对象的扩张状态观测器［J］．控制与决策，1995（1）：85-88．

［7］师黎，陈铁军，李晓媛，等．智能控制理论及应用［M］．北京：清华大学出版社，2009．

［8］韩建国，曹辉，王暄，等．现代控制理论［M］．北京：中国计量出版社，2007．

［9］丁永生．计算智能——理论、技术与应用［M］．北京：科学出版社，2004．

［10］王伟．人工神经网络原理——入门与应用［M］．北京：北京航空航天大学出版社，1995．

［11］高阳，安波，陈小平，等．多智能体系统及应用［M］．北京：清华大学出版社，2015．

［12］张浩．管理科学研究模型与方法［M］．北京：清华大学出版社，2016．

［13］廖金福．库存管理入门［M］．广州：广东经济出版社，2004．

［14］王远炼．库存管理精益实战手册（图解版）［M］．北京：人民邮电出版社，2015．

［15］李叶红．论提高供应链企业市场预测准确性的措施［J］．财经界，

2016 (17): 79.

[16] 王德增. 单周期供应链库存系统建模及优化研究 [D]. 北京：清华大学，2010.

[17] 宋婧悦. 考虑牛鞭效应的生产库存优化管理系统研究与开发 [D]. 沈阳：沈阳工业大学，2018.

[18] 李潇瑶. 供应链牛鞭效应形成机理与防范控制 [D]. 西安：西安工程大学，2016.

[19] 马云高. 基于库存的供应链牛鞭效应研究 [D]. 西安：西安交通大学，2017.

[20] 张静. 一类多级供应链牛鞭效应及其复杂特性研究 [D]. 天津：天津大学，2016.

[21] 尤建新，隋明刚，霍佳震. 闭环供应链牛鞭效应分析 [J]. 系统工程理论与实践，2007（12）：111-116.

[22] 唐亮，靖可. H_∞ 鲁棒控制下动态供应链系统牛鞭效应优化 [J]. 系统工程理论与实践，2012，32（1）：155-163.

[23] 申成然，熊中楷，晏伟. 网络比价行为下双渠道定价及协调策略研究 [J]. 中国管理科学，2014，22（1）：84-93.

[24] 刘汉进，范小军，陈宏民. 零售商价格领导权结构下的双渠道定价策略研究 [J]. 中国管理科学，2015，23（6）：91-98.

[25] 肖剑，但斌，张旭梅. 双渠道供应链中制造商与零售商的服务合作定价策略 [J]. 系统工程理论与实践，2010，30（12）：2203-2211.

[26] 张曙红. 基于鲁棒控制的闭环供应链交互库存补货策略 [J]. 中国管理科学，2015，23（S1）：525-530.

[27] 赵川，揭海华，王珏，等. 基于反馈控制的牛鞭效应自补偿对多级库存系统的影响 [J]. 系统工程理论与实践，2018，38（7）：1750-1758.

[28] 任庆忠，张荣，邹莉娜. 基于ADRC的随机库存控制 [J]. 管理工程学报，2017，31（3）：162-166.

[29] 赵川，薛红. MAS在连锁零售企业多级库存控制中的应用研究 [J]. 运筹与管理，2013，22（1）：252-255.

[30] 赵菊，周永务. 两层供应链三级库存系统共同生产补货及协调策略 [J]. 系统工程理论与实践，2012，32（10）：2163-2172.

[31] 赵川，苗丽叶，杨浩雄，等. 随机需求下双渠道供应链库存动态交

互优化［J］.计算机应用，2020，40（9）：2754-2761.

［32］戢守峰，李佳，黄小原.周期性需求下基于延迟订货的库存控制［J］.中国管理科学，2006（6）：40-43.

［33］万杰，李敏强，寇纪淞.需求信息预测与处理中的牛鞭效应分析与控制［J］.管理工程学报，2003（4）：28-32.

［34］CLARK A J, SCARF H. Optimal policies for a multi-echelon inventory problem［J］. Management Science, 2004, 50（12）：1782-1790.

［35］PARK S Y, KEH H T. Modelling hybrid distribution channels: a game-theoretic analysis［J］. Journal of Retailing and Consumer Services, 2003, 10（3）：155-167.

［36］CHEN J, ZHANG W, LIU Z. Joint pricing, services and quality decisions in a dual-channel supply chain［J］. RAIRO-Operations Research, 2020, 54（4）：1041-1056.

［37］ANUPINDI R, BASSOK Y. Centralization of stocks: retailers vs. manufacturer［J］. Management Science, 1999, 45（2）：178-191.

［38］PETROPOULOS F, WANG X, DISNEY S M. The inventory performance of forecasting methods: Evidence from the M3 competition data［J］. International Journal of Forecasting, 2019, 35（1）：251-265.

［39］TOWILL D R, NAIM M M, WIKNER J. Industrial dynamics simulation models in the design of supply chains［J］. International Journal of Physical Distribution & Logistics Management, 1992, 22（5）：3-13.

［40］ZHOU L, NAIM M M, DISNEY S M. The impact of product returns and remanufacturing uncertainties on the dynamic performance of a multi-echelon closed-loop supply chain［J］. International Journal of Production Economics, 2017, 183（PB）：487-502.

［41］ZHAO Y, ZHAO C, HE M, et al. A state-feedback approach to inventory control: analytical and empirical studies［J］. Production and Operations Management, 2016, 25（3）：535-547.

［42］LI S, YANG X, YANG D. Active disturbance rejection control for high pointing accuracy and rotation speed［J］. Automatica, 2009, 45（8）：1854-1860.

［43］DULEBENETS A M. A delayed start parallel evolutionary algorithm for just-in-time truck scheduling at a cross-docking facility [J]. International Journal of Production Economics, 2019, 212 (C): 236-258.

[44] HU Q. Bullwhip effect in a supply chain model with multiple delivery delays [J]. Operations Research Letters, 2019, 47 (1): 36-40.